Thomas Knipp

DER DEAL

Thomas Knipp

DER DEAL

Die Geschichte der größten Übernahme aller Zeiten

MURMANN

Die Deutsche Bibliothek – CIP-Einheitsaufnahme
Ein Titelsatz für diese Publikation ist bei
der Deutschen Bibliothek erhältlich
ISBN 978-3-938017-88-3

1. Auflage Februar 2007
Copyright © 2007 by Murmann Verlag GmbH, Hamburg

Lektorat: Diethelm Krull, Monheim
Umschlaggestaltung: Rothfos & Gabler, Hamburg
Herstellung und Gestaltung: Eberhard Delius, Berlin
Satz: Offizin Götz Gorissen, Berlin
Gesetzt aus der Minion
Druck und Bindung: Freiburger Graphische Betriebe, Freiburg
Printed in Germany

Besuchen Sie uns im Internet: www.murmann-verlag.de
Ihre Meinung zu diesem Buch interessiert uns!
Zuschriften bitte an **info@murmann-verlag.de**
Den Newsletter des MURMANN Verlages können Sie anfordern unter
newsletter@murmann-verlag.de

Meinen Kindern Mohana, Asha und Johann

Inhalt

Protagonisten der Schlacht   8

EINLEITUNG   9

DIE VORGESCHICHTE   23
Ein wilder Haufen   25
Am Anfang war die Röhre   36
Im Kreis der Dinosaurier   53

DIE DEALMAKER   61
Das Hirn   63
Mr. Cricket   73
Nicht ohne meine Berater   83

DAS TAGEBUCH EINES MEGADEALS   97
Let's go west!   99
Schattenboxen   111
Non, je ne regrette rien …   118
Code Orange   124
Unter Beschuss   137
Krieg der Worte, Krieg der Babys   147
Bären umarmt man nicht   156
Chris, der Charmer   166
On the road again   175
Das Establishment schaut zu   181
Zwischen den Jahren   187
Voulez-vous …   196
Auch du, mein Sohn Brutus …   200
Es ist vorbei   208

NACHWORTE   215
Arbeiter & Aktionäre   217
Nur ein Traum   224
Vor Gericht und auf hoher See   228
Wir, die Antikapitalisten   237
Was macht … ?   244

Danksagung   246

Protagonisten der Schlacht

DIE ANGREIFER:

Chris Gent, Chief Executive Officer, VodafoneAirtouch plc
Julian Horn-Smith, Chief International, VodafoneAirtouch plc
Scott Mead, Banker, Goldman Sachs
Hugh Morrison & Nick Miles, Financial Dynamics PR

DIE VERTEIDIGER:

Dr. Klaus Esser, Vorstandsvorsitzender, Mannesmann AG
Dr. Kurt-Jürgen Kinzius, Mannesmann AG
Dietrich Becker, Banker, Morgan Stanley

EINLEITUNG

Die Stimmung der sechs Männer an Bord war höchstens verhalten euphorisch. Fast so, als könne man den Erfolg noch gar nicht richtig fassen. Langsam rollte der schlanke Privatjet gegen 23.30 Uhr vom General Aviation Terminal zur Startbahn. Auf den Runways herrschte zu dieser kalten, späten Stunde nicht mehr viel Verkehr. Feierabendstimmung am Flughafen Köln/Bonn. »Die lassen uns gar nicht erst abheben«, scherzte einer der Männer, ein schmächtiger, hagerer Amerikaner, Anfang 40, mit scharf geschnittenen Gesichtszügen. Die Runde antwortete mit einem lauten, nervösen Lachen, das mehr die Anspannungen der verrückten letzten Monate wiedergab als die unbändige Freude, die sich langsam und unsichtbar in der Maschine breitmachte. Nicht nur Scott Mead, der hagere Amerikaner, ein Topbanker der amerikanischen Investmentbank Goldman Sachs, fühlte sich am Abend dieses 3. Februar 2000 ein wenig so wie der Jäger des verlorenen Schatzes, der mit einem mühsam erbeuteten Kleinod auf der Flucht vor seinen Verfolgern war. Der Sieg hatte etwas Surreales. Vor allem aber ein Mann kostete in diesen Minuten das Gefühl aus, auf dem Gipfel seines beruflichen Erfolges zu stehen – Chris Gent. Dies war der Mount Everest – kein Zweifel. Wie so oft trug der Vorstandsvorsitzende der VodafoneAirtouch plc auch an diesem Abend Nadelstreifenanzug, zweifarbiges Hemd und Hosenträger. Zusammen mit seinem Team hatte er gerade den größten Deal aller Zeiten unter Dach und Fach gebracht.

Ein bemerkenswertes Geschäft in jeder Hinsicht. Es beendete ein globales Schachspiel um die Vorherrschaft im Mobilfunkgeschäft, das gut zwei Jahre zuvor begonnen hatte. Es war ein kostspieliges Ende, das die sechs da herbeigeführt hatten. Fast ein Ende um jeden Preis. Für 180,95 Milliarden Dollar oder nach damaligem Kurs umgerechnet 190,25 Milliarden Euro hatte Gent seinen Düsseldorfer Konkurrenten, die Mannesmann AG, übernommen. Dieser Wert stellte alles in den Schatten, was in der Welt der Fusionen und Übernahmen bis dahin je für ein Unternehmen bezahlt worden war. Die Fusion von AOL und Time Warner hatte einen Wert von 131 Milliarden Dollar, und die heutzutage immer noch diskutierte »Hochzeit im Himmel«, jene zwischen Daimler und Chrysler, brachte gerade einmal 36 Milliarden Dollar auf die Waage. Der Rekord des Abends vom 3. Februar 2000 steht immer noch: Bis heute wechselte weltweit kein Unternehmen mehr für einen solchen Gegenwert den Eigentümer.

Um 23.40 Uhr hatte N 494 AT, der Firmenflieger von VodafoneAirtouch, schließlich die Startposition erreicht. Nach weniger als einer Minute kam die Startfreigabe. Kapitän Bronte Marshall schob die Gashebel der Hawker 125 nach vorn. Der Jet jagte über die Asphaltpiste, hob nach kurzer Zeit ab und verschwand im dunklen Nachthimmel. Nur die Positionslichter machten den Jet der Sieger vom Boden noch sichtbar. Schnell gewann die Maschine ein paar hundert Meter an Höhe. Das Fahrwerk fuhr surrend ein. Scott Mead riss theatralisch-triumphierend die Arme in die Luft und brüllte gegen den Lärm der jaulenden Triebwerke an: »We won it!« Wir haben gewonnen. Sogar die konservativ-zurückhaltenden Briten antworteten mit donnerndem Siegesgebrüll. Sie hatten es geschafft.

»Was für ein unmöglicher Deal«, hatte Scott Mead noch vor Monaten gedacht. Was für ein unmöglicher Deal – so hatte es auch Gent eingeschätzt. Aber sie hatten es hinbekommen – gegen so ziemlich jede Wahrscheinlichkeitsrechnung. Die Übernahme von Mannesmann war in der Tat ein außergewöhnliches Geschäft. Nicht nur war es der größte, der teuerste Deal aller Zeiten. Er wurde auch gegen den hinhaltenden Widerstand des Mannesmann-Managements durchgezogen, das erst nachgab, als der Aktienwert des Unternehmens in schwindelerregende Höhen gestiegen war und wirklich kein anderer Ausweg mehr blieb. Eine feindliche Übernahme also – zumindest für nahezu drei Monate. Außerdem war zunächst unklar, ob die Kartellbehörden zustimmen würden. Die Transaktion war darüber hinaus schon von Anbeginn an mit erheblichen finanziellen Risiken behaftet, galt es doch im Falle des Sieges, ein soeben von Mannesmann für 33 Milliarden Dollar erworbenes Unternehmen ohne Verlust wieder zu verkaufen. Und als ob all dies noch nicht reichte, hatten die Männer, die da nun in dem Jet saßen, alles auch noch in einem fremden Land tun müssen, wo der Angriff nationale Gefühle verletzen, die Politik und die Gewerkschaften auf die Barrikaden bringen konnte. So etwas hatte es noch nie gegeben. Schon unter günstigeren Umständen wurde nur maximal die Hälfte aller unfreundlichen Übernahmeversuche gewonnen. Nicht mehr als 30 Prozent Siegchance – maximal, im günstigsten Falle – hatten die Berater vor dem Beginn der Schlacht geschätzt. Mit anderen Worten: Man kann seine Brötchen auch einfacher verdienen. Und weniger riskant.

Während Chris Gent, Julian Horn-Smith, der Chef des internationalen Geschäfts bei Vodafone, Pressechef Tim Brown, die Banker Scott Mead und Robert Gillespie sowie PR-Berater Hugh Morrison in gemäßigt ausgelassener Stimmung gen England flogen, lag über der 21. Etage des Mannesmann-Hochhauses in diesen letzten Stunden des 3. Februar eine merkwürdige Stimmungsmelange. Hier am Ufer des Rheins, wo Klaus Esser, der Chef der Mannesmann AG, schließlich klein beigeben musste – hier, wo noch bis zur letzten Minute um Prozentpunkte, Übernahmebedingungen und Milliarden gefeilscht worden war –, kurzum: hier, wo das Drama um das Ende der Mannesmann AG seine Bühne hatte, hier war nun ein Gemisch aus Abgekämpftheit, Erleichterung, Niedergeschlagenheit, Frustration und analytischer Nachdenklichkeit anzutreffen. Klaus Esser und seine Mitstreiter der letzten Monate, der Vorstand und die Berater trafen sich zu Bier, Wein und Würstchen. Nicht gerade ein Festmahl nach so langer Zeit des gemeinsamen Kampfes auf höchstem Niveau. Aber keiner der rund 30 Anwesenden war in der Stimmung, großartig zu feiern.

Sie alle hatten sich aus dem Chaos der Pressekonferenz im Erdgeschoss in die relative Ruhe der 21. Etage gerettet. Nach dem Ende der kurzen Erklärung für die Presse waren die Journalisten auf Esser eingestürmt, um weitere Einschätzungen zu erhalten. Der stellte sich den Fragen zwangsläufig allein, weil sich Gent nach nur 20 Minuten aus der laufenden Pressekonferenz verabschieden musste, damit er noch rechtzeitig vor Schließung des Flughafens Richtung England abheben konnte. Dietrich Becker, Investmentbanker bei Morgan Stanley und einer der Hauptberater von Esser im Abwehrkampf, musste seinen Kunden nun quasi im Nahkampf verteidigen und zum Aufzug bugsieren.

Die Fahrt der Männer in die Spitze des Turmes dauerte scheinbar eine kleine Ewigkeit. Sie hatten hoch gepokert, sie hatten für die Aktionäre viel herausgeholt – Kursgewinne von immerhin 102 Milliarden Euro in nur drei Monaten. Und doch: An diesem Abend waren sie in gewisser Weise die Verlierer. Denn natürlich hätten sie das Endspiel in dieser globalen Schachpartie lieber gewonnen – um dann die Verwandlung des alten Industriegiganten Mannesmann in den Weltmarktführer des Mobilfunks zu Ende zu bringen. Sie hatten viel gewagt auf diesem Weg – und sie wussten von Anbeginn, dass am Ende dieses Weges unter Umständen der Verlust der Unabhängigkeit stehen konnte. Mannesmann befand sich da in einer ähnlichen Situation wie Vodafone. Der Aufbau einer Firma aus kleinen Anfängen – wie im Falle von Vodafone – oder der Vorstoß in gänzlich neue Geschäftsfelder – wie bei Mannesmann – birgt immer die Gefahr, dass die alteingesessenen Firmen auf die Emporkömmlinge in ihrem Geschäft aufmerksam werden und mittels Übernahme zuschlagen, bevor der neue Konkurrent seinerseits zu groß und zu gefährlich wird. Diese Gefahr hatte für Esser und Gent schon gut zwei Jahre zuvor gleichermaßen klar auf der Hand gelegen. Der Angriff auf die beiden Neulinge im Mobilfunkgeschäft konnte lange Zeit prinzipiell von allen Seiten kommen – von den traditionellen, meist staatlichen Telefongesellschaften, von aggressiven Firmen wie der damals noch aufstrebenden US-Firma Worldcom. Oder von Giganten wie Microsoft.

Das Endspiel dieser globalen Schachpartie konzentrierte sich Anfang 1999 auf Mannesmann und Vodafone, nachdem die Briten den US-Mobilfunker Airtouch gekauft hatten. Esser geriet durch diesen Deal in eine unbequeme Lage; denn Mannesmann und Airtouch waren enge Partner nicht nur in Deutschland. Durch die Hintertür hatte Vodafone sich Mannesmann gefährlich genähert. Esser musste in dieser Situation entscheiden, ob den freundlichen Angeboten der Briten zur gedeihlichen Kooperation zu trauen war oder ob sie damit nur Zeit schinden wollten, um Mannesmann später zu schlucken. Nach vielen Gesprächen mit Gent im Jahr 1999 glaubte Esser im Herbst dieses Jahres schließlich nicht mehr daran, dass man mit Vodafone in Zukunft auf gleicher Augenhöhe Geschäfte würde machen können. Esser erwartete früher oder später den Angriff von Vodafone. Er hatte im taktischen Geplänkel zunächst einige Vorteile auf seiner Seite. Als Mannesmann den britischen Mobilfunker

Orange übernommen hatte, war der Düsseldorfer Konzern auch im Heimatmarkt von Chris Gent gut vertreten. Vodafone konnte das nicht kampflos hinnehmen. Aber der einzige Weg, den Düsseldorfer Angreifern Widerstand entgegenzusetzen, war, Mannesmann selbst zu übernehmen. Gent musste also angreifen, er musste den Schritt einer feindlichen Übernahme wagen. Das war ein Risiko, das Esser nicht eingehen musste. Seine Kalkulation: Zuletzt hatten sich nur 37 Prozent der Angreifer mit ihren Plänen durchsetzen können; statistisch war bestenfalls der Hälfte aller feindlichen Übernahmen ein Erfolg gegönnt. Aus der Sicht der Aktionäre des übernehmenden Unternehmens betrachtet sind 70 Prozent aller Deals ein schlechtes Geschäft, weil sich die Aktien nach dem Geschäft schlechter entwickeln als vorher. Ein Aspekt, auf den insbesondere ein CEO in angelsächsischen Unternehmen achten musste, weil Aktionäre dort einen größeren Einfluss haben. Und: Die unterschiedlichen Unternehmenskulturen zu vereinigen, ist die hohe Kunst jedes Firmenzusammenschlusses – lange noch, nachdem der Deal vollzogen ist. Diese kulturelle Integration fällt natürlich umso schwerer, wenn auch noch unterschiedliche Nationalitäten mit ihren Eigenheiten, Vorlieben und Traditionen beteiligt sind. Daimler und Chrysler dienten in diesem Punkt schon Ende 1999 – knapp zwei Jahre nach dem Zusammenschluss – als negatives Studienobjekt.

Damit aber würden die Schwierigkeiten von Gent erst anfangen, so kalkulierte Esser. Denn Gent würde all dies angehen müssen als Ausländer in einem fremden Markt, den er auch noch mit feindlichen Intentionen betreten würde. Esser verspürte nämlich überhaupt keine Lust, sich das Heft bei Mannesmann widerstandslos aus der Hand nehmen zu lassen. Wer den Konzern haben wollte, der musste darum in seinem, in Essers Heimatmarkt kämpfen – und vor allem bereit sein, einen schmerzhaft hohen Preis zu zahlen. Esser wusste: All dies war auch Gent und seinen Beratern klar. Mit einer feindlichen Übernahme von Mannesmann – und nur eine solche war mit Esser zu haben – würde man hochriskantes Neuland betreten. »Ein ziemlich schwieriger, riskanter, teurer, wenn nicht gar unmöglicher Deal«, hatte Esser noch vor Monaten analysiert. »Das wird Gent kaum wagen.« Doch der hatte es gewagt – auch weil er gar keine andere Wahl hatte. Und so hatte die Schlacht schließlich ihren Lauf genommen. Esser widersetzte sich lange, erkannte die Niederlage erst an, nachdem seine Berater, enge Mitarbeiter und Aktionäre ihm eindringlich zugeredet hatten und auch immer mehr deutsche Aktionäre zu Vodafone übergelaufen waren. Erst zu diesem Zeitpunkt – vier Tage vor dem formalen Ende der Schlacht – warfen Esser und seine Kollegen das Handtuch. Sie hatten den Kampf um die Eigenständigkeit des Konzerns verloren. Aber es war knapp gewesen, denkbar knapp. Und Gent hatte einen hohen Preis zahlen müssen. Einen schwindelerregend hohen Preis, den niemand noch Monate zuvor für möglich gehalten hatte. Esser hatte Gent bis an die Grenze seiner Zahlungsfähigkeit getrieben. Insofern wenigstens durfte sich Esser als Sieger fühlen. Der Mannesmann-Chef hatte für seine Aktionäre das bestmögliche Ergebnis herausgeholt. Rund 13,3 Milliarden Euro hatten allein jene deutschen Privataktionäre verdient, die Mannesmann-Aktien direkt besaßen. Dazu kamen all jene, die auf dem Umweg über Fonds in das Unternehmen investiert hatten. An die Angestellten von Mannesmann flossen zwischen einer und drei Milliarden Euro. So viel Wohlstand bei so vielen Bürgern war so schnell noch nie geschaffen worden. Ein kleines Konjunkturprogramm.

All dies ging Becker und Esser durch den Kopf, als sie in die 21. Etage hinauffuhren – hinaus aus dem Chaos der letzten Pressekonferenz. Keiner der mehr als hundert Journalisten aus aller Welt, die sie zuvor noch mit Fragen, Kameras, Mikrofonen belagert hatten, durfte hier herauf. Zum ersten Mal seit drei Monaten hatte das Team um Esser das Gefühl, sich eine kleine Pause gönnen zu dürfen. Nicht wenige der Anwesenden waren froh, dass der ganze Kampf vorbei war; sie hatten den Druck dieses Deals, die Aggressivität des täglichen Kampfes an den Finanzmärkten zuletzt vielfach als unerträglich empfunden. Zum ersten Mal spürten sie die bleierne Schwere absoluter Erschöpfung so vieler durcharbeiteter Nächte. Einige fragten sich mit einer gewissen Selbstsicherheit, wie sich ihr Job nun unter den neuen Eigentümern verändern werde. Andere wiederum bereiteten sich darauf vor, gefeuert zu werden – oder, wie Esser, keine tragende Rolle mehr im Reich der neuen Eigentümer zu spielen. Alle bedauerten, das Ende dieses deutschen Traditionskonzerns, das Ende seiner Unabhängigkeit miterleben zu müssen. Doch in diese Trauer mischte sich auch so etwas wie Stolz. Wenigstens hatten Vodafone und seine Aktionäre finanziell bluten müssen. Wenn man seine Eigenständigkeit schon nicht erhalten konnte, so hatte man sich doch wenigstens zum absolut höchstmöglichen Preis verkauft. Mannesmann spielte dabei nicht gerade in der Liga der Verzagten, denn es spielte in der Liga der Telekom-Industrie – und die konsolidierte sich gerade. Unternehmensübernahmen waren daher an der Tagesordnung. Selten waren die Firmen da billig zu haben. Rund 50 Prozent Aufpreis im Vergleich zum Börsenkurs mussten Käufer schon auf den Tisch legen, wollten sie ans Ziel kommen. Mannesmann dagegen hatte zu einem Aufpreis von sage und schreibe 127 Prozent den Eigentümer gewechselt. Das Unternehmen war also zweieinhalbmal so teuer verkauft worden wie die schon sowieso nicht preiswerten Firmen aus der Branche. Die Arbeit der letzten Monate war nicht vergebens gewesen.

Auch unter den Beratern – den Bankern, den Rechtsanwälten, den PR-Leuten – herrschten an diesem Abend gemischte Gefühle. Natürlich: Sie alle waren nicht Mitglieder eines Gewinnerteams. Auf der anderen Seite hatten sie den Deal des Jahrhunderts aus der Nähe miterlebt. So etwas – das fühlten sie in diesen Stunden ganz genau –, so etwas würden sie in ihrem Berufsleben wohl nur einmal miterleben können. Sie alle sahen sich jetzt einer neuen Herausforderung gegenüber: Wie würde man sich für die nächsten Deals, die nächsten Geschäfte motivieren können? Nichts würde es mit dieser »Mutter aller Übernahmen« aufnehmen können. Die Banker, die PR-Berater, die Juristen – sie alle mussten sich nach diesem Kraftakt erst einmal wieder für das normale Geschäft motivieren. Bei manchen hat das, wie sie später sagten, fast ein halbes Jahr gedauert.

Diesen Luxus konnten sich Esser und sein Team nicht leisten. Sie dachten schon an diesem Abend an die Aufgaben der nächsten Monate. Es würde eine schwierige Zeit werden, weil man vorsichtig mit der Integration beginnen musste, obwohl die Zustimmung der Kartellbehörden zum Zusammenschluss ausstand. Es galt, die Organisationen von Vodafone und Mannesmann miteinander vertraut zu machen. Es galt, die Schärfe der letzten Stunden in ein Klima zu verwandeln, in dem gedeihliche Zusammenarbeit möglich war. Und es galt, den Verkauf des Röhren- und Automobilgeschäftes schnell voranzubringen. Manchem in der 21. Etage kam es an diesem Abend so vor wie die Ruhe vor dem nächsten Sturm.

Auch in der Vodafone-Maschine schaute man zu diesem Zeitpunkt wieder nach vorne. Kurz nach dem ersten Jubel beim Start waren die Männer in Schweigen verfallen. Jeder hatte seinen Gedanken nachgehangen. Sie alle hatten große Anstrengungen hinter sich, hatten bis zum Umfallen gearbeitet, meist im Büro, in Autos oder Flugzeugen geschlafen. Sie alle hatten in den letzten Monaten kein Privatleben gehabt. Es war eine existenzielle Erfahrung gewesen. Das wurde ihnen nun klar, als sie die Wirklichkeit des normalen Lebens langsam wieder einholte. Und zu dieser Normalität gehörte auch, dass die Arbeit nach dem gewonnenen Deal nun erst richtig losgehen würde. Bei speziell für diesen Anlass bestelltem Krug-Champagner und Beluga-Kaviar wurden die nächsten Schritte diskutiert. Für die Banker bedeutete das aber auch einen wahren Geldsegen. Mancher, der an dieser Übernahme und den dann folgenden Transaktionen mitwirkte, hatte für den Rest seines Lebens ausgesorgt.

In diesen ersten Tagen des neuen Jahrtausends hatten Esser, Gent und ihre Helfer Industriegeschichte geschrieben – und zwar nicht nur deutsche, sondern globale. Sie ordneten die Mobilfunkindustrie in Europa neu und legten den Grundstein für die spätere Dominanz Vodafones auf dem Weltmarkt. Für viele Unternehmen, die am Rande dieser Schlacht beteiligt waren – Worldcom, AOL, Vivendi oder France Telecom –, hat der Ausgang der Transaktion die Positionen im Wettbewerb zum Teil spürbar verändert. Insofern hat die Übernahmeschlacht Bedeutung über den Tag hinaus. Bedeutung hatte der Deal auch deswegen, weil sich der deutsche Kapitalmarkt, der Investitions- und Industriestandort, offen und fair präsentiert hat. In diesem Wettstreit haben die Fakten gesiegt – und zum ersten Mal in dieser Deutlichkeit auch der Wille der Aktionäre. All dies hat den ausländischen Angreifer gewinnen lassen. Viele hatten das nie für möglich gehalten. Es ist mehr als fraglich, ob heute ein solcher Deal noch machbar wäre. Esser und sein Team haben Fakten entscheiden lassen und nicht Einfluss und Emotionen. Sie hätten leicht die Karte nationaler Interessen spielen können. Ohne Mühe wäre politischer und öffentlicher Widerstand organisierbar gewesen. Doch die Verteidiger wollten bewusst nur auf logische Argumente setzen – selbst wenn das um den Preis einer erst möglichen und dann faktischen Aufgabe der Unabhängigkeit geschah.

Bei der für viele emotional bitteren Zerschlagung der Mannesmann AG ist Wohlstand für viele Kleinanleger und Investoren geschaffen worden – und es sind per saldo keine Arbeitsplätze verloren gegangen, sondern neue geschaffen worden. Viele private Anleger haben den unverhofften Geldsegen für Konsum, Investitionen oder sogar für die Gründung von Unternehmen und damit die Schaffung von Arbeitsplätzen genutzt. Das räumen heute sogar die größten Kritiker dieses Geschäftes ein. Es ist wahr: Das kapitalistische System hatte sich in den drei verrückten Monaten der Dauer des Deals von seiner wildesten, härtesten und unerbittlichsten Seite gezeigt – doch es hatte, zumindest in Deutschland, unter dem Strich mehr Nutzen als Schaden hinterlassen. Das hat – so merkwürdig dies in diesen Tagen klingen mag – auch die deutsche Öffentlichkeit damals so gesehen. In der Zeit nach dem Ende der Schlacht wurde all dies noch gewürdigt. Wer heute auf das Geschäft des Jahrhunderts zurückblickt, der wird – allerdings ausschließlich in Deutschland – nur noch mit der im kleinen Karree diskutierten Frage konfrontiert, ob einzelne Manager hier möglicherweise rechtswidrig einen zu hohen Bonus erhalten haben. Man traut es sich kaum noch öffentlich zu sagen – doch es ist faktisch richtig: Der Fall Mannesmann ist eines der wenigen Beispiele, wo die Prämien des aktiven Managements wirklich verdient waren. Während sich Esser und andere seit fast sieben Jahren mit den juristischen Folgen dieses Deals herumschlagen müssen, während sie dabei gesellschaftlicher Ächtung ausgesetzt sind, geht man mit den bekannten Wertvernichtern der Deutschland AG auch nicht annähernd so hart um – geschweige denn vor Gericht. Niemand regt sich über die häufig viel höheren Gagen von Sportlern oder Unterhaltungskünstlern auf. Ein Mann wie Dieter Bohlen hat mit seinem intellektuell fragwürdigen Beitrag zum Kunst- und Kulturbetrieb dieses Landes weit mehr Geld verdient als die im Mittelpunkt der Diskussion stehende Prämie von 15 Millionen Euro, die Esser bekam. Wer hat volkswirtschaftlich und gesellschaftlich mehr Segen gestiftet.

Es mag uns in unserer gesellschaftlichen Gesamtverfasstheit nicht passen, dass Einzelne so fürstlich bezahlt werden. Zahlungen, wie sie in vielen Ländern – nicht nur in Amerika – üblich sind, scheinen hierzulande nicht akzeptabel und gesellschaftlich durchsetzbar. Dies ist das freie Wahlrecht unserer Gesellschaft. Doch es bleibt die Frage erlaubt: Kann sich dieses Land, das sich zum marktwirtschaftlichen System bekennt, einen deutschen Sonderweg leisten? Vertreiben wir nicht mit dieser Diskussion, auch mit der juristisch zumindest fragwürdigen Verfolgung von Esser & Co., nicht unternehmerisches Talent aus diesem Land? Ein Talent, das wir mehr benötigen denn je.

Natürlich hat der Staat das Recht, ja die Pflicht, möglichen Gesetzesverstößen nachzugehen. Daher war es richtig, dass die Düsseldorfer Staatsanwaltschaft sich die Details dieses Deals im Frühjahr 2000 angeschaut hat. Manager sind hier nicht anders zu behandeln als jeder andere Bürger auch. Doch gleichermaßen für sie gilt mindestens der Grundsatz der Verhältnismäßigkeit. Wenn eine Staatsanwaltschaft nicht mit gleichem Aufwand nach be- wie entlastenden Aspekten forscht, wenn Ermittlungen unter immer neuen Prämissen und mit zum Teil haarsträubenden Fakten- und Täterkonstruktionen jahrelang ausgedehnt werden, dann stellt sich die Frage nach der Fairness des Verfahrens. Wenn in einem Strafprozess moralische Erwägungen in den Vordergrund geraten, gewinnt das Verfahren Züge eines Klassenkampfes. In diesem Sinne sind die Verfahren nicht im Interesse einer aufgeklärten Bürgergesellschaft, die auf den Prinzipien der Eigenverantwortung des Einzelnen für sich und die Gesellschaft fußt. Was Esser & Co. widerfahren ist, das kann jedem anderen Bürger ebenso passieren – wenn auch in anderem Zusammenhang. Die Verfahren decken eine Schwäche der deutschen Justiz deutlich auf: die Stellung der nahezu von jeder Rechenschaft befreiten Staatsanwaltschaft.

Doch Fehler sind nicht nur auf Seiten der Staatsanwaltschaft begangen worden. Die Arbeit des Aufsichtsrates in den Tagen des Deals und danach hat ganz wesentlich zu Form und Richtung der heutigen Debatte beigetragen. Der Bonus an den Aufsichtsratsvorsitzenden Joachim Funk hätte niemals ausgezahlt werden dürfen, weil sie ihm nicht zustand, da er dem Vorstand nicht mehr angehörte. Die Aufsichtsräte haben zudem die Entscheidung nicht transparent gestaltet und offen kommuniziert. Dazu haben die Vertreter der Kapitalseite genauso beigetragen wie die Arbeitnehmervertreter, die sich bei dieser Entscheidung aus der Verantwortung ziehen wollten. Es wäre richtig und angemessen gewesen, die Entscheidung über die Bonuszahlung einer Hauptversammlung zur Abstimmung vorzulegen. Es kann kaum ein Zweifel bestehen: Die Aktionäre hätten es Esser und seinen Kollegen gegönnt. Die Geheimniskrämerei hat sicher wesentlich dazu beigetragen, dass der Deal heute nur noch im Lichte relativ unbedeutender Bonuszahlungen betrachtet wird. Mit Blick auf die Diskussion um die Arbeit der Aufsichtsräte haben die Gerichtsverfahren – allerdings eher ungewollt – einen positiven Beitrag geleistet. Dieses Kontrollgremium im Unternehmen hat die Funktion, den Willen der Aktionäre, also der Inhaber, wiederzugeben. Geschieht das immer und in allen Fällen? Zweifel sind angebracht. Doch: Nur wenn die Kontrolleure dieser Aufgabe auch sachgemäß nachkommen, können Unternehmen und ihre Manager sich gegen unberechtigte Einmischung von Politik und Justiz verwahren. Das an sich stichhaltige Argument, nur die Eigentümer hätten über diese Fragen zu entscheiden, lässt sich nur so lange aufrechterhalten, wie der Wille der Aktionäre bei diesen Entscheidungen auch effektiv repräsentiert wird.

Dieses Buch will sich nicht in die Auseinandersetzung einmischen, ob die Zahlungen mit dem deutschen Aktienrecht vereinbar sind. Das muss die Aufgabe der Juristen bleiben, weil die entscheidenden Rechtsfragen auch nach drei Verfahren offen sind. Es erzählt die Geschichte dieses größten Deals der Industriegeschichte. Und es bietet Wertungen an. Dabei geht es nicht um eine kritiklose Würdigung der Vorfälle, aber um eine möglichst nüchterne. Das Thema Mannesmann ist in Deutschland nicht mehr emotionsfrei zu diskutieren. Polemik und Gefühle beherrschen einen Diskurs, der Nachdenklichkeit und kritische Analyse erfordert. Dieses Buch will seinen Beitrag dazu leisten.

DIE VORGESCHICHTE

.

Ein wilder Haufen

Wenn es so etwas wie Stonehouse Court nicht geben würde – man müsste es erfinden. Aber in England kann man sich diese Mühen sparen, denn das Land ist überzogen von alten Herrenhäusern in feudalen Parklandschaften. Stonehouse Court ist so ein Herrenhaus mit alten Ölbildern, knarrenden Parkettfußböden und knisternden Kaminen: 100 Meilen westlich von London gelegen, eingebettet in das sanfte Grün, die Hügel und Wälder der englischen Landschaft. Mit beruhigendem Blick auf weite, gepflegte Rasenflächen und ausladend blühende Landschaften. Hier ist für sich, wer für sich sein will. Die Herrenrunde, die sich hier im März 1998 traf, wollte. Chris Gent hatte den obersten Führungskreis von Vodafone und eine Handvoll Berater eingeladen, um über die künftige Strategie des Unternehmens zu beraten.

Das Interesse der Herren galt daher nicht dem manikürten Rasen oder der beeindruckenden Einrichtung. Sie schlugen sich mit Fragen wie diesen herum: ›Wo liegen unsere Stärken, wo unsere Schwächen? Stimmen die Strukturen unserer Organisation?‹ Und: ›Wollen wir unseren Kunden in Zukunft Festnetz- und Mobiltelefonie anbieten? Wollen wir ausschließlich in Großbritannien aktiv sein, oder entschließen wir uns zu einer internationalen Wachstumsstrategie?‹ Chris Gent verordnete den Mitgliedern seines Führungskreises einen streng strukturierten, auf Fakten basierenden strategischen »Kassensturz«. Das war neu für eine Organisation, die über lange Jahre dem mehr vom Instinkt geprägten Führungsstil von Gerald Whent gefolgt war. Der wilde Haufen von Newbury, dem Hauptsitz von Vodafone, sollte – das war das Ziel Gents – nichts von seinem aggressiven Auftreten am Markt verlieren. Aber es sollte strategischer vorbereitet und durchdacht sein. Gent wollte dem Unternehmen seine »Versuchen wir es doch mal so«-Attitüde der Gründerjahre austreiben. Vodafone war zu groß geworden, um neue Märkte, neue Kunden weiterhin so ungestüm zu erobern wie in den ersten Jahren.

Das Treffen in Stonehouse Court hatte Gent lange und sorgfältig vorbereitet. Es war nach der Übernahme des Vorstandsvorsitzes und den ersten dringenden Veränderungen im Unternehmen der wichtigste Punkt auf seiner Agenda – schließlich sollten hier die Weichen für die langfristige strategische Ausrichtung von Vodafone gestellt werden. Seit Sommer 1997 hatte Gent Zeit und Energie in dieses Projekt gesteckt. Dabei bediente er sich zunächst der Hilfe der Unternehmensberater von Bain & Company. Gent hatte sich für Bain entschieden, weil die Berater dort für seinen Geschmack besonders aktionsorientiert waren. Bain vertrat in England selten die zaghaften, zaudernden Unternehmer, sondern jene vom Typus von Whent oder Gent – Vorstandsvorsitzende, die sich als Unternehmer fühlten und nicht als Verwalter. Daher blieben die Berater nicht in der Theorie stecken, sondern leiteten die Ergebnisse ihrer Untersuchungen in konkrete Handlungsempfehlungen über. Gent wusste, dass dieser Stil bei Vodafone gut ankommen würde. Die Berater sollten sich vor allem um die Analyse der Stärken und Schwächen sowie der möglichen künftigen Betätigungsfelder kümmern.

Gent war klar, dass er es bei der Analyse der Unternehmensberater allein nicht belassen konnte. Wenn er Vodafone zu neuen Ufern führen wollte, dann würde er auch Hilfe am Kapitalmarkt benötigen – mit anderen Worten: die Dienste einer Investmentbank. Eine solche und ihr Berater waren schon kurze Zeit nach seinem Amtsantritt in Newbury vorstellig geworden: Goldman Sachs in Person von Scott Mead, der bei der Bank die Abteilung Telekommunikation und Medien leitete. In Gents neuem Büro hatte der drahtige Amerikaner mit dem intensiven Blick zunächst nur eine Frage gestellt – die Antwort wohl wissend: »Was sind Ihre Ambitionen?« »Wir wollen wachsen, ohne dabei Schuldenberge aufzubauen«, antwortete Gent. Das waren Gesellschaften nach dem Geschmack von Mead. Die besondere Kunst des Investmentbankers besteht darin, Unternehmen und Unternehmer auszumachen, die viel bewegen wollen und können. Beziehungen zu diesen Adressen galt es zu pflegen, lange bevor es zu jenen Deals kam, die auch für die Investmentbanker lohnende Prämien abwerfen. Wer im Geschäft erfolgreich sein wollte, der musste bei dieser Suche nach Wachstums- und Veränderungs-Champions den richtigen Riecher haben – und langen Atem beweisen. Nun musste Mead bei seiner Suche nicht bei null anfangen. Goldman Sachs und Vodafone hatten eine lange Geschäftsbeziehung – und eine, die nicht frei gewesen war von Höhen und Tiefen.

Vodafone war noch ein Teil vom Mutterkonzern Racal Electronics, als Goldman Sachs den ersten Kontakt hatte. Um Racal rankten sich zu jener Zeit, Ende der 8oer Jahre, Übernahmegerüchte. Das Ziel der Gerüchtestreuer aus der Londoner City war klar: Mit der Übernahme von Racal wollte man preiswert an das Mobilfunkgeschäft kommen, das Racal gerade aufbaute. Goldman Sachs erstellte Analysen, die dem Markt zeigten, dass Racal wegen des Mobiltelefongeschäftes mehr wert war, als an der Börse bezahlt wurde. Die Folge: Der Kurs der Aktie stieg, und das Übernahmerisiko sank. 1991 wurde Goldman mit dem Mandat bedacht, Vodafones Börsengang zu organisieren. Seither hatte man an dem Kunden nichts Nennenswertes mehr verdient. Aber Goldman Sachs, wo man stets auf langfristig angelegte Kundenbeziehungen achtete, hielt das nicht ab, den Kontakt weiter zu pflegen. Doch die Umsatzstille führte dazu, dass Goldman sich nach anderen lukrativen Unternehmen in der Branche umsah. Und man fand Orange, jene junge, frech auftretende frische Mobilfunkfirma, die sich mit einem exzellenten Markennamen anschickte, Vodafone im Heimatmarkt England das Leben schwer zu machen. Als Orange 1996 an die Börse ging, begleitete Goldman den Schritt. In Newbury war man alles andere als amüsiert. Und es fiel Scott Mead zu, die Beziehungen zu Vodafone wieder ins Lot zu bringen. Es war sein erster Kontakt zu Vodafone und zu einem Mann namens Gent.

Alle diese alten Geschichten ließ Gent hinter sich, als er sich Mitte 1997 dazu entschloss, Mead und damit Goldman Sachs zu seinen engen Beratern für das Kapitalmarktgeschäft zu machen. Gent tat dies aus ganz pragmatischen Erwägungen heraus. Goldman Sachs hatte die Veränderungen in der Telekom-Industrie frühzeitig vorhergesehen und war daher die führende Adresse in diesem Geschäft. Wer in der Branche etwas bewegen wollte, der mochte die Bank an seiner Seite wissen. Die beiden Männer trafen sich häufig außerhalb der Vodafone-Hauptverwaltung, um zuerst den Markt und Vodafone sowie die Konkurrenz und die daraus möglichen strategischen Schritte zu analysieren. Immer wieder kamen die beiden zu langen Abendessen in Gents Lieblingsrestaurant »The Vineyard« in Stockcross, ein paar Meilen außerhalb von Newbury, zusammen. Das

Restaurant lag günstig – nicht weit weg von Gents Privathaus – und auf dem Weg zu einem Internat, das die älteste Tochter von Mead zu der Zeit besuchte. Wenn Mead das Mädchen am Sonntag in der Schule abgeliefert hatte, trafen sich die beiden Männer oft im »Vineyard«. Bei einer zumeist überdurchschnittlich guten Flasche Rotwein und einem Menu aus der mit einem Michelin-Stern ausgezeichneten Küche begannen die beiden an Gents ruhig gelegenem Stammtisch mit der Bestandsaufnahme: ›Muss Vodafone auch ein Festnetzangebot haben? Und: Kann es sich leisten, nur in England vertreten zu sein?‹ Gents Antwort auf beide Fragen war: »Nein«. Er glaubte an einen massiv wachsenden Markt – aber vor allem im Mobilfunkgeschäft. Die Kunden – so seine Einschätzung – würden bei ihrer Kommunikation mobiler sein wollen und müssen. Erreichbarkeit – immer und überall. Diese Einschätzung erforderte kein Festnetzgeschäft, wohl aber eine bessere Präsenz außerhalb Englands. Doch vor einer Entscheidung wollte er die Einschätzung des Investmentbankers hören. Mead machte Gent klar, dass es zuerst einmal weniger um diese strategischen Fragen ging als vielmehr ums Überleben als eigenständige Firma. »Wenn Sie aggressiv wachsen und sich neue Märkte erschließen, entsteht schnell die Gefahr einer feindlichen Übernahme.« Es gab genug Unternehmen, die theoretisch die Möglichkeit und die Mittel gehabt hätten, die Emporkömmlinge aus Newbury zu schlucken. Der Aktienkurs von Vodafone lag zu niedrig – darin sah Mead das größte, das drängendste Problem. Doch darin lag auch eine Chance begründet. Wenn es gelänge, die Investoren ohne großes Aufsehen von der Strategie Vodafones zu überzeugen, würde der Kurs steigen – und damit auch die Chance, selber zu übernehmen. Nicht gegen Barzahlung, sondern durch Aktientausch. Also müsse es darum gehen, die Übernahmewährung aufzuwerten. In den Gesprächen mit Mead wurde Gent schnell bewusst, dass es auf dem Weg zur Expansion zunächst nicht allein um große Strategien, sondern um das mühsame und gründliche Legen möglichst solider Fundamente ging.

Gents Arbeit und sein Arbeitsstil jener Tage standen in starkem Gegensatz zu jenem von Ray Brown und Calder Cunningham, die 1950 ihre eigene Firma gegründet hatten: Racal – zusammengesetzt aus den Vornamen der beiden Gründer. Die beiden Ingenieure mit untrüglichem Sinn für Marktchancen konnten sich beim Elektronikkonzern Plessey nicht entfalten. Mit der Gründung von Racal schufen sie die Grundlagen für eine der beispiellosen unternehmerischen Erfolgsgeschichten in England nach dem Zweiten Weltkrieg. Das Unternehmen feierte seine ersten Erfolge mit dem Verkauf von Funkgeräten an das Militär. Später brachte Racal so erfolgreiche Tochterfirmen wie Chubb Sicherheitstechnik, Racal Telecom und eben Vodafone hervor und an die Börse. Den Funkgeräten folgten später Rüstungselektronik, Industrieelektronik, Logistik, Internetservice und Radarsysteme. Man engagierte sich, wo immer Gewinne möglich schienen; Racal agierte sogar als einer der Betreiber der englischen Lotterie. Was die Firma aber stets ausgemacht hatte – beginnend mit den beiden Gründern über den langjährigen Vorstandsvorsitzenden Ernest »Ernie« Harrison und dessen engen Vertrauen Gerald »Gerry« Whent –, war der Geist instinktiven Unternehmertums, der sich notfalls rabiat und unbarmherzig den Gesetzen des Marktes folgend seinen Weg suchte. Für die Aktionäre war es stets ein gutes Geschäft. Wer 1961, als Racal an die Börse ging, Aktien für 100 Pfund kaufte, der hatte daraus bis zum Jahr 2000, als das Unternehmen in seine Einzelteile zerlegt und verkauft wurde, 1,2 Millionen Pfund gemacht. Die oberste Führungsriege von Racal pflegte einen familiär-verschworenen Umgangsstil. Man hielt zusammen und setzte auf Teamleistung. So eng waren die Bande, dass scherzhaft sogar von »Rafia«, der Mafia von Racal, die Rede war.

Zum engsten Führungskreis zählte Gerald Whent schon früh. Er war der Vertraute des langjährigen Vorstandsvorsitzenden Harrison. Whent leitete nach verschiedenen Stationen im Unternehmen schließlich die Racal Radio Group, das schnell wachsende Geschäft mit militärischen Funkgeräten. Es war im Sommer 1982, und in London ließ die von Whent verehrte Maggie Thatcher Kartelle purzeln und den Kräften des Marktes ihren freien Lauf. Im Rahmen ihres Wirtschaftsprogramms wollte sie auch die Telekom-Industrie modernisieren und dem Mobilfunkgeschäft zum Durchbruch verhelfen. Der Ex-Monopolist British Telecom hatte zuvor die erste Mobilfunklizenz erhalten. Nun sollte die zweite Konzession an einen privaten Anbieter vergeben werden, damit ein fruchtbarer Wettbewerb die neue Industrie beflügele. Whent arbeitete zwar im Kommunikationsgeschäft, aber von mobiler Telefonie hatte er keinen blassen Schimmer. Das änderte sich im Spätsommer, als er Besuch von einem amerikanischen Investor erhielt, der sich um die Lizenz bewerben wollte, dazu aber einen englischen Partner benötigte. Whent nahm die Offerte entgegen und ließ das neue Geschäft und seine Marktchancen untersuchen. Er traute der Idee anfangs nicht; denn der Einstieg in die Mobiltelefonie würde den Eintritt in ein völlig neues Geschäftsfeld bedeuten, wofür es bei Racal wenig Expertise gab. Man würde seine Dienstleistungen erstmals einem Konsumentenpublikum anbieten müssen. Und es stünden massive Investitionen an. Doch die Kalkulationen seiner Mitarbeiter ergaben, dass man mit einer Marktabdeckung von 20 bis 30 Prozent gute Aussichten auf Gewinn besaß. Whent ließ sich überzeugen, nicht wissend, nach welch einer großen Goldader er da wirklich grub. Auch Harrison und der restliche Vorstand standen schließlich hinter der Idee. Racal bewarb sich also um die Lizenz und überstand als krasser Außenseiter sogar die erste Runde. In der zweiten und entscheidenden Runde überzeugte das Team um Whent mit dem Versprechen, massiv in das neue Netz zu investieren. Die Regierung traute den Thatcher-Anhängern Whent und Harrison – und Racal erhielt den Zuschlag.

Der siegreiche Whent verlor keine Zeit und gründete das neue Unternehmen in der malerisch verschlafenen Kleinstadt Newbury, 50 Meilen westlich von London, besser bekannt für seine Pferderennbahn. Es war der Anfang der zweiten wirtschaftlichen Revolution Newburys, nachdem John Winchcombe um 1500 den Textilhandel in die Stadt gebracht hatte. Auf der Suche nach einem Namen für die Firma kam Whent nicht recht voran. Doch er wusste, dass es um die mobile Kommunikation für Stimme (Voice) und Daten (Data) gehen sollte – und erdachte daraus Vodafone. Whent begann das Geschäft mit 50 Mitarbeitern in einer Handvoll der typischen zweistöckigen englischen Wohnhäuser, die Newbury neben Einbahnstraßen und Kreisverkehr bis heute prägen. In der Nähe der Einkaufszone fand Vodafone seinen ersten Firmensitz. Und dort blieb das Unternehmen bis zum Jahr 2000, als mit dem Neubau einer Hauptverwaltung im Uni-Campusstil vor den Toren der Stadt begonnen wurde. Aus der Handvoll Häuser wurden später mehr als 50 – nur als Verwaltungsgebäude durch einen kleinen roten Wimpel in einem der Erdgeschossfenster zu erkennen. Vodafone, der Weltkonzern, wurde aus einer Ansammlung von Wohnhäusern in einer englischen Kleinstadt heraus gelenkt. Und das Zentrum, dort, wo erst Whent und später Gent regierten, lag ebenfalls in einem vollständig unauffälligen zweistöckigen Haus mit einer ebenso unauffälligen blauen Holztür. Daneben ein Schild: »Besucher, bitte klingeln, um mit dem Empfang verbunden zu werden.« Eingeklemmt zwischen Restaurants, einem Baumarkt und staatlichen Wohnblocks steuerte Gent das Geschäft von Vodafone aus einem bescheidenen Büro in der zweiten Etage, in das man über knarrende Holztreppen gelangte. Größer hätte der Unterschied zum imposanten Mannesmann-Hochhaus am Ufer des Rheins in Düsseldorf nicht sein können. Während in Düsseldorf die Macht der alten Ruhrdynastien eindrucksvoll demonstriert wurde, ging es in Newbury bodenständig, preiswert und bescheiden zu. Bescheiden – das war man zwar bei der Verwaltung des Geschäftes, nicht aber bei den Wachstumszielen, die man sich für Vodafone gesetzt hatte.

Whent war in seiner Markteinschätzung – wie viele zu dieser Zeit – nicht von einem Massenmarkt für Mobiltelefonie ausgegangen. Aus seiner Sicht war das Handy ein Vehikel für die Wohlhabenden, die zunehmend stets erreichbar sein mussten, und jene Aufschneider, die so tun wollten, als ob. Mobiles Telefonieren war teuer, die Leitungen waren schlecht, die Telefone so groß wie Backsteine. Das Geschäft hatte in der Gründungsphase von Vodafone nichts von der Leichtigkeit der heutigen Produkte und Dienstleistungen. Und doch: Vodafone wurde vom Erfolg überrannt, nachdem es sein Netzwerk 1985 eröffnet hatte. Das junge Unternehmen konnte die Antennen gar nicht so schnell über das Land verteilen und die Kapazität seines Netzes erweitern, wie neue Kunden dazuströmten. Die Seeräuber, die mit so furioser Verve gegen die Konkurrenz zu Felde gezogen waren, drohten unter der Last ihrer Beute einzubrechen. Massive Investitionen lösten die Probleme der ersten beiden Jahre schließlich. Vodafone wuchs weiter in einem schwer zu beherrschenden Tempo. Das Unternehmen profitierte massiv vom Wirtschaftsklima der Thatcher-Jahre, wo alles machbar schien, wo man mit sportlicher Aggressivität neue Geschäfte anging – und dabei die angenehmen Seiten des Wohlstandes ausschweifend genoss. Und das Mobiltelefon gehörte einfach zu den Insignien des Erfolges.

Wenige Jahre nach der Gründung hatte Vodafone das angepeilte Ziel von 30 Prozent Marktanteil schon kräftig überschritten und lag bei 50 Prozent. Vodafone hatte ein Problem, um das es viele Unternehmen beneideten: Es überbot selbst die optimistischsten Prognosen. Das Wachstum war so stark und die Bedeutung von Vodafone im Racal-Konzern bald so groß, dass Harrison 1988 damit begann, die Wilden von Newbury zumindest teilweise an die Börse zu bringen. Was 1988 begann, fand 1991 schließlich seinen Schlusspunkt, als Vodafone in der größten britischen Transaktion dieser Art bis dahin von Racal abgespalten wurde. Von null auf eine Marktkapitalisierung von 3,5 Milliarden Pfund – und das innerhalb von acht Jahren. Darauf war man in Newbury stolz. Doch es sollte erst der Anfang eines weltumspannenden Erfolges sein, der die Mannschaft mit ganz anderen Größenordnungen und Herausforderungen konfrontieren sollte.

An der Basis für diesen Aufbruch zu neuen Ufern hatte Gent nach Übernahme des Vorstandsvorsitzes seit Mitte 1997 gearbeitet. Nachdem die Vorbereitungen in vielen Treffen mit den Beratern von Bain und Goldman Sachs abgeschlossen waren, kam der oberste Führungskreis im März 1998 im kleinen Ort Stonehouse in Gloucestershire zu einem zweitägigen Strategietreffen zusammen. Die Berater von Bain eröffneten den Reigen der Präsentationen, indem sie sich zunächst mit der aktuellen Marktposition von Vodafone, mit den Stärken und Defiziten der Organisation auseinandersetzten. Das ausgemachte Defizit: Vodafone besitze kein Festnetzgeschäft. Um die Kunden rundherum gut bedienen und um Datendienste offerieren zu können, müsse man stationäres und mobiles Telefonieren im Angebot haben. Bain hatte auch gleich einen Namen parat, der dieses Defizit beseitigen könne – Cable & Wireless. Nach einer möglichen Übernahme des Konzerns oder einer Fusion mit diesem Unternehmen wäre Vodafone besser am Markt positioniert als bisher. Es war nicht das, was Gent und seine engsten Kollegen hören wollten. Sie waren der Ansicht, dass es zu kostspielig sein würde, in das Festnetzgeschäft einzusteigen. Vor allem würde man keine Akquisition im Wege des Aktientausches hinbekommen, weil es sich bei den Investoren von Mobilfunk- und klassischen Telekommunikationsfirmen um gänzlich andere Aktionärsgruppen handelte. Während Mobilfunkanleger eher auf hohes Wachstum setzten und dabei auch ein höheres Risiko eingehen wollten, waren die Besitzer von Telekom-Aktien eher an stabilen Verhältnissen und Dividenden interessiert. Außerdem fürchtete Gent, sich direkt mit den etablierten Spielern anzulegen. Noch waren die um ein Mehrfaches größer und hätten Vodafone leicht schlucken können. Und schließlich glaubte das Topmanagement von Vodafone nicht daran, die unterschiedlichen Kulturen wirklich zusammenbringen zu können. Auf der einen Seite standen die wachstumsorientierten Vodafone-Verkäufer, die es gewohnt waren, sich im Wettbewerb zu behaupten. Und auf der anderen Seite waren die Ex-Monopolisten, bei denen der Kunde nicht unbedingt im Mittelpunkt des Interesses stand – weil man sich als Monopolist eben nicht um ihn bemühen musste. Diese Mentalität stand in direktem Gegensatz zur Haltung, die bei Vodafone anzutreffen war.

Vor diesem Hintergrund hatten Scott Mead und sein Kollege Evan Newmark, ein erfahrener Telekom-Berater, vergleichsweise leichtes Spiel, denn sie vertraten die Auffassung, dass sich das Unternehmen auf das konzentrieren solle, was es am besten könne – den Mobilfunk. Sie fassten die Situation von Vodafone, die Position auf dem Mobilfunkmarkt und die gangbaren Alternativrouten im Titel ihrer Präsentation zusammen: »Hunt or to be hunted« – jagen oder gejagt werden. Das war die Frage, die Vodafone sich beantworten musste. Es gab keinen lauwarmen Weg dazwischen. Um die Präsentation humorvoll zu eröffnen, hatte Scott Mead die Archive des Magazins *The New Yorker* nach passenden Cartoons durchforstet und war fündig geworden. Der Cartoon zeigte zwei Bären im Wald, die in ihre Mobiltelefone sprechen, während sie von Jägern umringt sind. Der eine Bär sagte zum anderen: »Jetzt kommt einer in deine Richtung.« Der Cartoon umschrieb die Lage von Vodafone insofern gut, als nicht klar war, wer hier der Gejagte war und wer der Jäger. Und: Vodafone plante seine Strategie in einem Umfeld, das von großen und über große Mittel und nahezu unbeschränktem Zugang zu den Kreditmärkten und zu Aktienkapital verfügenden Telekommunikationsfirmen geprägt war. Es waren Unternehmen, die um ein Vielfaches größer waren als Vodafone. Und auf der anderen Seite dieses ungleichen Kampfes stand die kleine, schnelle, bewegliche Firma Vodafone mit einem guten, sehr marketingorientierten Management. Newmark fragte die Anwesenden – eher rhetorisch: »Sie müssen nun entscheiden, ob Vodafone ausschließlich in England wachsen soll. Sie haben die Wahl. Wir haben die großen Tiere da draußen mit ihrer Finanzkraft, etwa wie T-Mobile. Wenn Sie also so weitermachen und ein schönes Geschäft in England aufbauen mit einem Wachstum von – sagen wir – 15 bis 20 Prozent im Jahr, dann kann Vodafone in fünf Jahren an der Börse etwa 15 bis 20 Milliarden Pfund wert sein.« Dann aber werde die Firma sicherlich früher oder später von einem der großen Telekommunikationskonzerne aufgekauft. Wenn man langsam und organisch wachse, dann spielten die Zeit und die Größe der Konkurrenz gegen Vodafone. »Wollen Sie also die Gejagten sein?«

Mead beschrieb die Alternative – und begann mit der Frage: »Oder kann man jagen? Kann man ein Unternehmen aufbauen, das der gewünschte Partner für viele andere Telekommunikations- und Mobilfunkfirmen in Europa ist?« Dabei würde das Marketingtalent von Vodafone eine erhebliche Rolle spielen. Am allerwichtigsten aber war für Mead dies: »Wir müssen mit dieser Strategie unsere Einkaufswährung – also den Aktienkurs – über die Zeit hinweg so wertvoll machen, dass man sie statt Cash zur Akquisition einsetzen kann.« Und damit beschrieb er die verzwickte Lage, in der Vodafone bei seinem Wachstumskurs steckte: In England konnte man weiter wachsen, würde dann aber übernommen werden. Für Käufe im Ausland fehlten Cash und ein attraktiv hoher Aktienkurs, der als Alternative zur Barzahlung dienen konnte. Wie aber konnte der Ausweg aussehen? Mead beschrieb es mit einem Wort: »Alchemie.« Genauer: Finanz-Alchemie. Es müsse gelingen, aus eins und eins fünf zu machen. Die Runde schaute fragend. Mead holte aus: »Wenn der Markt unserer Strategie folgt, dass eine ausschließliche Fokussierung auf das Mobiltelefongeschäft erfolgversprechend ist und dass dieses Geschäftsmodell in mehr als nur einem Markt angeboten wird und funktionieren kann, wenn man also auf diese Art und Weise wächst, dann wächst der Aktienpreis überproportional. Und die Akquisitionswährung wird überproportional wertvoller.« Mead wollte die Kunst der Alchemie nicht nur auf die inhaltliche Strategie des Unternehmens, sondern auch auf seine Akquisitionen angewendet wissen: »Wir müssen den Wert der Aktie über kleinere Käufe von Beteiligungen Zug um Zug steigern.« Mit kleinen Schritten, unauffällig vor allem und überproportional. Wenn es gelänge, die inhaltliche Arbeit im Unternehmen – also die Arbeit am Produkt, an der Marke, am grenzüberschreitenden Service für die Kunden – mit dem

Werben bei den Investoren und damit an den Märkten zu verbinden, dann entstände eine Firma, die als Aufkäufer im Markt nicht nur eine inhaltlich interessante Partie wäre, sondern auch finanziell. Denn wer den Aktionären der zu übernehmenden Firma eigene Aktien anbieten wolle, der müsse nicht nur ein aktuell attraktives Kursniveau haben, sondern über eine gute Strategie weitere Wertsteigerungen versprechen können. »Wenn wir aus eins und eins nicht zwei, sondern drei, vier oder fünf machen, dann gewinnen wir im Wettlauf mit der Konkurrenz Zeit und Terrain.« Das war die alchemistische Strategie, die Newmark und Mead den Männern von Vodafone schmackhaft machten – und hinter der Gent stand. Mead und Gent hatten zuvor schon Ian MacLaurin, den Vorsitzenden des Verwaltungsrates von Vodafone, dafür gewinnen können.

An diesem Tag im März im kleinen Ort Stonehouse überzeugten sie die Führungsmannschaft von ihrem Plan. Das war Gent besonders wichtig, denn er wusste, dass er von diesem Team in den kommenden Jahren viel verlangen werde. Er hatte sich in der Zeit seit seinem Amtsantritt mit öffentlichen Auftritten zurückgehalten und möglichst wenig Aufsehen erregt. Keine Präsentationen, keine Reden, kein Fingerzeig, wo man mit dem Unternehmen hinwollte. Er wusste, dass es der falsche Zeitpunkt war, Flagge zu zeigen. Nur nicht auffallen. Also machte er sich klein. Die Ambitionen aber waren groß, sie waren riesengroß. Das wurde am Ende der Tagung klar. Die Strategie war beschlossen. Doch wen von den großen Konkurrenten würde man übernehmen, wenn die Zeit reif wäre?

Gent nannte die Namen: Airtouch in den USA. Und Mannesmann in Europa. In dieser Reihenfolge.

So legten sie es fest in Stonehouse, im März 1998. Der wilde Haufen aus Newbury hatte seine Beute angepeilt. Von nun an würde er nicht mehr lockerlassen.

Am Anfang war die Röhre

Wenig repräsentiert die alte Macht und den Wandel an Rhein und Ruhr besser als der alte Behrensbau und das daneben stehende moderne Hochhaus am Mannesmannufer Nr. 2 in Düsseldorf. Wer dort in der so genannten Beletage, der Vorstandsetage mit ihren vornehmen Marmorböden und schweren Holzdecken, das Kommando hat, der ist in der Tat oben angekommen. Kaum ein Gebäude repräsentiert die Industrie des Ruhrgebietes und ihre Stellung in der Region so stark wie die beiden Gebäude der Mannesmann-Hauptverwaltung am Ufer des Rheins. Aus den oberen, dem Vorstand vorbehaltenen Etagen des Hochhauses schweift der Blick weit über das Land, über die Häfen und die Industriegebiete, über Hochöfen, Maschinenhallen und Zechen. Schnell kann sich der, der hier oben steht, wie der Herr über das Land fühlen, das sich da vor ihm ausbreitet. Mancher jedoch hat den Weitblick schon mit Unverletzlichkeit verwechselt.

Bis Remscheid im Bergischen Land reicht der Blick nicht. Doch dort fing die Geschichte von Mannesmann an. Seit 1776 hatte die Familie Mannesmann in der Stadt Eisenfeilen hergestellt. Ein auskömmliches Geschäft, wie es viele dieser Art im Bergischen Land gab. Die Region zog Produktionen wie diese an, weil sie reich war an Erz, Kohle und Wasser. Die Mannesmänner unterschieden sich wenig von vielen anderen Kleinproduzenten aus der Region zu dieser Zeit. Das sollte sich erst ändern, als zwei Söhne der Familie – Reinhard und Max – in das kleine Unternehmen eintraten. Sie waren die ersten Innovatoren einer Firma, die dabei war, zu Weltgeltung aufzusteigen. Die Menschen im Bergischen Land gelten als eigenwillige Tüftler, die so schnell nicht aufgeben. Auf die Brüder mindestens traf diese Charakterisierung hundertprozentig zu. Die Industrialisierung hatte die Nachfrage nach gusseisernen Röhren angefacht. Die herzustellen war ein mühseliges Unterfangen. Die Brüder und ihr Vater arbeiteten an einem neuartigen Verfahren, das das Produkt verbessern und verbilligen sollte. Die Arbeit zog sich über Jahre hin.

Die Brüder ahnten, dass ihnen ein Durchbruch zu einer neuen Technik bei der Röhrenproduktion Millionen einbringen werde. Es war so etwas wie die New Economy am Ende des 19. Jahrhunderts. Gut 100 Jahre später würde Mannesmann wieder in die Schlagzeilen geraten – dieses Mal genau in der Hochzeit der New Economy um die Jahrtausendwende, als die Aktionäre steinreich wurden und die Firma verkauften. Max und Reinhard hatten sich ein Ziel gesetzt, das nur schwer zu erreichen war: die nahtlos hergestellte Röhre. Im Jahr 1894 war es so weit, das Verfahren war im Prinzip erdacht und in ersten Versuchen getestet. Ein Jahr später meldeten sie ihre Idee zum Patent an. Doch der erste Grundgedanke musste weiter verfeinert werden. Noch einmal vier Jahre gingen ins Land, bis der endgültige Durchbruch geschafft war. Die Brüder lochten oder bohrten einen Kern aus massiven Gussblöcken. Der so ausgehöhlte Block wurde dann in schräger Seitenlage lang ausgewalzt. Als hätten sie es sich in einer Backstube abgeschaut. Aber es funktionierte. Die Brüder hatten die ersten nahtlosen Röhren hergestellt – und mit dieser Prozedur konnten sie es in fast jeder Länge und jeder Dicke tun, und das zu einem Zehntel des ursprünglichen Preises. Wieder ein Patent, dieses Mal für das »Schrägwalz-Pilgerschrittverfahren«. Bis heute ist es in aller Welt einfach als das Mannesmann-Verfahren bekannt; die meisten Röhren werden heute noch danach hergestellt. Und es hat die Welt ein wenig verändert, zumindest die Welt des Maschinenbaus oder der Architektur.

Max und Reinhard nutzten die Situation aus, um – unterstützt durch privates Kapital – aus dem kleinen Familienunternehmen eine richtige Firma zu schmieden. Ihre Idee und ihre Produkte waren gefragt, und in der heißen Phase der Industrialisierung schien nur der Himmel den Wachstumsfantasien Grenzen setzen zu können. Ähnlich wie Esser hundert Jahre später fingen sie an, ihr Imperium schnell, fast hastig auszubauen. Binnen weniger Jahre gründeten sie Röhrenwerke nicht nur in Remscheid, sondern auch in England, an der Saar und in Österreich. Noch während sie ihre Ideen verfeinerten, stiegen die beiden Brüder zu Größen des deutschen Industriegeschäftes auf. Im Jahr 1890 fassten sie die verschiedenen Werke in der »Deutsch-Österreichischen Mannesmannröhren-Werke Aktiengesellschaft« zusammen und eröffneten die Hauptverwaltung in Berlin. Mit einem Schlag und einem Grundkapital von 35 Millionen Reichsmark stieg die Firma nur fünf Jahre nach dem technischen Durchbruch in die Liga der zehn größten deutschen Firmen auf.

Was so vielversprechend und mit stürmischem Wachstum begonnen hatte, sollte schon bald einen herben Rückschlag erfahren. Im Höhenrausch des Erfolges hatten die beiden Mannesmänner einen zu ehrgeizigen Expansionskurs eingeschlagen. Zudem musste der Wert der Patente kräftig nach unten korrigiert werden. Das Geschäftsjahr 1893 sollte das erste dunkle Kapitel in der Unternehmensgeschichte schreiben: Verlust von 20 Millionen Reichsmark. Über die Hälfte des Grundkapitals aufgezehrt. Die Banken taten das, was sie damals wie heute in solchen Situationen immer tun: Sie bekamen kalte Füße. Die Brüder wurden aus der Geschäftsführung gedrängt. In den Werken verloren Tausende ihre Jobs. Die Hauptverwaltung wurde nach Düsseldorf verlegt. Alles in allem: die perfekte Blaupause für die Technologie-Blase im Jahr 2000. Doch im Gegensatz zu manchen Sternschnuppen am Neuen Markt überlebte Mannesmann diese Krise. Hartes Sparen brachte die Firma wieder auf Erfolgskurs. Schnell machte das Unternehmen wieder Gewinne. Im Jahr 1906 wurde die erste Dividende gezahlt und die Aktien an die Börse gebracht.

In den Jahren nach dem Börsengang und vor den Weltkriegen setzte Mannesmann seinen Expansionskurs der frühen Tage mit fast genau diesem Tempo fort – und dieses Mal mit Erfolg. Man wollte sich nicht auf die Absatzchancen im heimatlichen Markt verlassen und konstruierte seine Strategie schon früh mit Blick auf Märkte in aller Welt. Mannesmann mochte aus der deutschen Provinz kommen, doch man war selbstbewusst genug, Geschäfte im britischen Empire und in Amerika aufzubauen. In Russland verlegte man mit Mannesmann-Rohren die erste Öl-Pipeline der Welt. Doch das Unternehmen weitete nicht nur seine Präsenz an Absatzmärkten aus. Die Strategen der Firma hatten schon früh erkannt, dass man es bei der Stahlverarbeitung allein nicht belassen sollte und konnte. Sie störte vor allem, dass Mannesmann keine Kontrolle über die Produktion und damit über die Qualität des Grundstoffes – Stahl – hatte. In diesen Jahren beseitigten sie den als strategisch empfundenen Nachteil Zug um Zug, kauften Zechen, Stahlwerke und Erzgruben. Im Jahr 1929 war damit der integrierte Montankonzern Realität geworden – im Jahr des großen Crashs an der Wall Street, dem Beginn der Weltwirtschaftskrise, genau in dem Jahr, in dem Kurt Tucholsky seine Satire »Deutschland, Deutschland über alles« schrieb und das Land im Schatten der Braunhemden der aufziehenden Nazis lebte.

Der Aufstieg wurde wieder einmal gebremst, wenn auch nur leicht und kurz. Von der Aufrüstung nach der Machtübernahme profitierte Mannesmann wie alle Schwerkonzerne. Und bezahlte gleichermaßen hart dafür. Denn nach dem Krieg, als Deutschland und viele Werke des Unternehmens in Schutt lagen, fackelten die Siegermächte nicht und zerschlugen die Firma in ihre Einzelteile. Nur 55 Jahre nach der Gründung musste die Firma zum zweiten Mal von vorn beginnen. Sie tat es wieder mit Erfolg. Zehn Jahre mussten die Mannesmänner warten, bis wieder alles zusammenkam, was vor dem Krieg zusammengehört hatte. Die Konzernlenker in Düsseldorf gründeten wieder Stahl- und Röhrenwerke in allen Teilen der Welt, vor allem in Lateinamerika. Sie trennten sich von den Kohlegruben und kauften sich in den Maschinenbau und das Hydraulikgeschäft ein. Zusammen mit Thyssen stieg Mannesmann zum größten Röhrenhersteller der Welt auf und wurde zudem der führende deutsche Maschinen- und Anlagenbauer. Und wieder präsentierte sich der Konzern in stürmischer Wachstumslaune. Unter der Führung von Managern wie Egon Overbeck und Marcus Bierich produzierten die Mannesmänner mehr Wachstum und Wertsteigerung als andere Unternehmen im Ruhrgebiet. Vor seinem nächsten und letzten Wachstumsschritt ruhte der Konzern auf den Säulen Röhren, Maschinenbau, Hydraulik und Autozulieferung.

Und dann kam das Telefon. Zu Beginn der 90er Jahre liebäugelte Werner Dieter, der den Konzern zu jener Zeit führte, mit einem für Mannesmann vollständigen neuen Geschäftsfeld. Nachdem Werner den für Mannesmann traditionell wichtigen Maschinenbau modernisiert hatte, erwarb der Konzern 1990 die Lizenz für das erste private Mobilfunkunternehmen in Deutschland. Dieter hatte erkannt, dass das Unternehmen einen Ausgleich für das Montangeschäft schaffen musste, das die Jahre stürmischer Wachstumsraten längst hinter sich hatte. Er musste davon ausgehen, dass auch dem Maschinenbau und dem Autogeschäft schwierige Zeiten bevorstehen würden. Wieder galt es, wie schon so oft zuvor in der Unternehmensgeschichte, unkonventionell neue Wege zu gehen. Mannesmann und das Mobiltelefon – nichts lag weiter voneinander entfernt als diese Paarung. Die »very old economy« und der Inbegriff der »New Economy«. Stahl, Staub, Schweiß und harte Arbeit versus Yuppies, Champagner und die schnelle Mark. Was verstand Mannesmann vom Mobilfunkgeschäft? Nichts. Und das war immerhin so viel, wie man bei Racal Electronics in England davon verstand. Doch die Unternehmer am Rhein begriffen ebenso wie die Unternehmer in Newbury, dass mit mobilem Telefonieren Geld zu machen sei. Sehr viel Geld – und damit würden beide Firmen das Potenzial ihrer neuen Unternehmungen grandios unterschätzen. Mannesmann, das Wachstumsunternehmen von Anbeginn seiner Geschichte, stürzte sich aus damaliger Sicht gleichwohl einmal mehr in ein Abenteuer mit ungewissem Ausgang, das – wieder einmal – Kapitalismus im reinsten, besten, riskantesten Sinn war. Esser nahm all das nicht auf die leichte Schulter, aber mit einer Prise Humor. In den strategischen Diskussionen jener Monate argumentierte er, dass es beim Telefon nicht anders sei als beim Tennis. Und stellte dann gerne seine so genannten Wimbledon-Fragen: »Erstens: Ist Wimbledon ein ausreichend attraktives Tennisturnier, um sich da anzumelden? Sollte die Antwort ein ›Ja‹ sein, kommt die zweite Frage: Bin ich der Richtige, da mitzuspielen?« Wenn man beide Fragen guten Gewissens mit Ja beantworten könne, dann solle man sich unverzagt in den Kampf wagen.

Dieters wichtigster Mann für das Projekt war zu jener Zeit Peter Mihatsch. Der war 1988 vom Kommunikationsunternehmen SEL zum Mannesmann-Konzern gekommen, um Vorstandsvorsitzender der Tochtergesellschaft Kienzle zu werden. Aber kurz vor dem Antritt seines neuen Jobs verkaufte Dieter Kienzle zu einem guten Preis. Mihatsch hatte nicht lange Zeit, dem versprochenen Job hinterherzutrauern. Er blieb und stürzte sich Ende des Jahres in die Anfänge des Mobilfunkgeschäfts – aufmerksam beobachtet von einem andern wichtigen Mann Dieters: Klaus Esser. Es war kein glorioser Anfang, eher ein schwieriger. Mihatsch übernahm die »Planungsgruppe D2«, die damals gerade einmal zehn Mitarbeiter hatte. Der Auftrag war klar: die Lizenz zu gewinnen, gegen die starke Konkurrenz von BMW, Daimler und Mannesmann. Mannesmann war ein klarer Außenseiter, als das Rennen um die erste Lizenz ins Jahr 1989 – das

Jahr der Entscheidung – ging. Postminister Christian Schwarz-Schilling hatte 1989 die Grundlagen für die Aufspaltung der Post und die Einführung des Wettbewerbs in der Telekommunikation gelegt. Während in Genf ein junger Amerikaner namens Tim Berners-Lee die Jahre später alles revolutionierende Buchstabenkombination http://www erfand, bastelte Schwarz-Schilling an einer kleineren Revolution – der Verbreitung des Mobilfunks in Deutschland. Die neue Technologie sollte, das war der Wunsch von Schwarz-Schilling, ihren Segen nicht nur über eine kleine Gruppe bringen, sondern den Wohlstand möglichst breit streuen. Das war wichtig, weil die D2-Lizenz nicht versteigert wurde und damit nicht der Preis das allein entscheidende Kriterium der Entscheidung war. Mihatsch wusste diese Vorgaben für den Außenseiter Mannesmann geschickt zu nutzen. Als Schwarz-Schilling am 7. Dezember 1989 die überraschende Entscheidung zugunsten von Mannesmann bekannt gab, begründete er das so: Das Konsortium liege bei allen Bewertungskriterien weit über dem Durchschnitt. Besonders die technische Planung begeisterte den Minister. Mihatsch hatte das mit Hilfe eines amerikanischen Partners hinbekommen: der Airtouch plc, die später von Vodafone übernommen werden sollte. Unter der Leitung von George Schmitt war in der Anfangsphase ein großes Team von Airtouch zur Hilfe an Bord, dessen Mitglieder dann schrittweise durch deutsche Mitarbeiter ersetzt wurden. Die Düsseldorfer konnten zudem mit einer zuweilen als altindustrielle Last empfundenen Tatsache punkten: Sie besaßen mehr als 3000 Grundstücke – besonders wichtig für die schnelle Errichtung von Funktürmen. Besonders gut hatte Mihatsch den Schwarz-Schilling am Herzen liegenden Mittelstand eingebunden, indem er die Volks- und Raiffeisenbanken mit zehn Prozent und das Handwerk mit einem Prozent im Konsortium berücksichtigte. Die im neuen Geschäft geschaffenen Arbeitsplätze versprach Mihatsch nicht in Düsseldorf alleine, sondern dezentral über die Republik verteilt zu schaffen. Was als klassischer föderaler Kompromiss daherkam, sicherte den Mannesmännern clever den Sieg. Mihatsch und seine Kollegen waren überrascht und froh zugleich. Die Entscheidung, so dachten sie Ende 1989, würde Mannesmann ein überdurchschnittliches Wachstum bescheren. Man rechnete mit einer halben Million Teilnehmer bis 1994 und zwei Millionen in 2000. Eine grandiose Fehleinschätzung, aber eine schöne. Ein gutes Jahr nach dem Betriebsbeginn zählte Mannesmann Mobilfunk Ende 1993 schon 500 000 Kunden; Anfang 1998 war die Zahl der D2-Nutzer auf 3,5 Millionen gestiegen. Kurz vor der Übernahme durch Vodafone hatte D2 gut neun Millionen Kunden. Die Lizenz, die der Konzern formal 1990 erhalten hatte, also zum 100. Geburtstag, war eine Erlaubnis zum Gelddrucken. Aber es war auch der erste Schritt auf dem Weg zum Ende des Traditionsunternehmens.

Während sich die anderen Konzerne im Ruhrgebiet mit der Rezession in ihrer Branche herumschlugen, marschierten die Manager von Mannesmann also mit Verve in eine ganz andere Richtung. Die Strategie: nicht alles, aber ziemlich viel auf eine Karte setzen – auf das europäische Telefongeschäft im Festnetz und mobil. Die Aktivitäten von Mannesmann auf diesem Feld wurden ab 1994 spürbar aggressiver. Im gleichen Jahr hatte Werner Dieter das Amt des Vorstandsvorsitzenden in die Hände von Joachim Funk gelegt. Neuer Finanzvorstand wurde ein geschätzter langjähriger Mitarbeiter und zugleich ein enger Vertrauter von Dieter und Funk: Klaus Esser. Der hatte sich 1990 aus der Zentrale verabschiedet, um als kaufmännischer Vorstand das Tochterunternehmen Mannesmann-Demag zu führen. Nun war er nach diesem kurzen Abstecher wieder da. Das Trio wusste: Das Telekommunikationsgeschäft verlangte hohe Investitionen, aber es versprach auch riesige Chancen. Doch Mannesmann war, obwohl eine feste Größe in der deutschen Industrie, kein vor Geld strotzender Herkules. Wenn auf der einen Seite investiert werden sollte, dann mussten auf der anderen Seite alte, nicht mehr zum Portfolio passende Tochterunternehmen verkauft werden. Nicht allein um Investitionsmittel freizusetzen, sondern vor allem, um die Attraktivität des Gesamtunternehmens am Kapitalmarkt zu erhöhen. Denn ihn würde man bei der Finanzierung des neuen Geschäftes vor allem in Anspruch nehmen müssen. Esser spielte in dieser Situation eine besondere Rolle – allein schon bei der Abwicklung der anstehenden Geschäfte. Doch nach dem Willen Dieters und mit dem Segen von Funke kam dem Finanzchef eine über seine Position hinausgehende unternehmerische Rolle zu. Esser gründete in Düsseldorf eine Abteilung für Mergers & Aquisitions, über die er die Transaktionen des Konzernumbaus steuern und abwickeln konnte. An die Spitze der kleinen Truppe setzte er Kurt Kinzius, den er aus seiner Zeit bei Mannesmann-Demag kannte und der über die kommenden Jahre hinweg zur rechten Hand Essers, zu seinem »Alter Ego« werden würde. Von 1995 bis zur Übernahme durch Vodafone wickelte die Truppe 56 Transaktionen ab. Sie verkaufte dabei Unternehmen aus dem gemischten Portfolio des Maschinenbaus und des Automobilzuliefergeschäftes mit einem Umsatzvolumen von 7,8 Milliarden Euro und spülte so rund 1,5 Milliarden Euro in die Firmenkasse. Kein anderer Konzern in Deutschland hatte sich in diesen Jahren so schnell modernisiert. Mit diesen Verkäufen verschaffte Esser dem Konzern jedoch nur einen kleinen Teil der Finanzmittel, die für das Wachstum in der Telekommunikation benötigt wurden. Dazu kamen vor allem in den Jahren 1998 und 1999 Kapitalerhöhungen, Anleihen und Kreditprogramme, mit denen sich Mannesmann 36,5 Milliarden Euro beschaffte, um sie in das Telekommunikationsgeschäft zu investieren.

Nachdem D2 seinen Betrieb im Jahr 1992 aufgenommen hatte, stiegen die Düsseldorfer 1996 gemeinsam mit der Bahn in das Festnetzgeschäft ein. Was mit einer Minderheitsbeteiligung von 49,8 Prozent begann, das kontrollierten die Manager vom Mannesmann-Ufer schon 1997 und benannten es in Arcor um. Das Unternehmen wuchs in den Folgejahren und überflügelte die Telekom-Töchter anderer deutscher Großkonzerne. Unternehmen wie die Deutsche Telekom, Veba, RWE, Viag und Thyssen waren in einer stärkeren Position als Mannesmann. Sie verfügten über mehr Kapital oder bessere politische Kontakte. Mannesmann versuchte, das auszugleichen durch ein konsequent durchdachtes strategisches Konzept und eine schnellere Umsetzung. Ein um das andere Mal hängten sie andere deutsche Konkurrenz schlicht ab – ob im Mobil- oder Festnetzgeschäft. Auch hier ähnelte Mannesmann der wilden Truppe aus Newbury mehr als dem Establishment der deutschen Wirtschaft, aus dem das Unternehmen kam. In wenigen Jahren führten die Manager aus Düsseldorf Arcor so an die zweite Position im Festnetzgeschäft hinter der Deutschen Telekom.

Nicht weniger ambitioniert gaben sich Funk, Esser & Co. bei der Expansion in Europa. Ihr Ziel: ein integriertes Angebot von Mobilfunk und Festnetzdiensten in der Telekommunikation. Und mit diesem Angebot wollte man möglichst schnell zum Marktführer in Deutschland und den wichtigen, großen Märkten in Europa werden – aber eben auch nur dort. Amerika interessierte das Mannesmann-Management zu diesem Zeitpunkt nicht, weil es ein zersplitterter Markt war, in dem man nach allgemeiner Einschätzung keine führende Position würde erreichen können. Geschwindigkeit, Fokus und Kontrolle – das war das Mantra von Esser und seinen Kollegen. In Europa entstanden so zunächst Gemeinschaftsunternehmen mit dem italienischen Konzern Olivetti und in Frankreich. Im Jahr 1998 kaufte sich Mannesmann in Österreich ein. Esser hatte alle diese Gemeinschaftsunternehmen auf den Weg gebracht. Nicht still und heimlich, aber hinter den Kulissen, nicht im Rampenlicht stehend. Und doch war er so wichtig geworden, dass an ihm, dem Mann im Hintergrund, kaum mehr ein Weg vorbeiführte.

Schon Ende 1998, also gut zwölf Monate vor dem Beginn der Übernahmeschlacht, war Mannesmann auf einem guten Weg, der führende Mobilfunker in Kontinentaleuropa zu werden. Esser und Kinzius ließen den Düsseldorfer Konzern durch die Vielzahl von Deals in diesem Feld schnell wachsen. Die Geschäfte verschlangen Milliarden – für den Erwerb der Unternehmen, der Lizenzen und für den Ausbau der Netze. Nicht wenige innerhalb des Traditionskonzerns begegneten diesem Expansionsdrang Essers mindestens mit gemischten Gefühlen, wenn nicht gar mit offener Ablehnung. Das Selbstverständnis im Unternehmen leitete sich immer noch stark aus der großen Vergangenheit als Montankonzern ab. Und diese Wahrnehmung im Inneren spiegelte sich auch im öffentlichen Image der Firma wider. An der Börse sprachen die Händler immer noch von dem Kurs von »Röhren«, wenn es um die Notierung von Mannesmann-Aktien ging. Und Esser führte einen halbernst-verzweifelten innerbetrieblichen Krieg dagegen, dass bei allen Konzernverlautbarungen mehr über das immer weniger wichtige Röhrengeschäft berichtet wurde als über die Zukunftssparte Telekommunikation. Den alten Gewohnheiten war nur schwer beizukommen.

Die Kritiker im Konzern, die sich vor allem fragten, ob Mannesmann denn dieses Wachstum und diese Investitionen auf Dauer würde durchhalten können, sprachen sich dafür aus, die finanzielle Last auf mehrere Schultern zu verteilen. Sie wollten, dass Mannesmann sich Partner für die Expansion suche. Peter Mihatsch etwa stand für diesen Kurs. Er machte sich, der Erfahrung des frühen D2-Geschäftes folgend, für eine Expansion mit Partnern stark. Esser wollte davon nichts wissen. Und er konnte sich dabei der Rückendeckung von Funk sicher sein. Wenn man schon das Risiko einging, in vollständig neue Geschäftsfelder vorzustoßen, dann wollte man auch die Erträge daraus einstreichen. Esser wusste, dass die Einbeziehung von Partnern schwierig war und eine trügerische Scheinsicherheit vermittelte. Sollte der eingeschlagene Kurs falsch sein, dann würde auch das Teilen der Verluste nicht wirklich helfen. Vor allem aber strebte Esser den Alleingang an, weil er davon ausging, dass Gemeinschaftsunternehmen nie so schnell an diesem sich schnell bewegenden Markt wachsen könnten, wie man das aus eigener Kraft tun könnte.

Hinter der Kontroverse um die rechte Strategie verbarg sich allerdings noch ein zweiter Konflikt: der um die künftige Führung des Unternehmens. An der Spitze der Konzernführung stand ein Wechsel an. Funke würde mit Ablauf der Hauptversammlung 1999 im Mai in den Aufsichtsrat wechseln. Wer würde ihn als Vorstandsvorsitzenden beerben? Mihatsch, der erfolgreiche D2-Manager, der die erste Lizenz gewonnen und das Geschäft von der Pike an aufgebaut hatte, der aber später stets bestritt, an der Topposition interessiert gewesen zu sein? Oder würde es Esser werden? Das waren die Kandidaten in diesem – allerdings höchst ungleichen – Rennen. Die beiden Männer hatten – wie enge Beobachter es beschreiben – ein»professionelles«Verhältnis zueinander. Mit anderen Worten: Sie waren nicht gerade das, was man als enge Freunde bezeichnen konnte.

Esser konnte den Ausgang des Rennens im Prinzip mit großer Ruhe abwarten. Fast alle Argumente sprachen für ihn als neuen Vorstandsvorsitzenden. Er war – wie Dieter und Funk, aber im Gegensatz zu Mihatsch – ein Gewächs des Hauses, der so ziemlich jeden Winkel des weit verzweigten Imperiums kannte – gut kannte. Esser war mit den strategischen Fragen des Maschinenbaus und der Automobilzulieferung genauso vertraut wie mit denen der Röhrenherstellung und der Telekommunikation. Seine Ernennung zum Vorstandsvorsitzenden würde trotz allen Wandels ein Zeichen der Kontinuität sein. Und er pflegte einen Führungsstil, der zwar fordernd und direkt war, jedoch galt Esser im Gegensatz zu Mihatsch als umgänglicher. Zu alldem kamen Essers internationale Erfahrung, die Expertise im gerade besonders wichtigen Finanzgeschäft und der von ihm aufgebaute Kontakt zu den großen Anteilseignern. Der schmächtige Manager verfügte schlicht über die besser abgerundeten Grundlagen für den Topjob. Er selber hatte daran ohnehin nicht gezweifelt. Und so sah es auch der Aufsichtsrat. Im Verlauf des Jahres 1998 war immer deutlicher geworden, dass Esser Funk beerben würde. Bereits im Februar war er zum stellvertretenden Vorsitzenden des Vorstandes ernannt worden – ein klares Zeichen. Mihatsch, der erfolgreiche Mobilfunkpionier, schied kurz danach, im Mai 1998, bei Mannesmann aus. Für Esser war der Weg frei. Weniger als zwei Jahre würden dem designierten Chef noch bleiben. In dieser Zeit fielen zwei Entscheidungen, deren Richtigkeit Esser bis heute nicht anzweifelt und die aus der Sicht der Kapitalmärkte und der Aktionäre zweifelsohne richtig waren. Gleichwohl waren sie genauso entscheidend für das Ende der Mannesmann AG nach 110 Jahren: die Abschaffung der Montanmitbestimmung beim Unternehmen und die von Esser geplante Aufspaltung der Firma in das Telekommunikationsgeschäft einerseits und die traditionellen Altaktivitäten andererseits.

Gegen die Montanmitbestimmung hatte sich der Vorstand schon lange zur Wehr gesetzt. Die Zusammensetzung der Geschäfte im Konzern rechtfertigte sie schon seit geraumer Zeit nicht mehr. Längst machte Mannesmann seinen Umsatz nicht mehr hauptsächlich mit Röhren und Stahl. Doch die Montanmitbestimmung – erfunden 1922 – galt für Mannesmann weiterhin und räumte den Arbeitnehmern über den so genannten neutralen Mann im Aufsichtsrat im Zweifelsfalle die Mehrheit aller Stimmen ein. Die Arbeitnehmervertreter hatten diese Position der Stärke in der Vergangenheit nicht übermäßig strapaziert. Doch den Investoren an den internationalen Kapitalmärkten war schon die Mitbestimmung schwer zu vermitteln, ganz zu schweigen von dieser noch verschärften Form des Mitspracherechtes. Und auf internationale Investoren war Mannesmann zunehmend angewiesen, denn das Wachstum in der Telekommunikation musste finanziert werden – und zwar mit großen Summen. Das Management steckte in einer Zwickmühle. Einerseits bot die Montanmitbestimmung einen guten Schutz gegen unerwünschte Übernahmen – und mit denen war zu rechnen. Damit aber verstellte man sich gleichzeitig den Weg zu schnellem Wachstum. Und genau das strebten Esser & Co. an. Sie sahen sich mit dem Geschäft von D2 und Arcor gut positioniert für die Schlacht um die Vorherrschaft in Europa. Bei seiner Argumentation gegen die Montanmitbestimmung ging es dem Vorstand weniger darum, sich als Reformer zu profilieren, sondern vielmehr darum, schlicht jene Fesseln abzustreifen, die ein schnelles Wachstum behinderten.

Am 25. November 1998 stand der Fall schließlich vor dem Bundesverfassungsgericht zur Verhandlung an. Jurist Esser war nach Karlsruhe gefahren, um dort selber für ein Ende der Montanmitbestimmung bei Mannesmann zu argumentieren. Er traf auf die Gewerkschaften und die Vertreter der gerade neu gewählten rot-grünen Bundesregierung, die versuchten, auch beim Düsseldorfer Konzern keinen Millimeter Boden preiszugeben – frei nach dem Motto: Wehret den Reformen schon in ihren Anfängen! Esser und die Anwälte des Konzerns vertraten dagegen die Ansicht, dass der Konzern schon seit 1980 nicht mehr der Montanmitbestimmung unterliege – wenn, ja, wenn nicht für das »Herausfallen« aus dieser Regelung andere Zahlen gelten würden als für das »Hineinwachsen«. Esser focht mit Verve gegen eine der vielen deutschen Rechtsungereimtheiten. Denn: Erst wenn ein Unternehmen mehr als 50 Prozent seiner Geschäfte im klassischen Montanbereich machte, unterlag es dieser speziellen Form der Mitbestimmung. Aber: Daraus verabschieden konnte es sich erst, wenn es weniger als 20 Prozent seiner Geschäfte in diesem Segment machte. Und selbst diesen Wert, so argumentierte Esser, unterschreite man schon seit Jahren. Die Richter nahmen die Argumente zur Kenntnis und urteilten im März 1998, dass dem Management Recht zu geben sei. Nach diesem Spruch und einem weiteren des direkt zuständigen Oberlandesgerichtes Düsseldorf Anfang Mai 1999 fiel die Montanmitbestimmung bei Mannesmann schon mit der kurz darauf folgenden Hauptversammlung des Konzerns. Das Management hatte die als Wachstumsfessel empfundene montane Mitbestimmung nach vielen Jahren des Kampfes schließlich zu Fall gebracht – und sich damit auch etwas angreifbarer und verletzbarer gemacht. In Newbury schaute man mit Interesse zu.

Esser wusste, dass er ein Risiko einging. Am Tag der Einführung ins Amt des Vorstandsvorsitzenden war er nun auch nicht mehr der Montanmitbestimmung unterworfen. Der neue Konzernlenker ahnte zu diesem

Zeitpunkt schon, dass der Kampf mit Vodafone nach den Ereignissen vom Beginn des Jahres unausweichlich bevorstand. Einzig offen war aus seiner Sicht nur der Zeitpunkt des Angriffs. Esser und der Rest des Managements hätten sich verschanzen können – eben mit Hilfe dieser speziellen Form der Mitbestimmung, die eine ungewollte Übernahme extrem erschwert, wenn nicht gar unmöglich gemacht hätte. Aber, so musste er sich fragen, würde dieser Schutz allein ausreichen? Es war schwer und nicht mit Sicherheit abzuschätzen. Sicherer – und ohnehin mehr nach seinem Geschmack – erschien dem neuen Mann an der Spitze ein hoher Aktienkurs. Dann würde der Markt und würden nicht Regeln aus der Zeit der Weimarer Republik über die Frage der Eigenständigkeit der Firma entscheiden. Doch – zumindest für den Zweck der Verteidigung – lag der Kurs objektiv zu niedrig. Zwar rangierte die Aktie meist in der Gruppe jener Papiere mit den höchsten Kurssteigerungen, aber mehr als 130 Euro wurden an der Börse Ende Mai nicht bezahlt. Esser glaubte fest daran, dass die institutionellen Investoren seiner Strategie des Umbaus von Mannesmann folgen würden. In den vergangenen Jahren hatte er stets geliefert, was zuvor versprochen worden war. So eine Art von Zuverlässigkeit schätzten die großen Investoren in Deutschland, aber auch in den Vereinigten Staaten und England, wo nicht wenige Fans von Essers Unternehmenspolitik anzutreffen waren. Doch wie lange würden sie in diesem hektischen Jahr Geduld zeigen? Esser wusste, dass die Ergebnisse im weiteren Verlauf des Jahres nicht besser werden würden – allein schon deshalb, weil Abschreibungen auf die jüngsten Akquisitionen vorzunehmen waren. Dem Kurs der Aktien würde das schaden können – und am Kurs hing nun einmal viel. Denn die Höhe des Aktienkurses, damit der Marktkapitalisierung, bestimmte einerseits, wie viel Mannesmann bei der Übernahme einer anderen Firma bezahlen konnte. Andererseits setzte es auch die Untergrenze fest, die ein Angreifer mindestens zu überbieten hatte, wollte er Mannesmann übernehmen. Die Deals dieses Jahres zeigten nämlich, dass in nahezu allen Fällen mit und in Aktien bezahlt wurde. Der Aktienkurs war damit Akquisitionswährung und Abwehrmechanismus zugleich.

Für Esser war folglich die Entwicklung des Aktienkurses ein wichtiger Aspekt seiner nächsten Aktion. Doch Esser betrieb seinen Plan nicht nur mit Blick auf die Börse, sondern auch weil er von der Richtigkeit des Schrittes absolut überzeugt war. Gerade einmal drei Monate im Amt des Vorstandsvorsitzenden, schockte Esser die Belegschaft des Traditionskonzerns, als er im September bekannt gab, die Mannesmann AG werde in zwei börsennotierte Unternehmen aufgeteilt. Das Telefongeschäft einerseits und die traditionellen Bereiche Maschinenbau und Automobilzulieferung andererseits sollten jeweils in den Unternehmen Mannesmann Telecommunications AG und Mannesmann Atecs AG zusammengefasst werden. Der wahre Schock für die Traditionalisten war dies: In Essers Planungen tauchte das Röhrengeschäft nicht mehr auf. Ausgerechnet die Röhren, mit denen Mannesmann einst begonnen hatte und die das Unternehmen groß gemacht hatten, ausgerechnet die sollten verkauft werden. »Die Röhren, die dem Börsenwert einst den Namen gaben, sind nur noch ein Erinnerungsposten«, schrieb die *Börsen-Zeitung*. Die Logik des Schrittes, den Esser dem Konzern nun verordnete, lag auf der Hand. Die Telekommunikation war zuletzt so stark gewachsen, dass sie 70 bis 80 Prozent des gewöhnlichen Geschäftes ausmachte und so die anderen Segmente klar dominierte. Mannesmann war zu einem Telekom-Wert geworden – und musste sich an der Börse nun mit der Konkurrenz in diesem Feld messen lassen. Und um mithalten zu können, um die Expansion zu finanzieren, waren gewaltige Mittel notwendig. Die aber musste Esser auch bei Atecs bereitstellen – obwohl dort die vorgegebene Rendite von 15 Prozent nicht erreicht wurde. Es war mehr, als der Konzern aus eigener Kraft meistern konnte.

So weit die kalte Logik. Gleichwohl: Der Konzern schien wie paralysiert. Esser hatte diesen Coup sorgfältig und verschwiegen vorbereitet. Ende August waren einmal kurz Gerüchte hochgekommen, sonst herrschte Schweigen. Eingeweiht war natürlich Joachim Funk, der Vorsitzende des Aufsichtsrates. Beide Männer wussten um die zunehmende Übernahmegefahr, weil der Kurs zu niedrig lag. Die Aufspaltung würde diese Gefahr im Prinzip noch erhöhen, weil Mannesmann nach der Teilung kein schwierig zu führendes Konglomerat mehr sein würde. Das würde die großen Spezialisten in den beiden neuen Geschäftsfeldern möglicherweise mit Übernahmegelüsten auf den Plan rufen. Aber Esser wusste, dass Konglomerate an der Börse zu niedrig bewertet wurden –

eine Art Gemischtwarenladen-Abschlag. Durch die Teilung sollte dieser Missstand behoben werden. In den Gesprächen mit Funk vor der endgültigen Entscheidung sagte er: »Wir müssen 20 Prozent Kurssteigerung haben, analytisch. Das sollte das Risiko einer feindlichen Übernahme mehr als ausgleichen.« Für Esser, den Analytiker, war klar: »Wenn alle Investoren richtig mitdenken, dann bekomme ich 20 Prozent Wertsteigerung.«

Am 23. September 1999 war es schließlich so weit. Am Morgen hatte der Aufsichtsrat getagt und dem Projekt zugestimmt. An der Börse wurde der Handel mit der Aktie ausgesetzt. Und dann verkündeten Essers Öffentlichkeitsarbeiter die für viele im Konzern so schockierende Nachricht. Man plane die Aufspaltung. Die Einheiten würden im Jahr 2000 operativ getrennt und 2001 separat an der Börse gehandelt. Mit separater Identität könne man noch kraftvoller und fokussierter wachsen. Esser sprach von den »zwei Einheiten für zwei Strategien«. Am Markt spendete man Beifall. Der Kurs der Aktie schoss um fast acht Prozent auf 152 Euro. An der Börse wurde Mannesmann also mit rund 57 Milliarden Euro bewertet. Das war ein Start nach Essers Geschmack. Aber es konnte eben nur ein Auftakt sein. Denn nun würde die Entwicklung der Düsseldorfer Telekom-Sparte lupenrein mit jener von Vodafone und anderen Kommunikationskonzernen verglichen. Und da hinkte man – vor allem was die Bewertung an der Börse anging – noch hinterher.

Die Mannesmänner scherten sich nicht um das, was die Börse wollte. Die Stimmung im Konzern war schlecht, bedrückt, deprimiert. Der Kurswechsel des Managements kam nicht gut an und wurde zudem von vielen nicht verstanden. War die seit 30 Jahren verkündete Strategie des Konzerns etwa falsch gewesen? Galt nicht mehr, was immer gegolten hatte – nämlich dass Konglomerate risikoausgleichend wirkten? Und hatte man nicht in der Konstellation dem Aktionär gute Ergebnisse geliefert? In den vergangenen zehn Jahren hatte sich der Kurs verelffacht, während sich die Notierungen anderer großer deutscher Werte im Durchschnitt vervierfacht hatten. War das nichts? Zählte das nicht? Die stolzen Mannesmänner verstanden die Welt nicht mehr. Vor allem die zweite Führungsebene und die Manager in den Tochterunternehmen lamentierten über den neuen Kurs. Und die Gewerkschaften sorgten sich um Arbeitsplätze. Esser, der Logische, war von der Reaktion seiner Kollegen gleichsam überrascht und bedrückt. Auch er war im Herzen ein von der Geschichte des Unternehmens geprägter Mannesmann-Mitarbeiter. Tradition und die Stimmung in »seiner« Firma waren ihm wichtig. Esser teilte zwar die Wehleidigkeit mancher seiner Kollegen nicht und verstand auch deren Hasenfüßigkeit nicht. Doch er nahm sich Zeit für deren Bedenken. Zu viel Zeit. In dieser für Mannesmann kritischen Phase am Kapitalmarkt richtete der Vorstandsvorsitzende seine Aufmerksamkeit nicht auf die Außenwelt, sondern auf die Innenwelt der verletzten Mannesmann-Seele. Wochen verbrachte er nach dieser Entscheidung damit, vom einen zum anderen und von der einen Gruppe zur anderen Gruppe zu gehen, mental Händchen zu halten und zu trösten, zu erklären, Bedenken auszuräumen. Esser gab den Diskussionsrunden die Zeit, die sie benötigten. Er erläuterte wieder und immer wieder, dass, »Nein!«, kein Konkurs drohe, dass, »Nein und noch mal nein!«, niemand durch die Teilung seinen Arbeitsplatz verlieren werde. Seine Botschaft: »Alles wird gut.« Ganz untypisch für ihn, den kühlen Analytiker, wollte Esser die Kollegen, die er zum Teil schon mehr als zehn Jahre lang kannte, persönlich überzeugen, emotional für den Plan einnehmen. Er wollte die Herzen der Menschen im Konzern gewinnen – vielleicht auch deswegen, weil es ihn traf, wie sehr er dem Traditionssinn des Unternehmens einen Schlag versetzt hatte.

Während Esser sich um die Befindlichkeiten im Unternehmen kümmerte, vernachlässigte er für eine kurze, aber möglicherweise entscheidende Zeit jene Faktoren, die sonst stets im Mittelpunkt seines Handelns gestanden hatten: Investoren und Kapitalmärkte. Essers Einschätzung zu der Zeit war: »Die Profis an den Märkten verstehen, was wir tun. Die erkennen die Wertsteigerung, die wir hier kreieren.« Seine Schlussfolgerung: »Hier kann ich es etwas ruhiger angehen lassen.« Es war, das wurde in der Rückschau klar, vermutlich Essers größter Fehler in einem Übernahmekampf, der auf dem Papier zwar noch nicht begonnen hatte, der virtuell aber bereits in vollem Gange war. Esser vermarktete seinen Plan nicht und warb nicht für seine Aktie in den Wochen nach der Bekanntgabe der Aufspaltung – eben weil er es nicht für notwendig hielt. Die Konsequenz war bitter: Der Kurs bewegte sich nicht, sondern verharrte in der Höhe um 150 Euro. Das war nicht das Kursniveau, das Esser als Reaktion auf seinen Plan erwartet hatte und das er quasi als Minimalschutz gegen eine Übernahme auch benötigte. In den Gesprächen mit dem Aufsichtsrat hatte er auf einen Kursanstieg von 20 Prozent gesetzt. Wäre diese Rechnung aufgegangen, dann hätten Mannesmann-Aktien 180 bis 190 Euro kosten müssen – und nicht 150 Euro. Esser, der Mann der detaillierten Planung, der immer und auf alle Eventualitäten vorbereitet sein wollte, der die Gefahr eines Angriffs klar sah, verkalkulierte sich in diesen Wochen kräftig, weil er glaubte, die Märkte würden seiner Logik ohne weitere Werbung folgen. Im Rückblick erkannte der Stratege, dass er sich weniger um die Befindlichkeiten im Konzern als um die Investoren hätte kümmern müssen. Der Kurs von 150 Euro war zwar nicht gerade eine Einladung zur Übernahme, aber er war auch alles andere als eine unüberwindliche Barriere.

Esser handelte in dieser Situation wie viele andere deutsche Manager auch. Die Struktur deutscher Firmen lassen ihnen dabei auch kaum eine andere Wahl. Weil es in Deutschland – im Gegensatz zu England und Amerika – eine Trennung zwischen dem für das Tagesgeschäft zuständigen Vorstand und dem vor allem für die Kontrolle verantwortlichen Aufsichtsrat gibt, muss der Vorstand für seine wichtigen Strategiepläne zunächst dort um Zustimmung und Unterstützung werben – und nicht an den Kapitalmärkten. Chris Gent etwa hätte in der gleichen Situation in England ganz anders gehandelt. Er wäre vor der Entscheidung zu seinen wichtigen Aktionären gegangen und hätte dort eruiert, wie der Plan denn aufgenommen werden würde. Die Zustimmung der Aktionäre vorausgesetzt, konnte Gent dann im Prinzip allein entscheiden. Der Vorteil dieser Konstruktion: Die Kapitalmärkte wussten stets frühzeitig um die Pläne des Managements, konnten ihre Meinung einfließen lassen, standen – weil der Vorstand nicht gegen die Aktionäre entscheiden konnte – stets hinter den entsprechenden Transaktionen und kauften nicht selten Aktien zu. Für das Management bedeutete das: Es standen mehr Mittel für Übernahmen zur Verfügung, und die Hürde gegen feindliche Übernahmen war größer als etwa in Deutschland.

Als Gent und die Mannen in Newbury im Oktober 1999 darüber zu entscheiden hatten, ob sie die Düsseldorfer angreifen würden oder nicht, da stand der Kurs immer noch näher an 150 als an 190 Euro. Wäre ihre Entscheidung über den Angriff anders ausgefallen, wenn Mannesmann schon damals deutlich teurer gewesen wäre? Möglicherweise.

Im Kreis der Dinosaurier

Wie näherte man sich einem Apatosaurus? Am besten vorsichtig. Zwar waren die größten bisher bekannten Saurier friedliche, schwerfällige Zeitgenossen. Doch allein die Gefahr, zufällig von den Kolossen zertreten zu werden, legte vorsichtige Bewegungen im Gelände nahe. Wer sich mit stetem Blick auf die Giganten aber schnell und dynamisch bewegte, der hatte gute Chancen zu überleben. Es war das Verhaltensmuster, das sich auch jene Manager verordneten, die als Pioniere der ersten oder zweiten Welle in das Mobilfunkgeschäft einstiegen.

Das Telefongewerbe in Europa erwachte in den 80er Jahren aus dem langen Schlaf der Monopole, als die ersten Regierungen damit begannen, die bis dahin als Staatsunternehmen geführten Telefongesellschaften zu privatisieren. Das Ziel der britischen und spanischen Regierung, die die Privatisierungsbewegung in Europa begründeten: mehr Wettbewerb, der den Konsumenten – damals noch ausschließlich im Festnetzgeschäft – mehr Wahlfreiheit und damit mehr Qualität, Service und niedrigere Preise bringen sollte. Allein: Mit der Entlassung in die Freiheit des Privaten änderten sich noch lange nicht Unternehmenskulturen, Attitüden und lange eingeübte Verhaltensweisen. Wer allein im Geschäft war – häufig schon seit der Erfindung des Telefons – wer Leitungsnetze, Anschlüsse und damit die Kunden kontrollierte, der wurde nicht im Augenblick der Privatisierung zu einer dynamischen Firma. Trotz dieses Defizits erhielten die Ex-Monopolisten in vielen Fällen eine neuerliche Chance – einen Vorsprung beim Einstieg ins mobile Telefonieren: In den allermeisten Fällen erhielten die alten Giganten die ersten Lizenzen für das Geschäft der Zukunft. Als sich die jungen Wilden aus Newbury und Düsseldorf dem Mobilfunk näherten, da wurde die Branche ganz klar dominiert von den alteingesessenen großen Telekom-Gesellschaften, die alle der Tradition des Geschäftes mit Festnetzanschlüssen verpflichtet waren – Unternehmen wie die Deutsche Telekom, France Telecom, Telefónica oder Telecom Italia. Mit anderen Worten, die Dinosaurier des Geschäftes. Für die Angreifer, die sich zugleich als Außenseiter ein Stück vom Kuchen abschneiden wollten, war klar: Es hat mehr als 100 Millionen Jahre gedauert, bis die Dinosaurier ausgestorben waren – daher konnte man auch damals diese Unternehmen nicht einfach abschreiben. Mit denen war im Zweifelsfall zu rechnen, denn sie hatten zumindest einmal viel Geld und konnten sich noch mehr davon in nahezu unbegrenzter Höhe beschaffen. Für Esser, Gent und andere Mobilfunkmanager stand aber zugleich auch fest, dass genau diese alteingesessenen Platzhirsche sich vor allem um das Geschäft in ihren eigenen Ländern kümmern würden. Es gab unter den großen Telekommunikationsunternehmen keine Firma, die man zu Recht als »Global Player« hätte bezeichnen können. Es gab niemanden, der Ambitionen hatte, wirklich global tätig zu werden, oder der die Fähigkeit dazu besessen hätte. Und das aus gutem Grund.

Die ehemaligen Staatsbetriebe waren sich selbst genug. Kein Konkurrent konnte ihnen wirklich gefährlich werden, alleine schon deshalb, weil sie das Netz und – viel wichtiger – die so genannte letzte Meile, also die Anschlüsse selber, kontrollierten. Dieses Geschäft war so bequem und so auskömmlich, dass kaum einer an Expansion dachte. Die beherrschende Stellung im Markt förderte nicht gerade unternehmerisches Denken. Wenn das aber schon im Festnetzgeschäft nicht auf der Tagesordnung stand, so war es noch viel weniger der Fall bei der mobilen Telefonie in Europa.

In Amerika war der Markt weitaus zersplitterter, was die Lage für die Anbieter nicht eben leichter machte. Die großen amerikanischen Telefonkonzerne wie ATT, Bell Atlantic oder Bell South betrieben ein in Nischenmärkten aufgeteiltes, margenarmes und technisch nicht sehr weit entwickeltes Festnetz- und Mobilgeschäft. Doch obwohl im heimatlichen Markt noch viele Hausaufgaben zu erledigen waren, wollten nicht wenige von ihnen im europäischen Mobilfunk aktiv werden. Bei allen etablierten Festnetzbetreibern waren folgende Faktoren gleich: das fehlende Gefühl für die Wünsche der Kunden, die Unfähigkeit, schnell auf sich verändernde Marktbedingungen zu reagieren, und ein wenig ausgeprägtes Talent für Marketing. Genau darauf aber kam es im mobilen Telefongeschäft besonders an; denn die Kunden konnten sich nicht nur zwischen verschiedenen Anbietern entscheiden, sie wechselten auch oft genug nach

Ende ihrer Vertragslaufzeiten, wenn sie unzufrieden mit Qualität und Service waren. Das waren deutlich andere Umstände als im Festnetz.

Fehlender unternehmerischer Geist, Schwächen im Marketing, mangelndes Tempo und fehlender Ehrgeiz zur Expansion über das Mutterland hinaus – das waren die Defizite der Etablierten, die Manager wie Gent oder Esser in ihrer Ansicht bestärkten, dass sich in dieser Lage gute Chancen für sie boten, trotz der Kapitalkraft der Dinosaurier. Aber man würde sich vorsichtig bewegen müssen. In der Einschätzung der Lage kam man bei Vodafone und Mannesmann zu ähnlichen Ergebnissen – schon bevor Gent und Esser das Ruder übernahmen. Doch man zog ganz unterschiedliche Konsequenzen daraus, zum Teil, weil beide Firmen zu ganz unterschiedlichen Zeitpunkten in das Geschäft eingestiegen waren. Während Vodafone mit dem Start im Januar 1985 zu den Pionieren des Mobilfunks gehörte, war Mannesmann erst 1992 angetreten. Sieben Jahre – im Mobilfunk jener Tage war das fast eine Generation. Vodafone nahm den Betrieb zu einer Zeit auf, als man noch analog über sein backsteingroßes Handy telefonierte und als es vor allem darum ging, die technischen Schwierigkeiten von Netz und Betrieb in den Griff zu bekommen. Die Integration länderübergreifender Netze, die Kombination von Sprache und Daten über das Handy, gar das Angebot von speziellen Inhalten wie Nachrichten oder Videos standen nicht einmal ansatzweise zur Diskussion. Vodafone beschränkte sich daher in den ersten Jahren des Bestehens auf seinen Heimatmarkt und dort auf die mobile Sprachübermittlung. Das aus diesem Geschäft erlöste Geld verwendeten die Manager aus Newbury dazu, das Netz daheim auszubauen, und dafür, im Ausland kleinere Beteiligungen an lokalen Netzbetreibern zu kaufen. Außerhalb des Heimatmarktes trat Vodafone also als ein Sammler von Beteiligungen auf. Die Firma verfolgte – auch mangels der nötigen Technologie – zu dieser Zeit noch nicht das Ziel, die Datenübertragung zu forcieren oder spezielle Inhalte für die mobile Welt anzubieten. Doch schon lange bevor sich das globale Schachspiel um die Vorherrschaft im Mobilfunkgeschäft abzeichnete, stellte Vodafone – aber auch die amerikanische Firma Airtouch – seine Schachfiguren auf den Marktplätzen der Welt auf.

In Düsseldorf beobachtete Klaus Esser das Vorgehen von Vodafone schon früh. »Die sammeln Beteiligungen wie andere Leute Briefmarken«, konstatierte er trocken. Die Strategie schien zunächst aufzugehen. Das Kaufen vieler kleiner und kleinster Beteiligungen zu oftmals günstigen Preisen sorgte zwischen 1991 und 1996 für eine stetige Wertsteigerung von Vodafone. Doch der frühe Erfolg wurde später zu einer Belastung – vor allem mit Blick auf die internationalen Kapitalmärkte. Ein besonders wichtiger Aspekt, da dort der Wert der jeweiligen Aktien bestimmt wurde. Und die relative Entwicklung der Aktien der verschiedenen Unternehmen entschied später den Kurs von friedlichen Fusionen und den Ausgang von Übernahmeschlachten. Das Problem mit Minderheitsbeteiligungen aus der Sicht der Kapitalmärkte: Vodafone kontrollierte die Kunden in den Unternehmen nicht, an denen es Minderheitsbeteiligungen hielt. Und das hatte bilanzielle Konsequenzen. Denn diese so genannten proportionalen Kunden, also jene Kunden, die man nicht direkt bediente, konnten bilanziell und damit bei der Bewertung des Gesamtunternehmens nicht in gleicher Höhe verbucht werden wie jene Kunden, die man direkt in eigenen Gesellschaften kontrollierte oder in Gesellschaften, die man überwiegend besaß. Und für Vodafone wurde das mehr und mehr zu einem bedrohlichen Problem – desto mehr, je erfolgreicher Esser voranschritt.

Der ließ sich in seiner Strategie zunächst nicht ausschließlich vom Blick auf die Finanzmärkte leiten. Für ihn galt es zunächst erst einmal, überhaupt einen Platz auf dem internationalen Parkett zu finden. Vodafone hatte bei der internationalen Expansion einen Vorsprung von fünf Jahren. Da reichte es nicht, die Strategie der Firma aus Newbury schlicht zu kopieren. Aber: Aus der Sicht von Esser ließ sich der Kurs von Vodafone nicht länger durchhalten. Minderheitsbeteiligungen allein würden in Zukunft nicht mehr reichen – in einer Zukunft, die nach Ansicht von Esser vor allem vom Zusammenwachsen der Teilmärkte in Europa und von der wachsenden Bedeutung der mobilen Datenkommunikation geprägt sein würde. Um diesem Trend Rechnung zu tragen, musste man, so befand Esser, mindestens ein gemeinsames Zugangsportal anbieten – besser noch eine gemeinsame Marke. Nicht zu sprechen von den Vorzügen mit Blick auf gemeinsame Technik und die daraus zu erzielenden Einsparungen. Das aber ging nur, wenn man die Unternehmen mittels Mehrheitsbeteiligungen wirklich kontrollierte.

Die Landschaft, das spürte Esser genau, wandelte sich. Zum ersten Mal konnte es von Vorteil sein, nicht der Pionier zu sein. Vodafone tat sich schwer, von der bis zu diesem Zeitpunkt so erfolgreichen Strategie der Minderheitsbeteiligungen abzuweichen und sich den neuen Realitäten zu stellen. Das, so glaubte man bei Mannesmann, konnte die Chance für die Düsseldorfer Firma sein. Plötzlich machte es etwas aus, eine internationale Gruppe wirklich zu führen – und diese Kontrolle auch zu nutzen, um Produkte zu kreieren. Esser glaubte, dass Europa in diesem Punkt führend sein sollte und dass die großen Telekom-Firmen wie die Deutsche Telekom oder andere Ex-Staatsfirmen diesen Trend nicht anführen würden. Dazu waren sie weder unternehmerisch noch kreativ in der Lage. Und selbst wenn dies der Fall gewesen wäre: Für die Goliaths der Branche war es ungleich schwerer, in der Fremde Konkurrenten zu übernehmen, als das für eine Firma wie Mannesmann der Fall sein würde.

In all diesen Punkten sollte Esser später Recht behalten. Seine Konkurrenten sah er denn auch vor allem in Vodafone und der amerikanischen Airtouch, die man bei Mannesmann ja schon aus den Zeiten der Lizenzbewerbung für das deutsche Netz gut kannte und die seither an Mannesmann-D2 beteiligt war. Beides waren aus der Sicht Essers sehr ernst zu nehmende Kontrahenten. Er bewunderte die »überragende technische Stärke« von Airtouch und konstatierte, dass Vodafone bei seiner Expansion »vom Rückenwind des Commonwealth um die halbe Erde getragen« werde. Vor allem aber hatten beide Unternehmen den Vorteil, in Ländern beheimatet zu sein, in denen riesige Geldanlagevermögen ihren Expansionskurs durch steigende Aktienkurse unterstützten. »Wir dagegen sind notiert im kümmerlichen Deutschen Dax-Index, hinter dem wenig Geld steht«, sagte er bekümmert. Und Geld war Macht. Vodafone und vor allem Airtouch profitierten im Wettstreit um den Mobilfunkmarkt ganz direkt vom Reichtum ihrer Nationen und von der Tiefe ihrer heimischen Kapitalmärkte. Doch trotz dieses Nachteils schafften es die Düsseldorfer, in Europa zu einem mit Vodafone ebenbürtigen Wettbewerber aufzusteigen.

Bereits Anfang 1998 glich der Wettstreit im internationalen Mobilfunkgeschäft einem gigantischen globalen Schachspiel. Die Teilnehmer an dem Spiel bewegten sich vorsichtig, aber sie hatten dabei das Endspiel stets im Blick. Zu der Zeit – Anfang 1998 – gab es drei Spieler, die ernsthaft um die Weltherrschaft spielten: Mannesmann, Vodafone und Airtouch. Sam Ginn, der CEO von Airtouch, Klaus Esser und Chris Gent hatten in ihren Analysen zu diesem Zeitpunkt schon festgestellt, dass bald von den drei Unternehmen nur zwei überleben würden. Und am Ende des Wettstreits würde nur noch eines übrig bleiben. Die Frage war nur: Welche der drei Firmen würde das sein? Airtouch war groß in Amerika und strebte dort danach, den Markt wirklich zu beherrschen. Sam Ginn glaubte nicht daran, dass Airtouch in Europa über die bestehenden Minderheitsbeteiligungen hinaus eine größere Präsenz benötigen werde. Das stellte sich später als ein Fehler heraus. Klaus Esser und Chris Gent wollten jeweils die Vormacht in Europa erreichen und wussten, dass sie irgendwann auch in Amerika in größerem Stil zuschlagen müssten. Die Frage war nur, in welcher Reihenfolge. Zuerst Amerika, dann Europa? Oder andersherum? Jedes der beiden Unternehmen musste seine eigene Antwort finden.

Als Chris Gent Anfang 1998 auf Amerika blickte, da nahmen die regionalen Telefongesellschaften und ebenfalls im Mobilfunk tätigen Bell Atlantic, Bell South, SBC und der reine Mobilfunker Airtouch die Plätze der wichtigsten Konkurrenten ein. Der schnellste, aber zugleich unrealistischste Weg für Gent wäre der Kauf einer der kleineren Regionalgesellschaften gewesen, bei der man dann das Festnetzgeschäft nach der Übernahme abgestoßen hätte. Nach Lage der Dinge konnte sich Vodafone diesen Weg aber nicht leisten, weil solche Gesellschaften zu dieser Zeit selbst für die selbstbewusste Meute aus Newbury zu teuer waren. Zudem wäre es schwierig gewesen, diese Firmen auf dem Weg des Aktientausches zu übernehmen; denn deren Aktionäre waren nicht risikobereit genug für Mobilfunkpapiere. Damit blieb als einzig realistisch greifbare Chance in Amerika nur Airtouch. Die Firma aus San Francisco war zwar auch nicht billig zu haben, aber sie war für Vodafone wenigstens halbwegs erreichbar. Gent gab bei seinen Investmentbankern die ersten Analysen über Airtouch in Auftrag. Und mit der Präferenz für Airtouch hatte Gent auch die Reihenfolge im Eroberungskrieg festgelegt. Erst Amerika, dann Europa. Für diese Reihenfolge gab es gute Gründe. Vodafone war in Holland, Belgien, Spanien und über E-Plus in Deutschland vertreten. Aber immer nur mit Minderheitsbeteiligungen. Mit einem Wort: Vodafone war in Europa nicht gut etabliert – aber immerhin noch besser als in den Vereinigten Staaten, wo man über gar keine Beteiligung verfügte. Scott Mead von Goldman Sachs nannte in den ersten Beratungen einen weiteren Grund: »Mit einer signifikanten Akquisition in Europa müssten wir uns schneller, als uns lieb sein kann, auf das Endspiel mit Mannesmann einlassen. Darauf sind wir jetzt noch nicht vorbereitet.«

Amerika war ein guter Weg. Der einzige Weg. Und Airtouch war das Ziel.

Auf diese Idee war Klaus Esser 1996 auch schon gekommen – allerdings mit einer nicht unbedeutenden Variante: Esser war vor allem an den Europaaktivitäten von Airtouch interessiert. Dem amerikanischen Markt stand er skeptisch gegenüber. »Ein Geschäft mit Airtouch macht Sinn«, so dachte Esser. »Auch deswegen, weil die wenig von Europa verstehen und an dem Geschäft hier auch nicht wirklich interessiert sind. Uns würde ein Deal voranbringen.« Mannesmann-D2 gehörte zu der so genannten Gruppe der Zwerge. Und aus dieser Gruppe wollte Esser raus. Die Zwerge – das waren diejenigen in Europa, die jeweils die zweite nationale Lizenz erhalten hatten. Sie waren die von den Regierungen ausgewählten kleinen Angreifer gegen die etablierten Monopolisten: Mannesmann in Deutschland, Olivetti in Italien, Vivendi in Frankreich. Doch auf die Dauer, so meinte Esser, machte das Angreifen zwar Spaß, das Siegen und das Wachsen aber machten mehr Spaß. Ein Schritt auf dem Weg dahin, so dachte er, sei der grenzüberschreitende Zusammenschluss der Zwerge. Wenigstens der großen Zwerge in Frankreich, Deutschland und Italien. Am besten unter der Führung von Mannesmann. Der erste Erfolg nach vier Jahren zäher Verhandlungen: Die Düsseldorfer übernahmen das Mobilfunkgeschäft von Olivetti. In Frankreich arbeitete Esser seit 1996 an einer Partnerschaft mit Vivendi und seinem schwierigen Vorstandsvorsitzenden Jean-Marie Messier. Esser wollte auf diese Art und Weise in das Oberhaus der großen internationalen Anbieter aufsteigen, also als Dritter zu Vodafone und Airtouch hinzustoßen. Gerade dieser Erfolg aber verhinderte am Ende einen Deal mit Airtouch. Das Management in San Francisco sah es ganz pragmatisch: »Wenn wir Europa zusammenlegen, dann bringt Mannesmann die wertvolleren Bestandteile ein – und wir haben höchstens 35 Prozent davon.« Das war Sam Ginn & Co. zu wenig.

Essers Plan eines gemeinsamen Geschäfts mit Airtouch sollte also nicht aufgehen. In einem Gemisch aus Zufall, Notwendigkeit und unternehmerischer Chuzpe machte Gent im Januar 1999 den ersten Zug im Endspiel der globalen Schachpartie um die Vorherrschaft im Mobilfunk. Es sollte der entscheidende sein.

DIE DEALMAKER

Das Hirn

Regionen prägen Menschen. Das Ruhrgebiet gilt als Landstrich der einfachen Leute und der klaren Worte. Wer zwischen Hochöfen lebt und Zechen, der zirkelt seine Worte nicht ab, sondern spricht sie geradeheraus. Klaus Esser, der sich an den Kapitalmärkten den Spitznamen »Das Hirn« eingefangen hat, ist ein »Junge aus dem Ruhrgebiet« – wenn auch ein nicht ganz typischer. Die Nachkriegszeit war noch hart und entbehrungsreich, als er am 21. November 1947 als zweiter von vier Jungen in Oberhausen-Osterfeld geboren wurde. Von den Segnungen des Wirtschaftswunders noch keine Spur. Zehn Jahre später zog die Ärztefamilie nach Duisburg, direkt in den Arbeiterstadtteil Hochfeld. Osterfeld und Hochfeld – das sind immer noch Synonyme für jene Teile des Ruhrgebietes, wo sich die Industrielandschaft von ihrer dunkelsten, schmutzigsten, stinkendsten Seite zeigt. Dort, wo Stahl, Kohle und schwerer Maschinenbau die gesellschaftlichen Strukturen, den Umgang und das Wesen der Menschen bestimmen, dort verbrachte Esser seine Jahre bis zum Beginn des Studiums.

Das Ruhrgebiet hat ihn geprägt – auch wenn die Familie Esser nicht zu den beiden sozialen Gruppen zählte, die diese Region so sehr bestimmten: die Arbeiter und die Oberschicht der Bergwerksdirektoren und Stahlhütten-Vorstände. Gerade diese Gesellschaftsschicht mit ihren filzartigen Verflechtungen und gegenseitigen Vergünstigungen blieb den Essers stets fremd. In seinem Wesen ist Esser ein typischer Vertreter des Ruhrgebietes – weltoffen, gradlinig, mit dem für die Region so typischen nüchternen Blick für die Realitäten, erdverbunden mit einem trockenen Witz und Sinn für Schlagfertigkeit. Gleichwohl: Esser ist kein Kumpeltyp. Er wirkt auf den ersten Blick spröde, verschlossen, distanziert, ein wenig abgehoben, sichtlich um seine Talente wissend. Doch im Umgang mit jenen, mit denen er lang und eng zusammenarbeitet, ist er offen, unprätentiös, teamorientiert und handfest. Er schätzt das direkte Wort, die klare Meinung und Analyse, auch dann, wenn sie nicht seiner Meinung entsprechen.

Essers Elternhaus war nicht wohlhabend. Das Geld war knapp. Der

Vater arbeitete als Arzt für innere Medizin am Krankenhaus in Osterfeld. Die Eltern mussten sich strecken, um die Familie in den mageren Jahren nach dem Krieg durchzubringen. Es ging ihnen nicht viel besser als den Malochern auf der Gutehoffnungshütte oder den Kumpels auf der Zeche Osterfeld. Schwefelgestank und der Schmutz der Schwerindustrie – das waren die Erinnerungen der ersten Jahre. Und Arbeit, harte Arbeit. Das galt für das Umfeld, das galt aber auch für das Elternhaus. Der Vater war ein Vorbild, nicht nur weil er hart arbeitete, sondern auch, weil er sich für seine Patienten über das normale Maß hinaus einsetzte. Diese Jahre haben Essers Arbeitsethos geprägt. Es waren keine armen Verhältnisse, aber bescheidene. Als Esser zehn Jahre alt wurde, zog die Familie nach Duisburg. Der Vater übernahm eine Praxis, um die Familie etwas besser ernähren zu können. Doch die Kassenarztpraxis in Hochfeld war alles andere als eine Lizenz für schnellen Wohlstand. Die Eltern suchten Zuflucht und Ausgleich in Literatur und Theater. Es wurde viel gelesen im Hause Esser. Der Vater liebte die Bühne – als Zuschauer und als Akteur in einer Laienspielgruppe. Die Eltern und ihre Freunde interessierten sich für viele Dinge, nicht aber für Wirtschaft. Doch genau dafür, für die Politik und den Journalismus, begeisterte sich der junge Zeitungsfan Klaus Esser schon früh. Er schrieb für die Schülerzeitung, engagierte sich in der Schülervertretung. Der Umzug nach Duisburg-Hochfeld brachte Esser dann im Alter von bald elf Jahren zum ersten Mal bewusst in Kontakt mit der Schwerindustrie des Ruhrgebietes. Der größte Arbeitgeber des Stadtteils war die Deutsche Maschinenfabrik AG, kurz Demag genannt. Das Unternehmen stellte alles her, was Jungen begeisterte – Kräne, Turbinen, große Industrieanlagen. Esser interessierte sich zwar für die Produkte der Demag, doch seine Vorliebe gehörte nicht der Technik, sondern dem Management. Mit 16 Jahren formulierte er seinen Karrieretraum: Finanzvorstand bei der Demag zu werden. Die emotionale Nähe Essers zur schweren Technik und seine Detailversessenheit sorgten später auch dafür, dass er präziser als manch andere im Management wusste, was in den Werken fern von Düsseldorf geschah. So kämpfte Esser zwar dafür, dass Mannesmann nicht stets mit Röhren in Verbindung gebracht wurde, aber er wusste ganz genau, wie sie hergestellt wurden. Das Schicksal dieser traditionellen Geschäftszweige lag ihm daher am Herzen.

Esser war ein stolzes Kind des Ruhrgebietes. Er identifizierte sich – damals wie heute – mit der Region. Damals war das einfacher, denn die Region war das wirtschaftliche Powerhaus Deutschlands, führend in der Entwicklung von Maschinen und Prozessen. Der junge Mann war stolz darauf, dass die Welt dort einkaufte. Die gerade beginnenden Exporte nach Afrika, Indien und China weckten seinen Sinn und seine Wertschätzung für das Internationale. Der offene Blick auf die Welt wurde unterstützt durch die Tatsache, dass die Region ein Mikrokosmos vieler Völker war.

Sosehr Esser der Region verbunden war, als die Zeit fürs Studium gekommen war, wollte er heraus aus den vertrauten Gefilden. Das Wunschstudium Jura absolvierte er in Tübingen und Genf. Sein Berufsziel hatte Esser bereits klar eingegrenzt: Finanzvorstand oder Wirtschaftsanwalt. Studium und Referendarzeit absolvierte er kürzestmöglich. Die Erfahrung der frühen Jahre verboten Bummelei. Die Eltern, die sich für Wirtschaft und Recht nicht interessierten, unterstützten den Sohn, den sie für begabt hielten, gleichwohl nach Kräften. Die Referendarzeit in Lindau am Bodensee verschlug Esser an das Amtsgericht. Da er nicht Richter werden wollte, erschien die Station wie Zeitverschwendung. Esser entschied sich nach einer Einladung seiner ehemaligen Professoren in Genf, zeitgleich mit seiner wenig fordernden Aufgabe in Lindau eine Assistentenstelle an seiner alten Universität anzunehmen. Auf diese Art und Weise konnten die vorgeschriebenen Stationen der Ausbildung und die Vorbereitung zur späteren Promotion über Steuerrecht gleichzeitig absolviert werden.

Doch vor dem Eintritt ins Berufsleben standen für Esser entscheidende Wegpunkte an. Er beschloss, seine Doktorarbeit ruhen zu lassen und einen Auslandsaufenthalt einzulegen. Esser wollte noch zu einem Studienabstecher nach Amerika – und dies unbedingt. Um sich den Wunsch nach der großen weiten Welt zu erfüllen. Aber auch, so die nüchterne Einschätzung, weil es dort die besten Universitäten gab – die, die von sich behaupteten, vor dem Trend zu liegen. Jene Unis, die ihren Absolventen zuversichtlich versprechen konnten, ein Studium dort beflügele die Karriere. Bei der Finanzierung konnten die Eltern nicht helfen, aber die Begabtenförderung. Der Deutsche Akademische Austausch Dienst gewährte Esser ein Stipendium der Extraklasse. Esser entschied sich für einen einjährigen Kurs in Betriebswirtschaftslehre an der Sloan School of Management der MIT-Universität in Cambridge, dem Studentenstadtteil von Boston. Am Ende sollte der Abschluss als Master of Business Administration (MBA) stehen, seinerzeit noch die Ausnahme für deutsche Studenten. Nach Boston brach Esser zusammen mit seiner Frau auf. Beide hatten kurz zuvor geheiratet. Die Flitterwochen verbrachten sie in der wohl europäischsten Stadt Amerikas, während sich Esser schon auf das Studium vorbereitete. Nur keine Zeit verlieren – es schien das Motto Essers nicht nur in jenen Tagen gewesen zu sein. Neben dem zeitraubenden MBA-Studiengang nutzte Esser die Tatsache, dass ihn auch die Harvard Law School, die angesehenste Jura-Universität Amerikas aufgenommen hatte. Er belegte Vorlesungen in Steuerrecht und Kapitalgesellschaftsrecht. Esser buchte sich die Tage ein wenig atemlos bis zur letzten Minute zu. Kaum Zeit für die süßen Seiten des Studentenlebens. Hier galt es, die Gelegenheit zur besten Ausbildung der westlichen Welt zu nutzen. Esser war fasziniert vom Niveau der Diskussionen, der Projekte und der Professoren, die ihn unterrichteten.

Boston und seine Universitäten – das war für ihn unzweifelhaft das Zentrum der akademischen Welt. Und New York war das Zentrum des wirtschaftlichen Lebens. Mit der pulsierenden Geschäftigkeit der Wall Street und den damals schon besten Anwaltskanzleien der Welt. Esser und seine junge Frau zogen in ein Apartment an der Upper East Side und genossen das Leben in dieser wohl faszinierendsten Stadt der Welt. Kurze Zeit später wurde die erste Tochter geboren. Er arbeitete bei der angesehenen Kanzlei Shearman & Sterling. An der Lexington Avenue nahm ihn ein anderer Deutscher unter seine Fittiche: Michael Gruson. Der Anwalt, der drei Jahre zuvor Partner in der Kanzlei dort geworden war, erkannte das Talent des jungen Esser und betraute ihn mit dessen ersten Fällen. Gruson, Jahre später als führender Kapitalmarkt-Anwalt ausgezeichnet, führte Esser mit 29 Jahren in das Geschäft mit Firmenübernahmen ein. Und Esser war wieder fasziniert. Fasziniert von der Dichte des professionellen Talentes in dieser niemals ruhenden Stadt am Hudson. Er lernte das Investmentbankgeschäft kennen, Übernahmekämpfe und alle Details des amerikanischen Kapitalmarktes. Der Leistungsmensch Esser, der Leistung nicht anstrebt, um sich und anderen etwas zu beweisen, sondern fast in einer Art von sportlichem Ergeiz, fühlte sich in New York natürlicherweise wohl.

Die beiden Jahre in Amerika waren eine gut investierte Zeit. Das wurde Esser schnell klar, als er mit 30 Jahren nach Deutschland zurückkam. Er verfügte nun über einen im deutschen Wirtschaftsleben zu dieser Zeit noch selten anzutreffenden Erfahrungsschatz: Er kannte Amerika, dessen Wirtschaftsverfassung, die Mechanismen des Geschäftes dort und die Denkweise der handelnden Personen. Auf diesem Parkett konnte Esser sich mit Zuversicht bewegen. Das konnten nicht einmal viele Vorstände zu jener Zeit von sich behaupten. Von New York aus hatte er sich bei verschiedenen Unternehmen in Deutschland beworben – darunter auch bei der Mannesmann AG, die ihn wegen ihrer schieren Größe und des internationalen Geschäftes anlockte. Außerdem interessierten sich einige Rechtsanwaltskanzleien für ihn – angezogen durch zwei gute Examina, den Auslandsaufenthalt und die praktische Erfahrung bei Shearman & Sterling. Esser war an diesem Punkt offen für beide Wege – als Anwalt oder für einen Job in der Wirtschaft. Mannesmann machte 1977 das Rennen mit einem Angebot an ihn, er solle in die Steuerabteilung des Unternehmens eintreten. Das interessierte Esser inhaltlich – aber vor allem auch deswegen, weil die Altersstruktur in der Abteilung nahelegte, dass er bald die Chance bekommen würde, dort die Leitung zu übernehmen. Das jedenfalls hatte ihm der damalige Finanzvorstand der Mannesmann AG, Dr. Marcus Bierich, zu verstehen gegeben. Für Esser sollte es das Sprungbrett zur großen Karriere bei Mannesmann werden.

Der junge, ungeduldige Mann würde fünf Jahre warten müssen, bis er die Leitung der Abteilung übernehmen durfte. Er nutzte die Zeit, um sich die Details des Tagesgeschäftes anzueignen. Esser stellte fest, dass zwischen der Theorie der Universitäten und den Anforderungen der täglichen Arbeit mitunter Welten lagen. Esser, der Ehrgeizige, musste sich dabei zuerst einmal in die Hierarchien einfügen. Der zweite Mann der Abteilung, Willi Menke, machte ihm unzweifelhaft klar, dass er den Topjob in Kürze übernehmen wolle und werde. Esser könne dann sein Nachfolger in fünf Jahren werden. Es war Essers erste Begegnung mit der strengen Hackordnung in großen Industrieunternehmen. Doch was scheinbar kontrovers begann, verlief harmonisch. Menke förderte Esser nach Kräften. Er, der Praktiker, der im Finanzamt gelernt und dem der Krieg eine akademische Ausbildung verweigert hatte, schätzte das theoretische Wissen Essers. Als Menke fünf Jahre nach dem Eintritt des jungen Mannes in den Ruhestand ging, war der Weg für die erste Führungsposition Essers geebnet. Er leitete die Abteilung sieben Jahre lang und baute seine Zuständigkeiten über reine Steuerfragen hinaus aus. Esser arbeitete in dieser Zeit für drei Vorstandsvorsitzende – Egon Overbeck, Franz Josef Weisweiler und Werner Dieter – und einen Finanzvorstand, Joachim Funk, der später Vorstandsvorsitzender werden würde. Esser stieg jung zum Generalbevollmächtigten auf und zählte damit schon früh zum Kern jenes Führungsteams, das den Konzern Schritt für Schritt vom alten Montanmoloch zum modernen Maschinenbau- und Technologiekonzern umzubauen suchte. Was Overbeck und Weisweiler begonnen hatten, das setzte Werner Dieter mit Verve fort. So war er es, der Mannesmann 1988 in das Mobilfunkgeschäft führte. Und er stützte sich dabei oft und voller Zutrauen auf die Hilfe von Esser, der in jenen Zeiten etwa für den Konzern die erste Abteilung für Mergers & Acquisitions aufbaute und das Altersversorgungssystem veränderte.

Esser wuchs mit seinen Aufgaben. Die Position, obwohl nicht machtvoll, war doch einflussreich. Das Verhältnis der Männer untereinander war von gegenseitigem Vertrauen geprägt, nicht aber von persönlicher Nähe oder gar Wärme. »Es war ein sachliches Verhältnis«, so würde es Esser später beschreiben. Er hatte das Ohr von Funk und Dieter, die ihn mehr und mehr schätzen lernten – vor allem nachdem Esser in den 80er Jahren Wind von einer geplanten Übernahme von Mannesmann durch den Ruhrgebiets-Erzrivalen Thyssen bekommen hatte. Nur wenige Mitarbeiter wollten diesem Gerücht Glauben schenken. Esser war es, der Dieter informierte und vom wahren Gehalt der Information überzeugte. Aus der Übernahme wurde nichts, doch bei Mannesmann zogen Dieter, Funk und Esser eine Lehre aus der Episode. Auf feindliche Übernahmen musste man sich früh vorbereiten. Esser, der das Geschäft und seine Tücken aus seiner Zeit in Amerika kannte, übernahm es, einen Abwehrplan auszuarbeiten und stets auf dem aktuellen Stand zu halten. Schon 1988 entstand so das Projekt »Friedland«, dessen Name der Lyrikfan Esser in Anlehnung an Schillers »Wallenstein« wählte. Der Abwehrplan blieb, stets angepasst an die jeweiligen Verhältnisse, bis zur Übernahme Mannesmanns durch Vodafone in Kraft.

Für Esser stand der Abschied aus dem Zentrum der Macht an. Wenn er im Konzern vorankommen wollte, musste er aus dem Stab des Vorstandes heraus und an die Front des operativen Geschäftes. Im Jahr 1990 wechselte Esser als Finanzvorstand zu einer der größten Tochtergesellschaften des Konzerns, zur Mannesmann-Demag nach Duisburg. Mit 43 Jahren war Esser am Ziel seines Jugendtraumes angekommen. Doch mit diesem Posten wollte es Esser nicht bewenden lassen. Die Jahre in der Zentrale in Düsseldorf hatten seinen Appetit auf höhere Weihen geweckt. Und er wusste auch, dass dies realistisch war. Der Posten in Duisburg war für Esser von Anbeginn nur eine Durchgangsstation. Aber eine wichtige. Als er zum Maschinenbauer stieß, fand er dort eine kritische Situation vor. Die Traditionsfirma arbeitete in verschiedenen Feldern des Maschinenbaus, hatte aber keine klare strategische Ausrichtung. In verschiedenen Bereichen waren Akquisitionen geplant, die aber – aus der Vogelperspektive betrachtet – zusammen wenig Sinn ergaben. Dazu schob Werner Dieter die Demag mit immer neuen Ideen in immer wieder unterschiedliche Richtungen. Für Esser stellte sich die Frage: ›Wie ist das alles zu managen, unter einen Hut zu bringen – und vor allem unter welchen?‹ Schnell war Esser klar, dass man dieses in sich verschlungene Bündel an Problemen nur dann sinnvoll entwirren konnte, wenn man es aus dem Blickwinkel des höchstmöglichen Ertrages betrachtete. Also: ›Welche Strategie bringt den von uns gewünschten Ertrag?‹ Diese Fragestellung ergab sich für Esser aus dem seinerzeit in Amerika aufkommenden Gedanken des Shareholder-Value, also des größtmöglichen Nutzens für die Teilhaber eines Unternehmens. Esser nahm dieses Konzept als Grundlage und fragte sich: ›Wie lässt sich das in einem großen Konzern wie Mannesmann zielgerichtet umsetzen? Wie setze ich Renditeziele – und welche? Wie passe ich die Strategie an? Wie integriere ich das in den Planungsprozess und das Investitionsbudget?‹ Schritt für Schritt – zunächst noch nicht mit Blick auf das große Ganze, später aber sehr wohl genau darauf abzielend – entstanden in den Duisburger Jahren die Grundlagen für eine der wichtigsten Innovationen im Mannesmann-Konzern – die Grundlagen für das, was 1996 schließlich vollendet und mit einem griffigen Namen versehen wurde: VIP – Value Increase Process. Das von Esser über die Jahre entwickelte Verfahren stoppte nicht bei dem Bekenntnis, den Unternehmenswert zu erhöhen, sondern beschäftigte sich gezielt damit, wie dieses Ziel in alle Verfahren und Abläufe eines Großkonzerns wie Mannesmann aufgenommen werden konnte. In den Duisburger Jahren wurde auch die Basis gelegt für eine persönliche Partnerschaft, die das weitere Schicksal von Mannesmann entscheidend mitprägen sollte. Esser lernte bei der Demag Kurt Kinzius kennen, damals ein junger Mitarbeiter in der betriebswirtschaftlichen Abteilung. Über die Jahre hinweg würde sich aus der flüchtigen Bekanntschaft das Duo formen, das am Ende den Abwehrkampf gegen Vodafone führte.

Nur knapp vier Jahre blieb Esser in Duisburg. Es stand wieder ein Wechsel an der Spitze der Mannesmann AG an – und zum ersten Mal würde Esser daran beteiligt sein. Werner Dieter verabschiedete sich in den Aufsichtsrat und machte seinen Finanzchef Funk zum neuen Vorstandsvorsitzenden. Und der holte seinen langjährigen Vertrauten Esser als neuen Finanzvorstand nach Düsseldorf. Angekündigt wurde der Wechsel im Februar 1994, vollzogen wurde er nach der Hauptversammlung im Juli. Es war eine klassische Rochade in einem klassischen deutschen Unternehmen. Doch während sich die Öffentlichkeit auf den Wechsel im Vorstandsvorsitz konzentrierte, erschien die Besetzung des Postens des Finanzvorstandes als bedeutsamer. Dieter war eine dominierende Persönlichkeit im Unternehmen gewesen, der – wie so oft – keinen starken Nachfolger suchte und zuließ. Umso entscheidender war die Beförderung Essers. Er galt Investoren und Aufsichtsrat als Garant dafür, dass der Umbau des Konzerns voranschreite und Mannesmann eine stärker an den Interessen der Aktionäre ausgerichtete Geschäftspolitik betreibe. Für Esser war es eine prekäre Situation, die neben der ihm gegebenen analytischen Schärfe vor allem Fingerspitzengefühl verlangte. Von Funk war ein nüchterner Blick für die Realitäten gefragt. Er wusste um die Stärken Essers, um jene Stärken, die ihm abgingen. Und er ließ seinen Finanzvorstand gewähren. Beide Männer verband die stille Übereinkunft einer symbiotischen Geschäftsbeziehung. In Unternehmen wie Mannesmann gab es seinerzeit den umbruchartigen Generationswechsel nicht. Die Männer an der Spitze standen dafür ein, dass aller Wandel in Maßen verlief. Esser wäre mit seinem immer noch jugendlichen Drang nach Veränderung nicht der Richtige gewesen. Im Doppelpack mit dem moderaten und moderierenden Funk war es aus der Sicht des Aufsichtsrates die richtige Mischung.

Das Gespann ließ sich nicht lange bitten. Die Bewertung des Unternehmens an der Börse lag in diesem Sommer 1994 bei rund 14 Milliarden DM – sieben Milliarden Euro. Zu wenig, befand das Duo, das den von Werner Dieter begonnenen Weg der Portfoliobereinigung und des Ausbaus der Mobilfunkgeschäftes fortsetzen und beschleunigen wollte. Vor allem Esser war klar, wie wichtig eine Steigerung des Aktienkurses war, damit man nicht selber zum Ziel einer feindlichen Übernahme würde. Schon im September machte Esser seinen ersten Milliarden-D-Mark-Deal. Von der DG Bank kaufte er deren Anteil an D2 für gut eine Milliarde D-Mark zurück. Fast zeitgleich reichte Cable & Wireless seine Beteiligung an D2 zurück – für weitere 500 Millionen D-Mark. Bis Ende 1995 hatten Funk und Esser den Anteil von Mannesmann an D2 von ursprünglich 51 auf 65 Prozent aufgestockt. Dies waren die ersten von insgesamt 44 Transaktionen im Wert von sieben Milliarden Euro, die das Gesicht des Unternehmens bis Ende 1998 nachdrücklich veränderten. Verkauft war viel aus dem alten Portfolio, was nicht mehr zum Kerngeschäft gehören sollte – Haustechnik, Metallurgie, Handel oder Energie- und Umwelttechnik. Dafür hatten Funk und Esser nennenswerte Beteiligungen im Mobilfunkgeschäft in Frankreich und Italien aufgebaut sowie das Automobil-, Maschinenbau- und Röhrengeschäft gestärkt.

Zeitgleich eröffnete Esser einen regelmäßigen Dialog mit den Investoren. Ihm war wichtig, den Aktionären realistische Wertsteigerungsziele zu nennen und diese Ziele auch zu erreichen. Dabei half vor allem nach 1996 das dann fertiggestellte Programm des Value Increase Process. Die großen Investoren vor allem in Amerika fingen an, Vertrauen zu den Versprechen Essers zu fassen. Seine offene und transparente Kommunikation kam nicht nur bei den großen Fonds, sondern auch bei den Investmentbankern in London und New York an. Und dieses Vertrauen fing an, sich in den Kursen niederzuschlagen. Langsam, aber sicher stieg der Wert der Mannesmann-Aktien. Ende 1998, also gut vier Jahre nach der Amtsübernahme von Funk und Esser, lag der Marktwert von Mannesmann bei rund 70 Milliarden Euro – eine Verzehnfachung.

Für Esser gingen Ende 1998 turbulente Jahre als Finanzvorstand zu Ende. Er hatte in der Einschätzung der großen Investoren und Investmentbanker den entscheidenden Anteil am Umbau des Konzerns. In diesen Jahren hielt er wenig von Hierarchien, Ego oder Status, mehr von Talent und Einsatz. Wer sein Vertrauen besaß und seine Wertschätzung, dessen Widerspruch akzeptierte er. Aber er forderte auch einen hohen Einsatz. Er bombardierte seine engere Umgebung permanent mit seinen Ideen. Jeden Montag trudelten bis mittags diverse Notizen ein, die er am Wochenende diktiert hatte. Hinweise auf Fehler, neue Geschäftsfelder und Produktideen. Oft flapsig im Ton, zuweilen handschriftlich heruntergekrakelt. Damit trieb er die Leute an. Esser schickte solche Notizen nicht nur an drei oder vier Mitarbeiter aus der engeren Umgebung, sondern an alle, die von einem Projekt betroffen waren. Er kommunizierte dabei direkt mit den Leuten, ohne den Dienstweg einzuhalten. Daran musste sich eine konservative Organisation wie die von Mannesmann erst einmal gewöhnen. »Da war es ja grundsätzlich so, dass bei wichtigen Meetings immer der jeweilige Chef dabei war und jener, der die Arbeit machte. Das war ineffizient. Esser umging diese ineffizienten Strukturen konsequent«, sagt einer seiner Mitarbeiter. Für ihn gab es nur ein Ziel, dem er sich verpflichtet sah: mehr Schwung, mehr Tempo, mehr Kreativität. Bei seinem Konzernumbau im Sauseschritt aber versteifte er sich zuweilen auch auf Ideen, die nicht funktionieren konnten. »Da bedurfte es einer guten Vertrauensbasis, um seine Anweisungen in solchen Fällen krass zu ignorieren und sich auf die wirklich guten Ideen von ihm zu konzentrieren«, erinnert sich ein Mitarbeiter. Das Team wollte dabei vor allem eines: schnell sein, schneller als die Konkurrenz.

All das kam nicht bei allen gut an. Esser machte sich in der Organisation so nicht nur Freunde. Sein Verhalten widersprach dem Selbstverständnis einer geordneten deutschen Unternehmens-Beamten-Kultur: bloß nichts wagen, bloß nicht auffallen. Und befördert werden. Langsam, stetig, aber dafür sicher. Einige haben sich an seinen Stil gewöhnt und Spaß an dieser neuen Arbeitsweise gefunden. Andere nicht. Aufhalten hat es Esser nicht können. Ende 1998 war klar: Er sollte der nächste Vorstandsvorsitzende von Mannesmann werden. Im Mai 1999 – 22 Jahre nach dem Eintritt ins Unternehmen – stand Esser schließlich an der Spitze des Traditionskonzerns, dessen Gesicht er bis dahin schon nachdrücklich mitgeprägt hatte.

Der Markt, den er stets als objektiven Maßstab für sein Handeln akzeptiert hatte, dieser Markt ließ ihn den Konzernumbau nicht zu Ende bringen. Nicht einmal ein Jahr nach der Übernahme des Vorstandsvorsitzes war Esser seinen Posten wieder los. Vertrieben von einem Mann aus Newbury, England: Chris Gent.

Mr. Cricket

Großbritannien hat sich – anders als Deutschland – nie als ein Land der institutionalisierten Chancengleichheit begriffen. Staatlich gelenkte, umverteilende »Gerechtigkeitsmechanismen« sind gesellschaftlich in allen Schichten der Bevölkerung wenig akzeptiert. Lange Zeit bedeutete das aber auch, dass das Klassensystem wenig durchlässig war – nach unten und oben. Wer oben war, der verharrte dort, egal, was er leistete. Und umgekehrt. Heute zeigt sich die Klassengesellschaft durchlässiger, doch in den dürren Jahren nach dem Zweiten Weltkrieg – und lange noch danach – blieb jeder dort, wo er hingeboren war. Der Säugling, der am 10. Mai 1948 in der südenglischen Hafenstadt Gosport auf die Welt kam, durfte daher vom Leben höchstens Durchschnitt erwarten. Christopher Charles Gent war der zweite von vier Söhnen. Der Vater fuhr für die britische Marine als Offizier von niedrigem Rang zur See. Die Familie lebte bescheiden. Für Chris Gent war damit der Weg als kleiner Angestellter vorgezeichnet. Nur wenige aus jener Generation haben es aus dieser Startposition zu einer führenden Position in der britischen Industrie gebracht.

Dass es anders kam, hatte Gent auch seinem Vater zu verdanken. Charles Arthur Gent war ein Mann voller für England typischer Widersprüche. Er war Monarchist, wertkonservativ – und wählte die Labour Party, die damals noch links dominierte Sozialdemokratische Partei. Charles Gent wusste, dass er von der Gesellschaft nichts zu erwarten hatte. Was immer er und seine Familie erreichen wollten, sie mussten es aus eigener Kraft schaffen. Diese Einsicht vermittelte er auch seinen vier Söhnen. Es waren harte Zeiten für die junge Familie. Die Marine zahlte nicht besonders gut, und das Land war vom Krieg so mitgenommen, dass es lange nicht auf die Beine kam; viel länger als Deutschland musste England seinen Mangel mit Lebensmittelkarten bewirtschaften. Es war das typische England des wenig wohlhabenden Mittelstandes, in dem Chris Gent aufwuchs. Warmes Bier und gebackene Bohnen, Fisch und Chips und Cricket – das war die Welt des Chris Gent. Die Familie zog bald nach seiner Geburt von Gosport nach London und ließ sich in Dulwich nieder, einem Stadtteil im Süden der Stadt. Die Eltern sparten jeden verfügbaren Penny, um ihren Jungen die in England so prestigeträchtige, aber angesichts des Zustandes des öffentlichen Schulsystems auch notwendige private Ausbildung zu finanzieren. Während das Geld bei den Brüdern gut investiert schien, konnte der junge Chris nicht motiviert werden. Die Schule war seine Sache nicht. Als er elf Jahre alt wurde, entschlossen sich die Eltern dazu, ihn auf ein staatliches Jungen-Gymnasium zu schicken. Gut eine halbe Stunde benötigte der alte klapprige rote Doppeldecker der Linie 3 jeden Morgen und jeden Nachmittag für den Weg zwischen Elternhaus und der Archbishop Tension School. Gent fühlte sich dort nicht wohl, er hasste den Schulbesuch, und er war kein guter, vor allem kein williger Schüler. Die Lehrer konnten ihn nicht motivieren, sicherlich auch, weil er sich nicht motivieren lassen wollte. Gent produzierte schlechte Leistungen, beteiligte sich nicht am Unterricht, war schlicht uninteressiert – und dabei doch hochintelligent.

Je weniger Gent sich wohl fühlte, desto mehr grenzte er sich von der Klasse aus. Er war sicherlich schwierig, aber vor allem war er schüchtern. Das Klima in der Klasse war rabiat. Auf Außenseiter wurde keine Rücksicht genommen – im Gegenteil. Gent hasste vor allem eine Gruppe von Rowdys, die sich nicht durch besondere schulische Leistungen, sondern durch allerhand halbstarke Streiche profilierten. Über einen dieser Streiche berichtete Gent seinem Bruder. Die Gruppe hatte Pendlerzüge demoliert. Gents Pech: Sein Vater hörte mit und war über die Tat so empört, dass er umgehend die Schulleitung informierte. Der Direktor forderte, die Schuldigen sollten sich melden – ohne Erfolg. Danach gab es die Prügelstrafe für jeden in der Klasse – außer für Gent. Das war zwar gerecht, aber nicht besonders clever. Die Klasse merkte, was vor sich ging, und hielt den jungen Chris fälschlicherweise für einen Denunzianten. Der konnte die Kameraden nicht von seiner Unschuld überzeugen und hatte eine harte Zeit durchzustehen. In den nächsten eineinhalb Jahren sprach aus der Klasse niemand mit ihm. Dafür setzte es regelmäßig Prügel. Einmal wurde er sogar unter einen Bus gestoßen. Gent war auf sich gestellt – und er lernte, sich selbst genug zu sein, sich nur auf sich selber zu verlassen. So etwas prägt. Es prägte Gents Erinnerung an die Schule so sehr, dass er Jahre später die Bitte des Direktors der Schule nach einer Spende brüsk ablehnte: »Die Wahrheit ist, dass ich meine Schultage nicht genossen habe. Daher werde ich nicht spenden.«

Doch ein paar schöne Erinnerungen an die Schulzeit blieben Gent. Und das lag vor allem an der Lage des Gymnasiums. Das befand sich nämlich direkt am »Oval«, einem der bekanntesten Cricketstadien in England. Von der Schule aus hatte Gent einen freien Blick auf den »heiligen Rasen« und konnte viele Spiele kostenlos mitverfolgen. In dieser Zeit wurde seine nahezu vernarrte Liebe für diese britischste aller Sportarten erweckt. Cricket – das ist keine Brücke zwischen den Klassen der englischen Gesellschaft, aber hier kann jeder – unabhängig von der Herkunft, nur abhängig von seinem Talent – etwas werden. So sehr war Gent mit dem Sport verbunden, dass er selbst während zweier Übernahmeschlachten in seiner Zeit als Vorstandsvorsitzender von Vodafone nicht darauf verzichtete, die Spiele der britischen Mannschaft am anderen Ende der Erde zu besuchen. Gent lernte, Cricket zu lieben, weil es ein Teamsport ist, der neben der Mannschaftsleistung auch sehr stark das Talent des Individuums fordert. Der Einzelne muss mit seiner Leistung das Fundament für den Erfolg des Teams legen. Und weil die Spiele über mehrere Tage gehen, erfordert Cricket neben athletischem Vermögen auch mentale Stärke. Aus dem Cricket hat Gent auch Lehren für sein berufliches Leben gezogen. Der Sport hat ihn gelehrt, immer Geduld zu haben, auch bei Erfolgen nicht in Hochmut zu verfallen, denn die nächste Niederlage ist immer nah. Und: sich auf das Team zu verlassen – auf ein Team talentierter Individualisten. Jahre später, bei den beiden entscheidenden Übernahmeschlachten seines Berufslebens, sollte vieles an ein spannendes Cricketmatch erinnern.

Noch wichtiger in der schwierigen Schulzeit als die Liebe zum Cricket war jene zur Familie. Die Gents waren eine verschworene Gemeinschaft. Chris freute sich jeden Tag darauf, nach der ungeliebten Schule wieder zu seinen Brüdern und Eltern zurückzukehren. Während des Abendessens wurden nicht nur die persönlichen Erlebnisse des Tages, sondern auch die Neuigkeiten aus der Politik diskutiert. Der Vater ermutigte seine Söhne dazu, sich mit politischen und gesellschaftlichen Fragen auseinanderzusetzen. Das Fernsehgerät der Familie wurde zwar angeschafft, um an der ersten großen Live-Übertragung der Weltgeschichte, der Krönung der jungen Queen Elizabeth II., teilzuhaben. Zu den beliebtesten Sendungen der Familie neben Cricketübertragungen gehörte jedoch das politische Programm »Free Speech« (Freie Rede), das die BBC jeden Sonntag ausstrahlte. Der Vater musste feststellen, dass seine Söhne – vor allem Chris – zwar seine wertkonservativen Vorstellungen übernommen hatten, aber seinen politischen Überzeugungen nicht folgten. Daraus ergaben sich lebhafte bis stürmische Debatten über die Tagespolitik. Sohn Chris hatte von seinen Eltern bereits die Weltanschauung übernommen, dass man sich besser auf sich selber als auf die Gesellschaft verlässt. Er konnte daher mit der klassenkämpferisch sozialistischen Politik der Labour-Partei nichts anfangen. Die Diskussionen daheim weckten das Interesse des Jungen an der Politik mehr und mehr. Und so trat Chris Gent im Alter von 15 Jahren schließlich den Tories bei, der Konservativen Partei Englands. Während die Pubertät auf Jugendliche normalerweise destabilisierend wirkte, war bei Chris Gent das Gegenteil festzustellen. Der Hang zur Politik zog plötzlich auch ein zumindest ausreichendes Interesse für die Schule nach sich. Gent holte im Unterricht auf, seine Leistungen verbesserten sich – und die Belästigungen durch die Mitschüler hörten auf. Gent wurde gut genug, um ernsthaft an ein Studium zu denken. Doch dazu sollte es nicht kommen.

Ein Jahr vor dem Abitur von Chris erkrankte der Vater plötzlich an Krebs. Die Ärzte hatten keine guten Nachrichten für die überraschte Familie. Als die Prüfungen anstanden, lag der Vater im Sterben. Chris und der Rest der Familie verbrachten lange Stunden am Bett des Vaters. Auf das Abitur konnte sich Chris daher kaum konzentrieren. Die Lehrer bescheinigten ihm zwar, dass er die Aufgaben angesichts der Lage gut gelöst habe. Doch es reichte trotzdem nicht. Gent musste die Prüfung wiederholen – und war im zweiten Anlauf erfolgreich. Nach dem Tod des Vaters aber stand das Studium für Chris außer Frage. »Uns gehörte das Haus, in dem wir wohnten – sonst hatten wir nichts. Und niemand sonst hatte einen Job«, erinnerte sich Gent später. Im Alter von 19 Jahren trat Gent daher in die Dienste der National Westminster Bank, eines der größten Institute in England. Doch der Job war für ihn genau das – eine Möglichkeit, Geld zu verdienen, um die Familie über Wasser zu halten. Leidenschaft entwickelte Gent dagegen für die Politik. Er war nicht nur zuschauender Parteibuchbesitzer, er nahm aktiv an der Politik teil – zuerst auf lokaler Ebene. Sowenig ihn die Schule stimulieren konnte, so sehr interessierte ihn in der Parteiarbeit alles – die Arbeit mit anderen Wahlkampfhelfern, das Motivieren von Mitarbeitern und das Anwerben neuer Parteimitglieder. Gent gefiel die Überzeugungsarbeit. Er lernte in der Partei mehr für sein Berufsleben, als er das in der Schule je getan hatte: Teamarbeit, Motivationsfähigkeit, Kommunikationsgeschick und die Gabe, andere für einen Plan oder ein Projekt einzunehmen. Zwischen den Parteimitgliedern in Dulwich entstand eine – wie Gent es empfand – echte Kameraderie. Die Freundschaften, die Gent damals schloss, hielten lange – zum Teil bis in die Gegenwart.

In diesen Tagen der politischen Arbeit in Dulwich lernte Gent einen gleichaltrigen jungen Mann kennen, dessen Lebensgeschichte seiner sehr ähnelte: Dieser kam aus wenig wohlhabenden Verhältnissen in Brixton, einem nahen Stadtteil. Beide hatten ihre Väter zur gleichen Zeit verloren, und beide liebten Cricket. Beide verband die Liebe zur politischen Arbeit für die Konservative Partei. Gents Freund bis auf den heutigen Tag sollte es weit bringen in der Politik. Nach dem Rücktritt von Margaret Thatcher folgte er, John Major, ihr im Amt des englischen Prime Ministers nach. Gent und Major stimmten in ihren politischen Einstellungen überein. Für freie Märkte, gegen Staatsdirigismus, für die Verantwortung des Einzelnen in der Gesellschaft und für ein gemeinsames Europa – so ließen sich die Eckpunkte ihrer politischen Auffassungen beschreiben. Sie standen für diese Werte in einer englischen Gesellschaft ein, die bis zu diesem Zeitpunkt mehrheitlich der sozialistischen Linie der Labour-Partei gefolgt war. Gerade als Jugendlicher für die Tories zu arbeiten – das war nicht wirklich »cool«. Doch beide waren nicht nur von der Sache überzeugt, sie waren auch begabt im politischen Geschäft. Das Talent blieb nicht unentdeckt, und damit kam der Aufstieg. Im Alter von 24 Jahren übernahm Gent 1972 den Vorsitz der Young Conservatives, der Nachwuchsorganisation der Tories, in London. Fünf Jahre später wählte ihn die Organisation zum nationalen Vorsitzenden.

Seine ganze Aufmerksamkeit gehörte nun der Politik. Der 1971 neu angetretene Job bei Schroders Computer Services diente neuerlich zu nichts anderem als zur Sicherung des Lebensunterhalts. Eine Karriere in der Wirtschaft interessierte Gent immer noch nicht. Die Übernahme des Postens als Chef der Young Conservatives brachte für ihn auch den Kontakt zur großen Politik. In diese Zeit fielen der Aufstieg und der Wahlsieg von Margaret Thatcher. Gent, der zugleich auch als persönlicher Assistent für den führenden konservativen Politiker Lord Carr arbeitete, faszinierte der Zugang zu den höchsten politischen Kreisen. Doch die Nähe zum Zentrum der Macht zwang Gent auch zum kritischen Hinschauen und zur kontroversen Auseinandersetzung mit der aktuellen politischen Linie. Und was Gent sah, gefiel ihm nicht – jedenfalls nicht überwiegend. Die Arbeit für Lord Carr machte ihm deutlich, wie sehr das Ausüben der Politik auf höchstem Niveau als Beruf die Familie belasten kann. Was es bedeutet, im Rampenlicht der Öffentlichkeit zu stehen. Die Angriffe der politischen Gegner, die Tiefschläge der Presse. Alles dies ließ Gent mehr und mehr davor zurückschrecken, an eine persönliche Zukunft in der Politik zu denken.

Hätte Gent überhaupt eine Chance gehabt? Vermutlich nicht. Denn er hatte sich schon früh gegen Margarat Thatcher positioniert. Als Vorsitzender der Young Conservatives hatte er sich öffentlich zu Edward Heath bekannt – dem schärfsten Gegenspieler von Thatcher. Gent mochte die »Eiserne Lady« zwar persönlich, nicht aber politisch. Sie stand aus der Sicht von Gent für eine konservative Politik mit Scheuklappen. Ihre enge Auslegung des konservativen Weltbildes – vor allem mit Blick auf Europa und das Zusammenleben verschiedener Kulturen in England – lehnte er ab. Gent, ein Mann des Konsenses, empfand Thatcher als zu radikal. An dieser Grundhaltung änderte auch die Zustimmung zu ihrer Wirtschaftspolitik nichts. Gent aber hatte sich mit dieser Haltung in die Minderheit begeben. Der Erfolg Thatchers ließ keinen Platz für innerparteiliche Kritiker à la Gent. Das spürte er, als er sich nach einem Jahr an der Spitze der Jugendorganisation zur Wiederwahl stellen musste. Hatte sich beim ersten Mal kein Gegenkandidat gefunden, so musste Gent 1978 gegen einen ausgewiesenen Anhänger Thatchers antreten. Es ging noch einmal gut; denn am Abend vor der Abstimmung war Gent zum ersten Mal Vater geworden – und der daraus entstandene Sympathiebonus sicherte ihm die Wiederwahl. Doch der junge Mann erkannte in diesen Tagen, dass die Politik nicht sein Feld für eine Karriere sein würde. Dagegen standen die liberal-konservativen Werte, die ihm in seiner politischen Arbeit wichtig waren und die sich in der Thatcher-Ära nicht würden durchsetzen lassen. Gent widerstrebte zudem, dass bei einer führenden Rolle in der Politik Familie und Privatsphäre zu sehr ins Rampenlicht der Öffentlichkeit gezogen würden.

Als 1979 das zweite Jahr an der Spitze der Young Conservatives zu Ende ging, entschloss sich Gent, sein Engagement für die Politik zurückzuschrauben und stattdessen mit voller Kraft eine Karriere in der Wirtschaft anzustreben. Wenige Jahre später würde er endgültig aus der aktiven Politik ausscheiden. Er wechselte von Schroders Computer Services zur Konkurrenz – Baric Computing Services. Für das Unternehmen sollte Gent zunächst neue Märkte und Produktideen entwickeln. Doch schon bald begann sein schneller Aufstieg, bei dem ihm seine in der Politik erworbenen Fähigkeiten – Menschen zu motivieren und Mehrheiten für sich einzunehmen – sehr nützlich waren. Gent machte Karriere und war schon bald einer der Geschäftsführer von Baric. Doch er dachte bereits weiter. Sein Auge war auf ein kleines Unternehmen, die Racal Radio Group, gefallen. Es war keine zufällige Wahl; denn Racal Radio, Teil der Racal Electronics plc, Hersteller vor allem von Funkgeräten für die Armee, wurde von Gerald Whent geführt – einem Freund und Förderer der Tories. Man kannte sich locker aus politischen Kreisen. Wichtiger aber, als es wesensgleiche politische Ansichten sein konnten, war für Gent die Tatsache, dass Whent in ein Geschäft eingestiegen war, welches ihn faszinierte: die Mobiltelefonie. Whent, ein bulliger Unternehmer, der die schönen Seiten des Lebens – Zigarren, Wein, rauschende Feste – sehr genoss, suchte schon seit 1984 nach neuen Talenten, um die Ende 1982 erworbene erste britische

Mobilfunklizenz in einen Erfolg zu verwandeln. Whent glaubte fest an den Siegeszug des Mobiltelefons, aber er hatte nicht genug Talente für den Aufbau des Unternehmens – damals eine typische Neugründung.

Whent und Gent verstanden sich auf Anhieb. Und das lag nicht nur an der Politik. Sicherlich hat es Gent geholfen, den Job als Chef des britischen Geschäftes von Vodafone zu bekommen. Denn politische Kontakte zur amtierenden Regierung – zu Thatcher und zu Major – konnte das junge Unternehmen dringend gebrauchen. Doch die enge Verbindung zwischen den beiden Männern erklärte sich eher aus den sich ergänzenden geschäftlichen Talenten. Gent konnte von Whents bulligem Unternehmertum und Riecher für geschäftliche Chancen lernen. Und Whent machte sich die Marketingfähigkeiten des jungen Gent und dessen Talent zur Führung eines wilden Haufens wie dem von Vodafone zunutze. Anfang 1985 kam Gent ins beschauliche Newbury, den Sitz des jungen Unternehmens, und übernahm das Marketing des britischen Geschäftes. So unterschiedlich sie in ihrem Wesen waren – Gent, der Mann der Motivation und des Konsenses, Whent, der freundliche, aber bestimmte, bullige Unternehmenschef –, so sehr arbeiteten sie auf ein Ziel hin: den jungen Markt für Mobiltelefonie in England zu erobern. Die beiden Männer hatten sich dabei kein unbescheidenes Ziel gesetzt: 30 Prozent Marktanteil sollten es schon sein. Doch es kam besser. Binnen weniger Jahre kontrollierte Vodafone die Hälfte des britischen Marktes. Während Whent sich um die Expansion außerhalb Englands kümmerte, wurde Gent sein wichtigster Mann, denn das von ihm geführte englische Geschäft war die Geldmaschine, die die Expansion finanzieren sollte. Über die Jahre hinweg war eine enge Verbindung entstanden. Neben den Bemühungen ums Geschäft sah Gent zu, dass niemand seine Kreise mit Whent stören konnte. Die Fähigkeiten aus der frühen politischen Arbeit halfen ihm dabei, mögliche Konkurrenten geschickt aus dem Weg zu räumen. Als Mitte der neunziger Jahre zu entscheiden war, wer Whent nachfolgen würde, führte kein Weg an Gent vorbei.

Der war in seinen vergangenen Jahren bei Vodafone immer schon das gewesen, was man gemeinhin einen Workaholic nennt. Doch kaum in der neuen Position als Vorstandsvorsitzender angekommen, zog Gent Anfang 1997 das Tempo noch einmal an. Der Frühaufsteher betrat sein Büro regelmäßig um 6.30 Uhr. Die ersten Konferenzen ließ Gent für 7.30 Uhr ansetzen. Es galt für ihn, dem Unternehmen schnell seinen Stempel aufzudrücken. Denn Gents freundliche und auf Konsens ausgerichtete Art bedeutete keineswegs, dass er nicht machtbewusst war. Nach der langen Amtszeit von Whent mit seinem patriarchalisch-diktatorischen Führungsstil musste Gent sich nun als neuer Boss positionieren und durchsetzen. Doch es ging nicht nur um interne Machtfragen. Die boomende Mobiltelefonbranche würde früher oder später in eine Phase der Konsolidierung übergehen. Und darauf wollte Gent gut vorbereitet sein. Dazu musste er zunächst einmal das eigene Haus in Ordnung bringen. Während des wilden Wachstums in den vergangenen Jahren waren die Organisation von Vodafone und der ruhige, abgeklärte Blick auf die Strategie oft zu kurz gekommen. Beides wollte Gent nun schnell ändern. Vodafone bestand, so seine Analyse, aus einem Sammelsurium von Marken, Namen und Betriebseinheiten. Das hatte zum Teil historische, zum Teil regulatorische Gründe. Gleichwohl: Gent wusste, dass er hier Abhilfe schaffen musste, wollte er im internationalen Geschäft mitspielen. Und das wollte er. Also verordnete er dem Konzern eine schlankere, effiziente Organisationsstruktur, die koordinierter und schneller am Markt agieren konnte. Zudem begann er, die schwache Marke Vodafone zu stärken. Der beispiellose Erfolg der Mobilfunk-Neugründung Orange in England bestätigte ihn in seiner Haltung, dass Vodafone seinen Biss als Angreifer verloren hatte. Man gehörte nun schon fast zum Establishment, wurde selber gejagt und tat sich ein wenig schwer, in einem aggressiven Markt zu überleben. Orange machte Vodafone in England das Leben schwer, und Gent bereute, nicht schon früher agiert zu haben. Doch das wäre unter dem Vorstandsvorsitzenden Whent nur schwer möglich gewesen. Der nämlich glaubte nicht, dass das Mobilfunkgeschäft zu einem Massenmarkt mit niedrigen Preisen werden könne, sondern eine elitäre Angelegenheit bleiben werde. Hier lag der strategische Unterschied zwischen Whent und Gent. Dieser glaubte an den Massenmarkt – und an die Internationalisierung des Geschäftes. Wenn man Kunden mobile Dienste anbieten wolle, dann müsse man das auch grenzüberschreitend tun. Das liege in der Natur einer mobilen Gesellschaft, argumentierte Gent. Schon vor seiner Amtsübernahme hatte Gent mit Whent still und hinter den Kulissen um den neuen Kurs gerungen. Doch der wollte davon auf der Zielgeraden seines Berufslebens nichts mehr wissen und schlug einen vorsichtigen Kurs ein. Eine gute Bilanz zum Abschied war Whent wichtiger. Doch nun hatte Gent freie Bahn. Er setzte die Preise herunter, investierte kräftig ins Netz und in die Marke. Die kräftige Ausweitung des internationalen Geschäftes, so beschlossen es Gent und sein Vorstand, sollte der nächste Schritt sein, den man ab 1998 in Angriff nehmen werde.

Der Mann, der nun an der Spitze eines aussichtsreichen Wachstumsunternehmens stand, ließ in seiner Energie nicht nach. Was trieb ihn an? Es waren die Erlebnisse der Kindheit und der Jugend. Es waren die Lehren des Elternhauses, wo es nicht viel gab, wo sich Chancen nicht in Hülle und Fülle boten, wo man schnell lernte, dass man Gelegenheiten besser beim Schopf packen muss. Gent lebte schon früh nach dem Motto: ›Mache das Beste aus deinen Talenten und der Situation.‹ Und nun an der Spitze von Vodafone hatte er beides – seine Talente und eine Basis, aus der sich mehr machen ließ. Das verpflichtete geradewegs zur Leistung. Diese Verpflichtung verband Gent mit einem sehr starken Wettbewerbsinstinkt: Ihm war es wichtig zu gewinnen.

Esser und Gent waren sich zu diesem Zeitpunkt, Ende 1997, noch nicht persönlich begegnet. Bis zum ersten Treffen der beiden Männer sollte noch mehr als ein Jahr vergehen. So unterschiedlich sie in ihrem äußeren Auftreten auch waren, so ähnlich waren sie sich in ihrer Abstammung und ihrem Wesen. Ihre Herkunft, das Aufwachsen in wenig begüterten Verhältnissen nach dem Krieg, die Bedeutung der Familie, sogar ihre Stellung in ihr – beide waren die zweiten von vier Söhnen – verband die beiden Männer, ohne dass sie das wussten. Beide hatten einen gesunden sportlichen Ehrgeiz. Beide fanden, dass Begabung verpflichtet. Beide besaßen ein hohes Maß an Talent und konservativer Kreativität. Und beide waren – jeder in seiner Art – scheue Persönlichkeiten, die sich ihren Freiraum hinter der öffentlichen Person zu sichern suchten.

Ähnlicher hätten sich die Widersacher kaum sein können, die sich zwei Jahre später mit ihren Beratertruppen gegenüberstehen sollten.

Nicht ohne meine Berater

Es war der größte Deal aller Zeiten. Die Mutter aller Übernahmeschlachten. Für lange Zeit wird diese Transaktion unerreicht bleiben. Im Mittelpunkt des öffentlichen Interesses standen bei dem Spektakel naturgemäß die Vorstandsvorsitzenden von Vodafone und Mannesmann, Chris Gent und Klaus Esser. Doch sie allein hätten diesen Deal natürlich nie abwickeln können. Dazu bedurfte es Hunderter von Helfern und Beratern, die weitgehend hinter den Kulissen wirkten – Investmentbanker, Rechtsanwälte, Werbefachleute und Berater für Öffentlichkeitsarbeit. Sie vor allem spielten zum ersten Mal bei einer Übernahme dieser Größenordnung eine entscheidende Rolle. Die PR-Strategie trug ganz wesentlich zum Erfolg von Vodafone bei. Wer waren die wichtigsten Berater, die Esser und Gent in der Schlacht zur Seite standen?

Kurt Kinzius

Er war das »Alter Ego«, das Hirn hinter dem Hirn. Er war der engste Vertraute und der wichtigste Helfer in den Monaten der Schlacht: Dr. Kurt Kinzius – dem Chef des Mannesmann-Konzerns in vielem so ähnlich. Er war der Mann, mit dem Esser seine Ideen zuerst besprach – und der oft genug auch deutlich widersprach. Er war der Mann, der das Tagesgeschäft der Übernahmeschlacht zu führen hatte. Während Esser im hellen Scheinwerferlicht auf der Bühne der Finanzmärkte agierte, hielt Kinzius ihm den Rücken frei, hielt das Team der Berater in Schwung und die Maschine des Abwehrkampfes in Bewegung. Auf den ersten Blick war der spröde Westfale mit seinem drögen Humor eine scheinbar wenig passende Besetzung für diese Rolle. Mit der hochfliegenden Welt der Investmentbanker, mit der dort oft demonstrativ zur Schau getragenen Egomanie hatte der bodenständige, in Hagen geborene und aufgewachsene Kinzius wenig gemein. Doch – wie gesagt – all das galt nur auf den ersten Blick. Denn unter der Oberfläche des Mannes, der einstmals nichts sehnlicher hatte werden wollen als Wirtschaftsprüfer, lagen großer Ehrgeiz und ein sportlicher Sinn für Risiko und hohes Tempo.

Die Karriere des Mannes hinter Esser hatte ihren Ausgang genommen an der Universität Münster, wo er Betriebswirtschaft studiert und promoviert hatte. Das Thema seiner Doktorarbeit war für Außenstehende so spannend wie das Beobachten einer frisch gestrichenen Wand beim Trocknen: »Auslandsrückstellungen nach den Regeln des neuen Handelsgesetzbuches«. Für einen künftigen Wirtschaftsprüfer aber war es genau das richtige Thema. Kinzius stand damit in der Tradition der Universität, die schon viele bekannte Wirtschaftsprüfer hervorgebracht hatte. Das änderte sich erst spät, in der Zeit der Promotion, als – ganz ungewöhnlich – der Doktorvater Kinzius Schritt für Schritt überzeugte, dass er seine Talente als Unternehmer besser würde nutzen können. Es sei doch langweilig, stets durch den Rückspiegel nach hinten aus dem Auto auf die Straße zu schauen. Viel spannender sei es doch, nach vorne zu blicken und den Weg zu bestimmen, den man einschlagen wolle. Kinzius ließ sich überzeugen und trat schließlich seinen ersten Job nicht bei einem Wirtschaftsprüfer, sondern bei Mannesmann an. Er stieg als Sachbearbeiter in der Unternehmensplanung bei der Maschinenbau-Tochter Mannesmann-Demag ein – keine besonders spannende Aufgabe zunächst. Aber gleich im zweiten Jahr rückte er zum Leiter der Abteilung auf. Es war die Zeit, wo ein anderer Finanzvorstand bei der Demag wurde – Klaus Esser. Die beiden Männer begegneten sich zum ersten Mal. Esser – und nicht nur er – schätzten Kinzius' hohe Auffassungsgabe, seine theoretischen Kenntnisse. Vor allem aber mochte Esser die Gabe des Westfalen, »um drei oder vier Ecken zu denken. Bei Verhandlungen ein unschätzbarer Vorteil.«

Kinzius aber hielt wenig in Duisburg. Er wollte ins Ausland – unbedingt und schnell. Das Glück war auf seiner Seite. Eines Tages war Esser am Telefon und bot ihm einen Job in London an. Kinzius war begeistert – auch darüber, dass es nicht Brasilien war, wo Mannesmann größere Aktivitäten hatte. Das Angebot, kaufmännischer Leiter der Gesellschaften von Mannesmann-Demag in Großbritannien zu werden, war für ihn viel verlockender. Kinzius wurde aus dem Elfenbeinturm der Planungsabteilung an die Verkaufsfront geworfen. Seine Aufgabe wurde es, die gesamte Palette der Demag zu verkaufen: Bagger, Prozessverdichter, Kranfahrzeuge und Spritzgussmaschinen. Bis 1994 lieferte Kinzius gute Zahlen aus England und konnte sich auf diese Weise für die so genannten höheren Aufgaben empfehlen. Mit Esser hatte er in der Zeit wenig direkten Kontakt. Doch der verfolgte die Arbeit von Kinzius, welcher beim Umzug nach England gleichzeitig noch Vater von Zwillingen geworden war, aus der Ferne mit Interesse. Die junge Familie genoss das Leben am Rande der britischen Hauptstadt, doch lange konnte sie das nicht tun. Als Esser 1994 Finanzvorstand der Mannesmann AG wurde, da wollte er etwas von dem frischen Wind, der bei der Demag geweht hatte, mit nach Düsseldorf ins Mutterhaus nehmen. Für die von ihm neu geschaffene Abteilung für Mergers & Acquisitions suchte er den Leitwolf. Kinzius, so fand Esser, war der richtige Mann dafür. Bei einem ersten Gespräch setzte Esser Kinzius ins Bild: »Wir haben hier ein paar Dinge vor. Das Portfolio muss sich ändern. Wir wollen eine M&A-Abteilung aufbauen.« Wirklich aufhorchen ließ Kinzius die nächste Bemerkung von Esser: »Wir wollen dabei auch Tochterfirmen verkaufen, die nicht mehr ins Gesamtbild passen oder nicht genug verdienen.« So etwas hatte es bei Mannesmann oder den anderen deutschen Großkonzernen noch nicht gegeben. Was Esser da eher zurückhaltend schilderte, würde sich später zur größten Umstrukturierungsaktion in der deutschen Wirtschaft auswachsen – 56 Transaktionen in 51 Monaten. »Jeden Monat eine – so wie wir es dem Markt versprochen haben«, sagte Esser später. Alles war dem Ziel untergeordnet, den Investoren zu zeigen, wie ernst es Funk, Esser & Co. mit dem Umbau des Konzerns war. Und Kinzius sollte dabei, zumindest in den ersten Jahren, eine entscheidende Rolle spielen. Beim ersten Gespräch mit Esser und dann mit Vorstandschef Funk versuchte Kinzius die Erwartungen der beiden Topmanager zu dämpfen. »Mit dem M&A-Geschäft habe ich nicht viel Erfahrung«, sagte er in entwaffnender Offenheit. Aber die konnte er sich auch leisten, denn in kaum einem anderen deutschen Unternehmen sah das anders aus. Die Vorgabe von Esser und Funk war klar – und Kinzius traute sich zu, das Geforderte auch liefern zu können: den Aufbau einer M&A-Abteilung nach angelsächsischem Vorbild.

Funk und vor allem Esser lernten die Fähigkeiten von Kinzius mit jedem Monat mehr schätzen. Der Mann, der da vordergründig eher bedächtig daherkam, war in der Lage, einen enormen Druck zu entfalten und eine Organisation zu Höchstleistungen anzutreiben. Esser konstatierte später, Kinzius habe fast einen Tick für Schnelligkeit im Management. Doch genau das benötigte er in den Jahren des Portfolio-Umbaus und dann später beim Aufbau des internationalen Telekom-Geschäftes. Und genau dorthin schickte Esser seinen Zögling 1999. Kinzius sollte das M&A-Geschäft innerhalb der Telekommunikation leiten. Es war genau der Bereich, in den Mannesmann zu der Zeit international massiv investierte. Für Kinzius waren es bewegte Jahre, in denen ein Deal oft den anderen jagte. Doch der Deal des Jahrhunderts lag noch vor ihm.

Dietrich Becker

Dieser Mann ist ein Freund klarer Worte. Er, ein Wanderer zwischen den Welten, versteckt sich und seine Meinung nicht – auch und gerade, wenn er Vorstandsvorsitzenden oder Finanzchefs großer Unternehmen gegenübersteht. Die sind es normalerweise gewohnt zu hören, was sie hören wollen. Wer widerspricht schon einem Vorstandschef – gerade in einem deutschen Unternehmen? Es sind zumeist sowieso nicht die Mitarbeiter aus dem eigenen Haus, denn die können sich so etwas kaum leisten. Oder sie glauben das zumindest. Die Rolle des Widerspruchs kommt klassischerweise oft genug den Beratern zu. Doch auch die wollen es sich häufig nicht mit ihren Auftraggebern verderben. Berater wie Dietrich Becker, die ihre Meinung offen aussprechen, sind immer noch eine verschwindende Minderheit. Und dabei liegt gerade in dieser Fähigkeit, Kunden zur rechten Zeit zu widersprechen, ein besonderer Wettbewerbsvorteil. Die unpopuläre Wahrheit ist das Terrain des Vierzigjährigen. Und viele Konzernlenker schätzen ihn dafür hoch, dass er seine Meinung verbindlich im Ton, aber ungeschminkt in der Sache an den Mann bringt. Es waren nicht zuletzt diese Qualitäten, die Becker zum wichtigsten Berater von Klaus Esser machten. Im engen Kreis der Vertrauten um den Mannesmann-Vorstandsvorsitzenden spielte Becker die Rolle des wichtigsten Beraters, der nicht aus dem Unternehmen kam. Er war damals Chef der Global Industrial Group bei der amerikanischen Investmentbank Morgan Stanley. Die Industrial Group ist neben jener, die Banken und Versicherungen betreut, und der, die sich um Telekommunikation und Medien kümmert, eine der weltweit drei Beratergruppen von Morgan Stanley. Becker – ein Deutscher mit Dienstsitz in Londons Bankendistrikt Canary Wharf, dem neuen Finanzcenter in den ehemaligen Hafenanlagen der britischen Hauptstadt.

Becker wurde 1963 in Deutschlands Provinz, in Lüneburg, geboren. Doch schon bald zog die Familie nach Düsseldorf. Sein Interesse für die Welt jenseits deutscher Grenzen wurde in der engeren Verwandtschaft gelegt, die zum Teil in Deutschland, zum Teil in England lebte. Becker reiste schon früh nach England, wuchs zweisprachig auf. Nach dem Abitur in Düsseldorf begann er ein Jurastudium in Köln. Bald merkte er, dass die Juristerei nicht seine Sache sein werde. Das Studium bis zum ersten Staatsexamen aber wollte er auf jeden Fall durchziehen – vor allem um strukturiertes Denken und Argumentieren zu lernen. Nicht nur England, sondern Amerika – genauer: New York – reizte ihn. Noch während des Studiums reiste er für zwei Monate in die USA, um sich Land und Universitäten näher anzuschauen. Die Wahl fiel schließlich auf New York – nicht nur des Studiums wegen. Becker zog 1988 dorthin und machte an der Stern Business School seinen MBA. In seiner Freizeit las er Bücher wie den Wirtschafts-Real-Krimi »Barbarians at the Gate«, der erstmals hautnah eine der größten Übernahmeschlachten an der Wall Street beschrieb. Becker war elektrisiert. Die Juristerei, das stand fest, war nicht der richtige Weg. Die Aktion war da, wo die Investmentbanker arbeiteten. Dort konnte man Dinge bewegen. New York war der Ort, wo man es lernen konnte. Becker entschloss sich zu bleiben und begann seine Banker-Karriere 1990 bei Merrill Lynch, während er parallel noch sein Studium zu Ende brachte. Doch der Traum von der Arbeit an der Wall Street war für Becker schnell beendet. Denn die Bank plante gerade den Sprung nach Europa und schickte ihn nach London. Damals zählte er für die amerikanische Bank zu den Pionieren des Geschäftes mit Unternehmensübernahmen in Europa. Gerade einmal fünf Banker hatte Merrill für diese Spielart des Investmentbanking damals in Europa. Für Becker war das ein Vorteil. Gerade weil sich bei der Firma in Europa nur wenige mit dem M&A-Geschäft befassten, konnte er schon früh Deals begleiten. Sechs Jahre nach dem Einstieg bei Merrill wechselte er 1996 in London zur Deutschen Bank. Er stieß in derselben Woche zum deutschen Institut wie der legendäre und mittlerweile in Ungnade gefallene Investmentbanker Frank Quattrone. Er verließ die Bank nur zwei Jahre später – wieder in derselben Woche wie Quattrone – und zusammen mit manch anderem wichtigen Investmentbanker. Bei der Deutschen Bank tat Becker als Leiter der Industriegruppe Investitionsgüter das, was er schon zuvor bei Merrill Lynch getan hatte – er kümmerte sich um Industrieunternehmen, die so genannte »Old Economy«. In diesen Jahren der aufkommenden »New Economy« war Becker nicht gerade im heißesten Bereich des Investmentbanking tätig. Doch der Mut zum Risiko sollte sich auszahlen. Becker stieg schnell zum gefragten Gesprächspartner von Vorständen traditioneller Industriekonzerne auf. Es waren eben diese beständigen Gespräche, die ihn und damit Morgan Stanley zwei Jahre später ins Zentrum der größten Übernahmeschlacht der Geschichte brachten. Becker, selber kein Spezialist für Telekommunikation, hatte mit Esser schon in seiner Zeit bei Merrill Lynch und bei der Deutschen Bank Kontakt, um bei der Umstrukturierung des klassischen Geschäftes von Mannesmann zu helfen. Dabei hatte sich Becker bei Esser, aber auch bei dessen Vorgänger Funk so unentbehrlich gemacht, dass die Deutsche Bank sogar das Mandat für den Verkauf der Anlagenbauer-Tochter Demag verlor, nachdem Becker und andere Banker die Bank verlassen hatten.

Der Ausstieg bei der Deutschen Bank verurteilte Becker standesgemäß zu dem, was alle Investmentbanker am wenigsten gerne tun – zum Nichtstun. Der so genannte und meist bis zu einem halben Jahr dauernde »garden leave« muss – so steht es in den allermeisten Verträgen – zwischen dem Ausscheiden beim alten Arbeitgeber und dem Arbeitsbeginn beim neuen stehen. Das soll verhindern, dass Betriebsgeheimnisse – etwa über aktuelle Transaktionen – die Bank zusammen mit dem Banker verlassen und bei der Konkurrenz genutzt werden können. In dieser Zeit verzichten Banker auch darauf, ihre Kontakte zu Kunden spielen zu lassen. Das allerdings hindert Kunden nicht unbedingt daran, sich bei den arbeitslosen Bankern zu melden. Becker, im Sommer 1998 drei Monate zum Nichtstun gezwungen, entschloss sich zu einem langen Strandurlaub und dazu, endlich seinen Segelschein zu machen. Es war ein heißer, windarmer Tag im August – irgendwo vor der Küste Sardiniens –, als Beckers Mobiltelefon klingelte. Aus Düsseldorf meldete sich Klaus Esser, der sich nicht nur nach Beckers Befinden erkundigte, sondern sich auch gleich wieder seiner Dienste versichern wollte.

Schon eine Woche nach seinem Dienstantritt bei Morgan Stanley traf sich Becker mit Esser in Düsseldorf zu einem ersten Gespräch. Der Finanzchef der Mannesmann AG hatte das schon seit 1988 bestehende Projekt »Friedland« zum Jahresbeginn 1998 wieder reaktiviert. Am 2. Februar 1998 hatten sich in der Sache bereits zwei Banker von der Deutschen Bank mit Esser getroffen und ihn davor gewarnt, dass Mannesmann sich auf ein unfreundliches Angebot eines Konkurrenten gefasst machen müsse: »Wenn Sie so weitermachen, dann sind Sie bald tot.« Esser mochte solche klaren Aussagen. Die beiden Banker begannen mit den ersten Arbeiten an diesem Verteidigungsprojekt gegen einen noch unsichtbaren Gegner. Nach weiteren vier Treffen Ende Juli und im August mündeten die Vorarbeiten im Oktober 1998 in einen Verteidigungsauftrag. Esser wollte vorbereitet sein. Und er wollte im Fall der Fälle talentierte Banker auf seiner Seite haben und nicht im Lager des Gegners. Der Auftrag an sie und Becker lautete: Sie sollten ständig den Markt beobachten und alle Angriffsmöglichkeiten durchspielen: Worldcom, Airtouch – aber auch Veba und Viag hatten die Banker zu diesem Zeitpunkt als mögliche Übernehmer ausgemacht. Später kam dann auch Vodafone hinzu.

Becker war mäßig begeistert. Dies war eine Trockenübung. Doch sie musste gemacht werden, um den Fuß in der Tür zu haben und Mannesmann fit zu machen für die Schlacht, die da möglicherweise bevorstand. Routine für Investmentbanker. Becker glaubte nicht, dass die Übung allein viel bringen werde. »Wenn der Angriff kommt, kann man die Verteidigungshandbücher meistens wegschmeißen, weil sich in der Schlacht die Lage ohnehin komplett verändert«, sagte er. Und genau für den Einsatz in der Hitze der Schlacht war er Investmentbanker geworden. Da kam es darauf an, sich in die Strategie des Gegners hineinzudenken, dessen nächsten Schritt vorherzusehen. Das waren die Herausforderungen, die das Adrenalin trieben. In diesen Situationen galt es zu wissen, wo man aggressiv gegensteuern musste oder sich bereit zeigte zur Zusammenarbeit. Aber es ging nicht nur um die Auseinandersetzung mit der »anderen Seite«, sondern mindestens ebenso sehr darum, den eigenen Kunden auf realistisches Terrain zu führen. Dazu aber musste der Draht zwischen

Betreuer und Kunde stimmen – oder zumindest überhaupt vorhanden sein.

In der heißen Phase eines Deals musste man die Persönlichkeit des Vorstandsvorsitzenden genau kennen, musste nahezu instinktiv wissen, wie er auf bestimmte Konstellationen reagierte. Investmentbanker haben ein Gespür, das ihnen signalisiert, wie weit sie gehen können. Unsichtbar fühlen sie den Puls und wissen, wann der Kunde sich nicht mehr wohl fühlt oder gar in Panik gerät – auch wenn der das gar nicht äußert. Erst wenn dieses unsichtbare Band geknüpft ist, lassen die Manager ihre Investmentbanker auch an sich und die Sache heran und behandeln sie nicht nur als reine Ideengeber und Stichwortlieferanten. Dann auch gelingt die Arbeit mit der wichtigen und oft viel kriegsentscheidenderen so genannten zweiten Führungsebene. Denn nur wer auch dort Bereitschaft zur Zusammenarbeit von langer Hand vorbereitet hat, kann im Falle der Schlacht darauf zählen. Und nur mit dieser zweiten Ebene sind solche Schlachten auch zu gewinnen. Diese Klaviatur zu beherrschen – das ist die hohe Schule dieses Berufes. Und sie war Becker fast wichtiger als das Brüten über den Details von Dealstrukturen oder Honorarvereinbarungen. Das, was ihn reizte, war das Mitwirken an der strategischen Linie. Wenn man seine Rolle so begriff, dann gehörte es auch dazu, den Kunden zuweilen von hochfliegenden, aber unrealistischen Plänen abzuraten – auch wenn es dafür kein Honorar gab. Und auch dann, wenn man sich den Zorn des Vorstandes zuzog, dessen schönen Plan man durchkreuzt hatte. Nicht viele Konzernlenker reagieren freundlich und gelassen darauf, wenn Investmentbanker ihre Ideen innerhalb von einer halben Stunde in Grund und Boden sezieren – selbst wenn sie das mit guten Argumenten tun. Und noch weniger Vorstandschefs wollen es hören, dass die Schlacht verloren ist, dass es Zeit ist aufzugeben. Wenn weiteres Zuwarten nicht mehr im Sinne des Unternehmens und seiner Aktionäre liegt – sondern höchstens dazu gut ist, das Ego des Managements zu massieren. Investmentbanking ist ein Geschäft, wo die Emotionen am Verhandlungstisch keinen Platz haben dürfen. Und das – unter anderem – macht es so schwer.

Hugh Morrison & Nick Miles

In der Schlacht gibt es nur eine Wahrheit. Die des Gewinners. Hier zählt nur die Taktik. Hinter keiner Botschaft lässt sich die Wahrheit der Wirklichkeit verbergen. Doch im Krieg, von dessen Ganzen die Schlacht nur ein Teil ist, ein Abschnitt – im Krieg zählt auch die Botschaft, die Propaganda. Lange haben die Public Relations – kurz PR – bei großen Finanztransaktionen keine bedeutende Rolle in dem Sinne gespielt, dass sie als strategisch wichtig und unverzichtbar galten. Im Falle des Angriffs von Vodafone auf Mannesmann war das zum ersten Mal anders. Nie zuvor hatten PR und die sie begleitende Werbung einen solchen Stellenwert gehabt, so viel Geld gekostet – und über Sieg oder Niederlage entschieden. In dieser »Schlacht um die Herzen«, um öffentliche Meinung, hatte es der Angreifer aus dem Ausland logischerweise schwerer, als die Verteidiger im Inland es hatten. Für diese Aufgabe bedurfte es zweier unerschrockener wie versierter Kombattanten zugleich. In diesem Falle füllten Nick Miles und Hugh Morrison, die damals für die Londoner PR-Agentur Financial Dynamics arbeiteten, diese Rolle hervorragend aus. Morrison wich während der dreimonatigen Schlacht um Mannesmann selten von der Seite Chris Gents. Doch nicht die Qualität früherer Arbeit oder der Ruf ihrer Agentur allein brachte sie in das Projekt, das sich auch für die PR-Welt später als »Mutter aller Deals« herausstellen sollte. Es waren neben den unbestrittenen professionellen Qualitäten vor allem auch die bestehenden persönlichen Beziehungen zwischen Tim Brown, dem Pressechef von Vodafone, und Hugh Morrison. Die beiden hatten sich Anfang der 8oer Jahre, als in Deutschland noch das Klima des Kalten Krieges herrschte, bei der britischen Armee kennen gelernt. Sie waren zusammen in Deutschland stationiert. Beide Männer kamen aus Familien, in denen es zum guten Ton der Tradition gehörte, dass die Söhne ein paar Jahre bei der Armee dienten. Freiwillig wohlgemerkt. Und so war es auch bei diesen beiden. Hugh Morrison war in Chelmsford, nordöstlich von London, als Sohn einer Weinhändlerfamilie geboren worden und wuchs in der Grafschaft Suffolk auf. In dieser ländlichen Gegend gehörte der Militärdienst für heranwachsende Männer zum guten Ton. Es war die Sorte der gut aussehenden Draufgänger, die ihr unerschütterliches Selbstbewusstsein unbeirrt und fast unschuldig zu Markte tragen. Herzensbrecher. Verführer. Hugh Morrison ist so einer. Ein Sympathieträger, dem man glauben möchte, der sein Gegenüber schon mit seiner gewinnenden Art für sich einnimmt.

Morrison und Brown waren sich in Berlin über den Weg gelaufen, wo sie in einem Panzerbataillon Dienst taten. Doch die beiden Männer, die als Zeitsoldaten in niedrigem Offiziersrang dienten, waren weniger an den Panzern als vielmehr an Kunst und Kultur Berlins interessiert. Sie gingen in die Oper im Osten der geteilten Stadt und hörten Herbert von Karajans Berliner Philharmonikern im Westen zu. Als die Zeit in Berlin endete und sie gemeinsam ins vergleichsweise langweilige Detmold versetzt wurden, standen gemeinsame Ausflüge auf dem Programm und Skifahren in den Alpen. Beide lernten Deutschland in dieser Zeit kennen und Land, Leute und Kultur lieben. Nach fünf Jahren verließ Morrison 1986 die Armee als Captain der Cavalry und suchte sich einen Job in der Londoner City. Im Bankgeschäft begann seine Karriere – als Broker beim Traditionshaus Hoare Govett. Doch schon bald zog es ihn ins PR-Geschäft. Bei einer Tochtergesellschaft des Werbekonzerns Saatchi & Saatchi wurde es seine Aufgabe, kleineren Unternehmen die Aufmerksamkeit der Kapitalmärkte zu verschaffen und sie auf den Börsengang vorzubereiten. Die Luft der großen Deals schnupperte er erstmals bei der Übernahme des britischen Elektronikkonzerns Plessey durch GEC/Siemens. Während Morrison für Plessey arbeitete, repräsentierte Nick Miles Siemens. Beide lernten sich kennen und schätzen. Miles hatte einen bewegten Lebenslauf hinter sich: Geboren in Bombay, aufgewachsen in Kent, Studium der russischen und englischen Literatur an der Universität Cambridge. Britischer geht es kaum. Beide Männer kamen Anfang der 90er Jahre dann bei der PR-Agentur Financial Dynamics zusammen. Es gab in der Folgezeit kaum einen großen Deal, an dem sie nicht beteiligt waren. Sie betreuten Transaktionen im Wert von 350 Milliarden Euro. Miles und Morrison waren also ein gut eingespieltes Team, als sich der alte Bekannte Tim Brown im Oktober 1999 mit einem brisanten Auftrag meldete: »Gewinnt Deutschland für uns!«

Scott Mead

Der Mann ist ein Kämpfer in jeder Lebenslage. Wettbewerbsorientiert. Einer, der immer gewinnen will, der sich immer beweisen muss. Ein Mann mit Pioniergeist, der wenig davon hält, sich ins gemachte Nest zu setzen. Scott Mead war der Prototyp eines Investmentbankers bei Goldman Sachs. In den Monaten der Schlacht um Mannesmann war er der engste Berater von Chris Gent.

Der junge Mann von der Ostküste Amerikas musste sich schon früh an das Klima des Wettbewerbs gewöhnen. Seine Familie, stockkonservativ, schickte Scott auf das Elite-Internat Phillips Academy in Andover. Gegründet 1778 – fast so alt wie Amerika selber. Schon der Vater und fast die gesamte Verwandtschaft hatten die Schule besucht. Hohe akademische Leistungen waren hier nicht das Ziel, sondern die Voraussetzung. Nach »Andover«, wie die Schule unter ihren Absolventen kurz genannt wird, war der Weg an die Elite-Universitäten an der Ostküste und in die Eliteberufe vorgezeichnet. Und so war es auch bei Scott Mead. Nach dem Internat ging Mead nach Harvard, schloss dort sein Betriebswirtschaftsstudium »cum laude« ab. In Cambridge hörte er Philosophie. Doch die Zeit an der englischen Elite-Universität war mehr als akademischer Feinschliff. Mead entdeckte seine Liebe für das Land, für das Leben außerhalb der vorgezeichneten Lebens- und Karrierebahnen in den Vereinigten Staaten. Doch nach dem Studium ging es erst einmal zurück nach New York. Mead heuerte 1983 bei der Investmentbank First Boston an. Drei Jahre später wechselte er zu der Bank, bei der er den Rest seines Berufslebens verbrachte: Goldman Sachs. Dort kümmerte sich Mead, seinen Interessen folgend, um das internationale Geschäft. Und schon früh um die Medien- und Telekommunikationsbranche. Die Wahl der Branche sollte sich später als wahrhaft goldener Glücksgriff herausstellen – als Lizenz zum Gelddrucken. Doch es war mehr als purer Zufall, der Mead zu der Branche brachte. Speziell dem Zeitungsgeschäft gehörte sein Interesse schon früh, weil er aus einer Familie kam, die einen kleinen Zeitungsverlag besaß.

Mead hatte gerade bei Goldman Fuß gefasst, als schon der erste Großeinsatz auf ihn zukam. Kurz vor Weihnachten 1986 bat ihn Robert (Bob)

Rubin, damals die »Nummer zwei« bei Goldman Sachs, den Börsengang von Telefónica zu betreuen. Es war eine der ersten großen Telekom-Privatisierungen in Europa, und es war ein schwieriges Gelände für die Männer von der Wall Street – vor allem, weil sie in Spanien nicht vertreten waren. Bob Rubin hatte das Unternehmen in Spanien besucht, und ihm war unzweifelhaft klargemacht worden: »Goldman Sachs hat bisher keine Geschäfte in Spanien gemacht. Sie sind hier ein Niemand. Warum sollten wir Sie berücksichtigen bei der Ausschreibung dieses Börsenganges?« Es waren nicht die Art Antworten, die Rubin gerne hörte. Immerhin konnte er das Unternehmen davon überzeugen, Goldman wenigstens die Chance einer Präsentation zu geben. Rubin trommelte eine Handvoll Leute in New York zusammen, um den Rückstand schnell aufzuholen. Innerhalb weniger Wochen erstellten sie Analysen, Research und eine Präsentation. Die Truppe vollbrachte ein kleines Wunder. Denn immerhin war Goldman so weit vorbereitet, dass man bei der Präsentation siegte und am Ende den Deal für sich gewann. Mead lernte schnell, was den Job bei Goldman ausmachen werde – ständiges Reisen. Zwischen Weihnachten 1986 und Juni 1987 pendelte er zwischen Madrid und New York hin und her. Im Januar 1988 siedelte er mit Familie und einer Handvoll Mitarbeitern nach London über. Die Aufgabe: Mead sollte das Telekom-Geschäft für Goldman in Europa aufbauen. Er war begeistert. Die Herausforderung entsprach genau seinen Neigungen. Mann der ersten Stunde sein. Pioniertaten. In Amerika war Goldman Sachs zu jener Zeit genauso gut etabliert wie das M&A-Geschäft. In Europa hörten Mead und seine Kollegen oft genug: »Goldman wer?« Und auch das Geschäft mit Übernahmen und Börsengängen steckte auf dem alten Kontinent noch in den Kinderschuhen. Investoren, Unternehmen und Regierungen mussten erst einmal vorgebildet, Märkte mussten auf solche großen Deals vorbereitet werden.

Mead gründete sein Team für Medien und Telekommunikation in London. Es war erst klein – etwa zehn Leute. Anfangs musste sich die Truppe noch stark auf die Unterstützung aus der Zentrale in New York verlassen. Später wurde daraus ein großes Spezialistenteam. Mead und seine Banker wollten mehr sein als nur Deal-Berater, sie wollten aktiv an der Strategie ihrer Kunden mitwirken. In der Hochphase des Geschäftes hatte die Truppe rund 100 Mitarbeiter in Europa und 400 Leute weltweit. Für Mead und seine Truppe sollte sich der Börsengang von Telefónica als Glückstreffer erweisen. Die Bank hatte in einem wichtigen Geschäft ihre Fähigkeiten unter Beweis stellen können. Mead nahm Europa unter die Lupe – und überall waren ähnliche Situationen festzustellen, wo große Telekommunikationsunternehmen noch in Staatsbesitz waren und die Privatisierung früher oder später anstand. Für Goldman Sachs war es wichtig, solche Deals zu machen – nicht nur wegen der Größe der Transaktionen selber, sondern weil es Geschäfte von hoher Imagebedeutung waren, die andere Aufträge nach sich zogen. Doch wer bei den Megadeals punkten wollte, der benötigte einen langen Atem. Allein sechs Jahre arbeitete Goldman Sachs daran, den Börsengang der Deutschen Telekom anführen zu dürfen. In diesem wie in ähnlichen Fällen ging es darum, den Kunden zäh und beständig von den eigenen Fähigkeiten zu überzeugen. All das war nicht gefragt, als es um die Unterstützung bei dieser Übernahme ging. Mead und Gent kannten sich gut und lange. Das Fundament des Vertrauens zwischen den beiden Männern war gelegt. Und doch bedurfte es noch einer ziemlichen Anstrengung, bis Goldman in der Schlacht an der Seite von Vodafone stand.

DAS TAGEBUCH EINES MEGADEALS

Let's go west!

Scott Mead schaute übermüdet auf die Uhr neben seinem Bett. Es war kurz nach ein Uhr nachts. Und an Schlaf war nicht zu denken in diesen gotterbärmlich frühen Stunden des 1. Januar 1999. Die Zwillinge schrien sich die Seele aus dem Leib. Für den Investmentbanker war es ein hartes Jahr gewesen. Der Boom im Telekommunikationsgeschäft hatte ihm und seinen Kollegen viel abverlangt. Ein paar Tage Ruhe über die Feiertage hinweg hätten da im Prinzip nicht schaden können. Aber Mead wusste schon seit neun Monaten, dass es damit in diesem Jahr nichts werden würde. Am 12. Dezember waren die Zwillinge geboren worden – und daher war an einen ruhigen Nachtschlaf nicht zu denken. Mead kletterte aus dem Bett, um seiner Frau zu helfen, die beiden Schreihälse zu beruhigen. Er setzte sich an seinen Computer, um sich die letzten Wirtschaftsmeldungen anzuschauen. Es war kurz vor 1.30 Uhr, als er auf die Webseite der *New York Times* klickte – und plötzlich hellwach war. Elektrisiert schaute er auf die Schlagzeile: »Bell Atlantic In Talks to Buy Cellular Giant«. Bell Atlantik verhandele darüber, Airtouch zu kaufen. Der Deal könne bis zu 45 Milliarden Dollar kosten und unter Umständen schon am Montag – also schon in drei Tagen – bekannt gegeben werden, schrieb das Blatt und berief sich auf Unternehmenskreise. Mehr musste Mead nicht lesen. Adrenalin schoss in seine Adern. Gut ein halbes Jahr hatten Gent und er selbst um Airtouch geworben. Die Partner waren sich nähergekommen – es sah nicht schlecht aus. Gent und Mead wussten von den Gesprächen mit Bell Atlantic, aber ihnen war nicht klar, wie weit die Verhandlungen dort schon fortgeschritten waren. Und nun nutzten die beiden Unternehmen die ruhige Phase zwischen den Feiertagen offenbar dazu, den Sack zuzumachen. Nicht Airtouch! Verdammt. Das wären schlechte Nachrichten für die Expansionspläne von Vodafone. Mead fluchte unhörbar in sich hinein und griff zum Telefon.

Seit dem Frühjahr 1998 hatten sich Gent und Mead den Markt in den Vereinigten Staaten intensiv angeschaut, nachdem sie sich auf der Klausurtagung in Stonehouse im März zu einem aggressiven Expansionskurs entschlossen hatten. Die beiden Männer bereisten die Ost- und die West-küste, sie trafen sich mit den Vorstandschefs von Bell Atlantic, Raymond Smith, und Bernie Ebbers, dem legendären Chef von Worldcom, und anderen. Ebbers hatte die Gespräche in der ihm eigenen raubeinigen Art geführt – Cowboystiefel auf dem Schreibtisch. Nach dem Ende des Gespräches blieb er mit Scott Mead ein wenig zurück und fragte: »Soll ich die Jungs kaufen – ist das ein guter Deal?« Mead glaubte, nicht richtig zu hören. Wie sollte er die Frage beantworten – schließlich repräsentierte er Vodafone. Doch er wollte Ebbers nicht vor den Kopf stoßen: »Das wäre nicht gut für Ihren Aktienkurs«, erwiderte er diplomatisch. Unten, im Auto, auf dem Weg zum nächsten Termin, berichtete Mead Gent von der kurzen Episode. Beide Männer lachten herzlich. Aber sie wussten: So etwas konnte schnell zur unliebsamen Realität werden. Man hatte sich aus der Deckung getraut. Nun konnten die großen Spieler in diesem Geschäft jederzeit zuschlagen. Gent war gewarnt.

Am Ende der ersten Tour durch die Vereinigten Staaten traf Gent in San Francisco schließlich auch Sam Ginn, den Chairman der Airtouch Communications, Inc. Airtouch, das hatte Gent erfahren, war zu diesem Zeitpunkt schon in ersten lockeren Gesprächen mit Bell Atlantic über eine mögliche Übernahme. Die beiden Unternehmen waren sich nicht zuletzt durch Kooperationen nähergekommen. Wegen der Diskussionen zwischen Airtouch und Bell Atlantic und der Gerüchte um eine möglicherweise bevorstehende Fusion der beiden fühlten sich Gent und Mead unter einem gewissen Zeitdruck, Ginn schnell den ersten Besuch abzustatten. Hier bot sich unter Umständen eine konkrete Gelegenheit, die sich Gent nicht entgehen lassen wollte. Er war in eine der typischen opportunistischen Situationen geraten, wie sie sich im M&A-Geschäft so häufig antreffen lassen: Weil zwei Marktteilnehmer miteinander sprechen, werden auch andere Vertreter der Branche zu Gesprächen gezwungen. Airtouch war in diesem Sinne ein klassischer Fall. Die Firma in San Francisco war für Gent nicht nur wegen des Geschäftes in Amerika interessant – sie machte aus der Sicht von Vodafone vor allem wegen der Beteiligungen in Europa Sinn, darunter einer am Rivalen D2-Mannesmann in Düsseldorf.

In seinen Gesprächen verfolgte Gent immer zwei Ziele parallel: den

Einstieg in das amerikanische Geschäft und die Übernahme der europäischen Mobilfunkaktivitäten der US-Firmen, mit deren Vertretern er sich traf. Die Maximallösung lautete: Zusammenschluss oder Übernahme der US-Adresse. Die Minimallösung: Übernahme der europäischen Geschäfte. In diesem Sinne sprach Gent mit Ebbers von Worldcom, mit Ginn von Airtouch und auch mit Raymond Smith von Bell Atlantic, der das Kommando im Winter in die Hände seines Nachfolgers Ivan Seidenberg legen sollte. Gent wusste um die Gespräche zwischen Smith und Ginn. Sein Ziel: Wenn er schon nicht mit Airtouch ins Gespräch kommen könne, weil Bell Atlantic die besseren Karten – sprich: die tieferen Taschen – habe, dann wollte er doch zumindest nach einer Fusion der beiden deren kombinierten europäischen Aktivitäten übernehmen. Nach dem Ende der ersten Erkundungsrunde in den USA stand für Gent fest: Unter allen Optionen sagte ihm ein Zusammenschluss mit Airtouch am meisten zu. »Es war unsere Einschätzung, dass man durch die Akquisition von Airtouch auch im europäischen Spiel gewinnen würde. Nicht nur wegen der Größe alleine, die man dann zusammen mit Airtouch erreichte, sondern weil man potenziellen Partnern in Europa dann auch Zugang zum amerikanischen Geschäft bieten könnte«, meinte Mead. Zurück in Newbury, berichtete Gent seinem Vorstand und Verwaltungsrat von den Gesprächen in Amerika. Die Kollegen waren nicht begeistert von der Perspektive, ins US-Mobilfunkgeschäft einzusteigen: Niedrige Margen, technischer Rückstand und ein von zu vielen Anbietern zerfaserter Markt lockten nicht gerade. All das sprach vielmehr für hohe Investitionen und geringe Margen. In diesem Punkt waren Gent und Esser zum gleichen Schluss gekommen. Aber die Männer aus Newbury waren weiterhin scharf auf die europäischen Beteiligungen von Airtouch. Also blieb Gent am Ball. Airtouch war für ihn so wichtig, weil er durch einen Zusammenschluss Mannesmann in den Schwitzkasten nehmen konnte.

Schon im Juli 1998 brach der Vodafone-Chef daher wieder zu Gesprächen mit Ginn an die Westküste auf. Der Vorstandschef von Airtouch glaubte, es sei gut für die eigenen Aktionäre, mehr als eine Option im Köcher zu haben. Denn im Sommer 1998 wurde es immer deutlicher, dass Airtouch bald einen neuen Eigentümer haben werde. Das Vodafone-Team nutzte die ruhige Sommerzeit, Airtouch und die Lage am amerikanischen

Markt genau zu analysieren. Gent und Mead dachten unter anderem über Finanzierungsmöglichkeiten nach. Sie klärten zum Beispiel die Frage, ob ein reiner, ausschließlich durch Aktientausch finanzierter Deal machbar sei. Mead glaubte, die Märkte würden die Strategie des reinrassigen Mobilfunkanbieters mit globalen Wachstumsambitionen akzeptieren, und vertrat daher die Auffassung, dass eine reine Aktienfinanzierung möglich sein müsse. Chris Gent sah das auch so. Für beide Männer war Airtouch die Feuerprobe für ihre Theorie der Finanz-Alchemie: Aus eins und eins konnte mehr als zwei werden – deutlich mehr. Schon bei der zweiten Reise nach Amerika fuhr Gent mit einem gewissen Rückenwind der Märkte, denn der Kurs der Vodafone-Aktie hatte sich spürbar erhöht. Das war kein Zufall, weil Gent, Mead und die Berater von Goldman nach dem Beschluss im März, zu den Jägern auf dem Markt der mobilen Telekommunikation zu gehören, keine Zeit verloren hatten, Analysten und Investoren von dieser Strategie in Kenntnis zu setzen. Der Markt glaubte offenbar an den Plan von Gent und kaufte. Durch den Zusammenschluss mit Airtouch wollte Gent die alchemistische Wertschöpfung in neue Dimensionen heben. »Diese Strategie, so dachten wir, wenden wir mehrfach an und haben dann genug Aktienwert im Rücken, um den ganz großen Deal zu landen. Außerdem würde durch diese Strategie die Attraktivität von Vodafone selber steigen, was wichtig war, weil man den Investoren eines Zielunternehmens ja Vodafone-Aktien als Tausch anbieten würde. Daher war es wichtig, dass auch die Vodafone-Aktie selbst als ein begehrtes, attraktives Geschäftsmodell angesehen wurde«, schilderte Mead die Strategie.

Bei seinen Gesprächen mit Ginn hatte Gent diese Strategie stets im Hinterkopf. Vordergründig aber wollten sich beide Männer erst einmal besser kennen lernen. So etwas, so befanden beide, ging nicht gut in der Atmosphäre einer Vorstandsetage. Ginn lud Gent daher zu einem Sommercamp der besonderen Sorte ein – ins »Bohemian Grove«. Die Einladung sollte Gent eine besondere Wertschätzung signalisieren. Denn das »Bohemian Grove« ist nicht irgendein Sommercamp – es ist die elitärste Versammlung einflussreicher Männer aus Politik, Wirtschaft, Kultur und Wissenschaft, die Amerika, ja vielleicht die Welt zu bieten hat. Jedes Jahr im Juli und August treffen sich 2000 bis 3000 der Mächtigen und Ein-

flussreichen in einem 1100 Hektar großen Wald- und Seengebiet 110 Kilometer nördlich von San Francisco. Die Zusammenkunft hat Tradition –
seit 1880. Seither treffen sich dort die Kissingers und die Bushs, Indus-
triegrößen und Künstler, um über Weltpolitik und die amerikanische
Rolle darin, um über Geschäftliches und die amerikanische Rolle dabei zu
sprechen. Die Männer, die sonst nur in Luxushotels logieren, übernach-
ten in einfachen Holzhütten, hocken um Lagerfeuer herum, essen, trin-
ken und diskutieren. Der Club ist so traditionsbewusst wie politisch un-
korrekt. Zugelassen sind nur Männer – zu mehr als 90 Prozent sind die
Mitglieder weiße Männer. Frauen hat man mehr oder weniger zähne-
knirschend als Servierkräfte zugelassen, nachdem Gerichte das vorge-
schrieben hatten. Die vorherrschende politische Denkrichtung – es verwundert kaum: konservativ. Gent, der konservative, aber liberale Brite
schaute sich die Szenerie mit einer Mischung aus Verwunderung und
Amüsement an. Clint Eastwood und George Shultz agierten auf der Wald-
bühne, Regisseur Francis Ford Coppola sprach über »Zwei Republiken:
das alte Rom und Amerika«, und Ex-Außenminister James Baker dozierte
über die Wichtigkeit amerikanischer Führung in der Welt. In England
nannte man so etwas milde exzentrisch und meint doch: verrückt. Gent
und Ginn sprachen nicht über die möglichen gemeinsamen Pläne – man
war schließlich nicht unter sich. Aber man lernte sich kennen und wusste,
was man voneinander zu halten hatte. In den kommenden Monaten
würde das von ausschlaggebender Bedeutung sein können.

Im September setzte Gent das Thema Airtouch wieder auf die Tagesordnung von Vorstand und Verwaltungsrat. Nach den langen Monaten
der Diskussion, der Vorbereitung und der ersten Sondierungen war sich
das Gremium schnell einig: Man wollte versuchen, Airtouch zu übernehmen und die beiden Unternehmen zu fusionieren. Im Herbst entwickelte
sich eine regelrechte Pendeldiplomatie zwischen Vodafone und Airtouch,
zwischen den Bankern der beiden Unternehmen und vor allem zwischen
Chris Gent und Sam Ginn. Gent versuchte auch in diesem Fall, Konsens
herzustellen. Dazu war es wichtig, dass man die möglichen Partner in
einem Deal gut kannte. Das Letzte, was Chris Gent wollte, waren feindliche Übernahmen. Als der Herbst langsam in den Winter überging, war
im Hauptquartier von Airtouch klar, dass eine Übernahme eher früher als

später erfolgen werde. Es entsponnen sich lebhafte Dreiecksgespräche zwischen Airtouch, Vodafone und Bell Atlantic. Mead und seine Leute hatten zu diesem Zeitpunkt schon verschiedene Analysen entworfen und diskutierten diese mit den Beratern von Airtouch. Mead hatte aus diesem Grund einen diskreten Kommunikationskanal zu Paul Taubman eröffnet. Er war der Banker von Morgan Stanley, der für Airtouch arbeitete. Die beiden bereiteten sich auf eine mögliche heiße Phase eines Deals vor.

Besonders in solchen heißen Phasen ist es wichtig, dass die Banker der beteiligten Parteien vertrauensvoll miteinander sprechen können. Die Rolle der Investmentbanker in den friedlichen Deals, besonders aber in den feindlichen Schlachten, kommt der von Diplomaten in Krisenzeiten gleich. Staaten können Meinungsverschiedenheiten miteinander austragen, sogar im Krieg stehen. Aber sie benötigen immer die Diplomaten, die jenseits von Scharmützeln und Pulverdampf die Kommunikation aufrechterhalten. An den Finanzmärkten verhält es sich nicht anders. Ob in friedlichen Zusammenschlüssen oder erst recht in feindlichen Übernahmen – die Vorstandschefs auf beiden Seiten eines Geschäftes benötigen ihre Diplomaten, die Investmentbanker, welche der anderen Seite all jene Fragen stellen, Vorstellungen formulieren, Ideen diskutieren, mit denen die Chefs sich selber nicht vorwagen können oder wollen. Zu sehr könnte sich ein Konzernlenker festlegen oder seine Karten im großen Pokerspiel offenlegen. Die Banker sind in diesen Situationen die verschwiegenen Emissäre, die im Interesse und im Auftrag ihrer Kunden das Terrain des Möglichen sondieren. Mead und Taubman versuchten zunächst festzustellen, wo die möglichen Stolpersteine bei einem Deal zwischen Vodafone und Airtouch liegen könnten, welche potenziellen Probleme zu berücksichtigen wären. Die Gespräche mit Taubman begannen etwa drei Monate vor dem eigentlichen Deal mit Airtouch.

Parallel besprachen Gent und Ginn den möglichen Zusammenschluss. Für Ginn machte der Plan Sinn, weil sich in einer Fusion mit Vodafone das Wachstum seines Unternehmens fortsetzen würde. Da die Aktionäre – darunter auch Ginn selber – mit Aktien des übernehmenden Unternehmens bezahlt würden, war der Blick in die Zukunft für die Beurteilung des eigenen finanziellen Wohlergehens von entscheidender Bedeutung.

Weniger gut kamen die beiden Männer bei der nicht minder wichtigen Frage der Personalien zurecht. Wer würde was machen? Gent und Ginn waren schnell einig, wie die Rollen zwischen ihnen zu verteilen wären. Ginn würde Verwaltungsratsvorsitzender der fusionierten Gesellschaft sein und Gent deren Vorstandschef. Nicht einigen konnten sich die beiden über die künftige Rolle von Arun Sarin, der bei Airtouch als CEO das Tagesgeschäft führte. Ginn wollte Sarin als Chief Operating Officer installieren, doch Gent witterte, dass Airtouch damit zu viel Einfluss in der neuen Gesellschaft zukommen würde. Er wiegelte freundlich-britisch ab. An diesem Punkt kam man nicht weiter, wie er sich erinnerte.

Gent nahm es gelassen. Der Markt hatte begonnen, sein eigenes Urteil zu fällen – Vodafone war an der Börse mittlerweile mehr wert als Airtouch. Der Zwerg aus Newbury hatte sich zu einer ernst zu nehmenden Größe entwickelt. Das hatten auch die Konkurrenten aus Düsseldorf registriert. Im Dezember meldete sich Klaus Esser bei Gent und schlug vor, sich zu einem Mittagessen zu treffen. Man müsse sich doch endlich einmal kennen lernen. Die beiden einigten sich auf den 15. Januar 1999 in London. Gent konnte zufrieden sein. Er mahnte sich und seine Berater zu Geduld. »Wir sind attraktiv. Wir können warten.« Die Leute von Goldman Sachs hörten sich im Markt um und bestätigten Gents Gelassenheit. Der Markt mochte den Plan des Zusammenschlusses zwischen den beiden Firmen. Zusammen sei man besser positioniert als Airtouch und Bell Atlantic. Die Märkte attestierten dem britisch-amerikanischen Zusammenschluss die höheren Wachstumsraten. Doch trotz all dieser Unterstützung wusste Gent, dass Bell Atlantic nicht zu unterschätzen war. Gleichwohl wollte er abwarten. Er informierte seinen Verwaltungsrat darüber, dass man sich auf eine schnelle Entscheidung vorbereiten müsse. Der Dezember neigte sich den Feiertagen zu. Mehr konnte Gent nun nicht tun. Und so brach er nach Australien und Neuseeland auf, um dort das Geschäft von Vodafone zu inspizieren. Am Neujahrstag – so nahm er sich vor – wollte er seiner alten Leidenschaft, dem Cricket, frönen und sich in Melbourne den ewigen Klassiker Australien–England anschauen; dort würde er auch seinen Chairman Ian MacLaurin treffen, der zugleich Vorsitzender des britischen Cricketbundes war. Die Reise hatte etwas von einem Familienausflug der Extraklasse. Gent und seine Lebensgefährtin

Kate wollten sich ein paar Tage der Entspannung gönnen. Die jüngste Tochter aus erster Ehe war mit dabei. Alles sah so aus, als sollten die Pläne von Gent aufgehen. Bis zum Neujahrstag 1999.

Unter einem perfekt blauen Himmel in Melbourne verfolgten Gent und MacLaurin gerade ein zunehmend spannendes Cricketmatch, als Scott Mead mitten in der Nacht im stürmisch-regnerischen London zum Telefon griff. Aus dem Arbeitszimmer seines Hauses im Nobelviertel Notting Hill wählte er die Nummer von Taubmans Handy. Jetzt musste sich zeigen, ob die Gespräche in den vergangenen Monaten die nun notwendige Vertrauensbasis gelegt hatten. Taubman meldete sich, Mead räusperte sich. Früher Abend in New York. Noch zu früh für gute Wünsche zum neuen Jahr. Beide sparten sich den Smalltalk. Mead fragte, ob Taubman schon vom Artikel der *New York Times* gehörte habe. Natürlich hatte er – aber er könne das nicht kommentieren. Auch eine Form der Bestätigung. Mead machte noch einmal klar, wie sehr Vodafone an Airtouch interessiert war. Taubman nahm es zur Kenntnis und ließ Mead nur dies wissen: »Eine Sitzung des Aufsichtsrates von Airtouch steht unmittelbar bevor.« Taubman ließ noch den Hinweis fallen, dass die Sitzung an diesem Sonntag in San Francisco stattfinden werde. Mehr musste Mead nicht wissen. Die Story stimmte. Ein konkretes Angebot von Bell Atlantic lag auf dem Tisch. Nun galt es, ziemlich schnell zu handeln. Mead wählte die Nummer von Gents Handy.

Auf der anderen Seite der Welt wurde es gerade richtig spannend. Gent und MacLaurin hatten schon so manches Match gesehen – aber das hier war wirklich Extraklasse. Gents Handy signalisierte vibrierend eine ungebetene Störung. Der Vodafone-Chef nahm das Gespräch an. In Gesprächslaune war er nicht. »Chris, die *New York Times* schreibt, der Deal zwischen Airtouch und Bell Atlantic stehe unmittelbar bevor.« Mead sparte sich alle Höflichkeitsfloskeln. »Wir müssen schnell reagieren, oder wir können diese Gelegenheit abhaken.« Gent: »Wir haben hier gerade einen wichtigen Spielzug. Ich rufe gleich zurück.« Mead traute seinen Ohren nicht. »Ähmm, das könnte wichtig sein«, schob er noch hinterher. »Mag ja sein, aber ich kann jetzt nicht«, zischte Gent zurück. »Ich melde mich in fünf Minuten.« Es dauerte in der Tat nicht viel länger, bis Gent sich meldete. Im Hintergrund war das Klatschen des Publikums zu hören.

»So, was ist los?« Gent war offenbar immer noch nicht in Gesprächslaune. »Habe ich Ihre ungeteilte Aufmerksamkeit?«, fragte Mead. »Ja.« Mead schilderte die Situation. »Wenn wir mithalten wollen, dann müssen wir für Airtouch in der Größenordnung von etwa 60 Milliarden Dollar bieten. Der Aufsichtsrat von Airtouch wird sich am Sonntag treffen, um über die Offerte von Bell Atlantic zu beraten. Wir müssen uns sehr beeilen. Ich rate Ihnen: Let's move, let's do it!« Gent wollte wissen, warum man nun schnell handeln müsse. Der Banker erklärte, dass das Angebot von Bell Atlantic mit Sicherheit eine so genannte Breakup-Fee beinhalte – eine Gebühr, die es anderen Unternehmen schwerer machen sollte, später in die Verhandlungen einzusteigen und Bell Atlantic zu überbieten. Gent bat Mead um einen Augenblick Geduld. Er beendete das Gespräch mit dem Banker nicht einmal, während er die neue Lage mit seinem Chairman MacLaurin am Rande des Cricketfeldes besprach. Die beiden Männer benötigten weniger als fünf Minuten. Dann war Gent wieder am Telefon und sagte zu Mead: »Wir machen das. Let's go for it!«

Die nächsten 48 Stunden waren für Gent, Mead und die Teams von Goldman Sachs und Vodafone ein Rennen gegen die Zeit. Es galt, Ginn und dem Verwaltungsrat von Airtouch ein alternatives Angebot vorzulegen, am besten noch bevor die Sitzung begann. Es wurde eine wahrlich interkontinentale Teamarbeit: Mead und die Banker in London und in den Vereinigten Staaten, das Vodafone-Team in Newbury und Gent in Australien. Der Vodafone-Chef koordinierte das Unterfangen von seinem Hotelzimmer aus – genauer: aus dem zu seinem Zimmer gehörenden Badezimmer. Gent hatte in Melbourne keine Suite mit mehreren Zimmern gebucht, sondern nur einen besonders großen Raum, in dem er, Freundin Kate und Tochter Clarina schliefen. Niemand hatte damit gerechnet, dass diese Örtlichkeit nun zur Übernahmezentrale werden würde. Gent, ganz Pragmatiker, zog sich also mit Mobiltelefon, mehreren Batterien, einem Ladegerät und einem Schreibblock ins Bad zurück, um den Schlaf der anderen nicht zu stören. Die Telefonkonferenzen und Besprechungen zogen sich die ganze Nacht hin. Zwischen London, Newbury und Melbourne wurde am Entwurf eines Angebotes für die Übernahme von Airtouch gearbeitet. Als Gent sich gegen sechs Uhr am Morgen aus dem Bad schlich, saßen Kate und Clarina auf dem Bett und tranken Tee. »Wenn du glaubst,

dass wir dich nicht gehört haben die ganze Nacht, dann irrst du dich.«
Und dann lachten alle drei herzlich.

Die schlaflose Nacht für Kate, Clarina und all die anderen sollte sich lohnen. Die ganze Arbeit der letzten 48 Stunden kondensierte am Ende in einem Brief, den das Team in die laufende Sitzung des Aufsichtsrates von Airtouch faxte. Es enthielt eine Absichtserklärung: Vodafone sei daran interessiert, Airtouch zu übernehmen. Details fehlten noch. Der Aufsichtsrat von Airtouch lehnte sich zurück: »Wir müssen uns das ernsthaft anschauen, das schulden wir unseren Aktionären.« Und dann forderte man Vodafone auf, Klartext zu sprechen: »Wie viel?« Und: »Wie? Cash oder Aktien?« Man gab Vodafone Zeit bis zum 5. Januar. Das Team hatte seinen ersten kleinen Etappensieg erzielt. Bell Atlantic hatte keinen Durchmarsch hinlegen können. Man war »im Deal«, konnte gleichberechtigt verhandeln. Vodafone nutzte seine Chance. Gent bot Vodafone-Aktien und Cash im Gegenwert von 62 Milliarden Dollar an. Das war ein Wort. Bell Atlantic hatte 45 Milliarden Dollar geboten. Die Offerte aus Newbury hatte den Telekom-Riesen auf dem falschen Fuß erwischt. Doch die Schlacht war mit dem Angebot vom 5. Januar nicht gewonnen. Nun kam es darauf an, dass die Hauptakquisitionswährung, die Aktie, nicht an Wert verlor. Die öffentliche Vermarktung dieses Deals war daher sehr wichtig. Das Team um Gent und Mead sprach mit Aktionären und konnte sie von der Strategie von Vodafone überzeugen. Der Markt glaubte der Truppe aus Newbury. Wann immer Gerüchte die Runde machten, Bell Atlantic werde gewinnen, fielen die Aktien von Airtouch und die von Bell Atlantic. Wenn Vodafone im Gerüchtewettstreit vorne lag, dann stiegen die Airtouch-Aktie und das Papier von Vodafone. Der Markt hatte das britische Angebot also »gekauft«. Er glaubte mehr an die langfristigen Chancen aus diesem Angebot als aus dem von Bell Atlantic. Das Rezept der Alchemisten ging auf: Eins plus eins konnte fünf sein. Zumindest an den Finanzmärkten.

Doch Bell Atlantic gab nicht auf. Zehn Tage mussten Gent und Mead warten bis zu jenem Freitag, dem 15. Januar 1999. Es war dunkel geworden in London, und Chris Gent saß im zehnten Stock in einem schmucklosen Besprechungsraum bei Goldman Sachs in Londons Fleet Street. Die Verhandlungen mit Airtouch waren weit vorangeschritten. Es ging nun schon um Details. Das Management von Airtouch war im Hauptquartier des Unternehmens in San Francisco zusammengekommen. Beide Seiten waren über Videokonferenz zusammengeschaltet. Parallel beriet der Aufsichtsrat von Airtouch, der am Freitagmorgen kalifornischer Zeit zusammengekommen war. Nach der entscheidenden Sitzung des Aufsichtsrates erhielt Chris Gent dann den bestätigenden Anruf von Sam Ginn: »Gratuliere, wir haben Ihr Angebot angenommen.« Ginn hätte sich auch selber gratulieren können. Er persönlich verdiente an dem Geschäft 150 Millionen Dollar.

Es war spät geworden in London an der Fleet Street. Doch die Stimmung war ausgelassen, und das Dinner, zu dem Gent und die Männer von Goldman Sachs anschließend aufbrachen, zog sich hin. Zeit für ein erstes Fazit: Während Weinflaschen kreisten, erinnerten sich die Banker noch einmal daran, wie man in den verrückten 48 Stunden rund um den Neujahrstag den Gegenschlag organisiert hatte. Selbst die sonst schwer zu beeindruckenden Goldmänner zollten der Leistung von Gent und MacLaurin Respekt. Sie hatten den größten transatlantischen Deal bisher vom Rande eines Cricketfeldes und aus einem Badezimmer heraus organisiert. Chapeau! »Das war eine Leistung, die unter sehr großem Zeitdruck zustande kam. Es war, wenn man so will, die Generalprobe für Mannesmann. Als der Mannesmann-Deal kam, waren wir als Team – also Vodafone und die Banken – vorbereitet. Wir hatten vieles davon schon erlebt. Wir waren als Team eingespielt. Airtouch war das Halbfinale von Wimbledon und Mannesmann dann das Finale«, sagte Mead später.

Was hatte das Team aus diesem Deal mit Airtouch gelernt? Erstens: Die Theorie war aufgegangen, mit Deals, für die man mit Aktien bezahlte, Wert zu steigern. Zweitens: Es war von großer Bedeutung, die Aktionäre, die Märkte und die Öffentlichkeit über bestimmte Journalisten zu »managen«. Der übermäßige Aufwand an Kommunikation mit ihnen war wichtig und kritisch für den Erfolg. Damit die 1+1=5-Strategie aufgehen konnte, musste man die angesehenen Finanzjournalisten auf seine Seite ziehen – die Leute der Lex-Kolumne der *Financial Times*, des *Wall Street Journal*, der *New York Times*. Wenn die Journalisten positiv über den Deal und die Strategie berichteten, dann kauften es auch die Investoren. Drittens, so sagte Mead: »Glaube nie, dass etwas zu Ende ist. Akzeptiere nie, dass ein Deal zusammengebrochen ist oder irgendjemand anders ihn dir weggeschnappt hat. Akzeptiere es nie, nie, nie: Es gibt immer einen Weg, einen Deal wiederzubeleben, wenn man nur kreativ genug ist.« Viertens, so Mead: »Überinvestiere in die Kommunikation mit den Leuten, mit denen man später einen Deal machen will. Man muss sicherstellen, dass es gute Kommunikationskanäle auf allen Ebenen bei den Banken und in den Unternehmen gibt. Ohne diese vier Faktoren hätte Vodafone Airtouch nie übernehmen können.«

In New York waren die Lenker von Bell Atlantic zu diesem Zeitpunkt alles andere als in Feierstimmung. Durch den Zusammenschluss hätte man den größten amerikanischen Mobilfunkanbieter erschaffen können, der zugleich auch über Geschäfte in Europa verfügte. Ein schöner Plan. Sie konnten es nicht glauben. Ihnen war Airtouch für die Kleinigkeit von 62 Milliarden Dollar vor der Nase weggeschnappt worden – und das auch noch von einem kleinen, unscheinbaren Mobilfunkanbieter aus England namens Vodafone.

Doch für Gent war dies nur der erste Streich. Es war der erste Schritt auf dem Weg zur globalen Marktführerschaft. Dieser Weg würde auch über Düsseldorf führen.

Schattenboxen

D er Pilot war die Ruhe selber. Von den beiden Passagieren konnte man das nicht behaupten. Die kleine Cessna Citation schaukelte sich für ihr Gefühl bedenklich wackelig durch die Windböen. Klaus Esser und Kurt Kinzius schauten dem Piloten von hinten bei der Arbeit zu – doch das machte die Sache für sie nicht besser. Die Maschine hatte mit dem Endanflug auf den City Airport in London begonnen. Der kleine Flugplatz in den Docklands im Osten von London bot sich für die Reise an, weil Privatmaschinen schnell und unproblematisch landen können – viel einfacher als auf den großen Airports der britischen Metropole. Doch der Landeanflug auf die im Wasser liegende kurze Landebahn war vor allem bei windigem Wetter eine zumindest optisch brenzlige Sache. Der Pilot stellte die Maschine quer gegen die Anflugrichtung und flog die Bahn zugleich parallel versetzt an. Diese Position hielt er bis kurz vor der Landung bei. Esser und Kinzius sahen nur noch Wasser auf sich zukommen. Erst im letzten Moment stellte der Pilot die Maschine gerade und ließ sich vom Wind auf die Bahn drücken. Die Landung erfolgte mit einem harten Schlag. Esser und Kinzius sahen sich kurz an. War das ein schlechtes Omen für das, was bevorstand, oder einfach nur schlichter Zufall?

Die beiden hatten sich an diesem 15. Januar 1999 auf den Weg nach London gemacht, um sich dort – wie im Dezember verabredet – mit Chris Gent und Julian Horn-Smith zum Lunch zu treffen. Man hatte ausgemacht, das Mittagessen im Edelrestaurant »Le Pont de la Tour« an der Tower Bridge einzunehmen. Die Küche servierte hoch gelobtes französisches Essen, und der private Speiseraum für besondere Gäste sorgte für die notwendige Abgeschiedenheit, auf die alle vier Manager Wert legten. Treffen wie diese – beobachtet von Investmentbankern oder Journalisten – konnten schnell zu unliebsamen Gerüchten führen. Doch auf dem Menü der Gruppe stand an diesem Tag nichts weiter als gegenseitiges Kennenlernen. So war es jedenfalls vereinbart worden, als man sich im Dezember verabredet hatte. »Wir beackern die größten Märkte in Europa – da sollte man sich kennen«, hatte Esser vorgeschlagen. Doch nun, im Licht der jüngsten Entwicklungen und besonders an diesem Tag, hatten sich die Gewichte und Prioritäten verschoben. An diesem Freitag sollte sich entscheiden, ob Chris Gent mit seinem ersten großen Übernahmeversuch erfolgreich sein sollte oder nicht. Am späten Nachmittag und Abend würden weitere transatlantische Verhandlungen anstehen. Gents Gedanken kreisten mehr um diese Gespräche als um die Unterhaltung mit den beiden Herren aus Düsseldorf. Aber die waren ebenfalls sehr an dem Ausgang des Deals interessiert.

Esser war schon seit 1996 mit Airtouch in Gesprächen über ein gemeinsames Geschäft gewesen. Damals hatte sich Mannesmann mit zehn Prozent am Kapital von Airtouch beteiligen wollen. Sam Ginn und er kannten sich gut und schätzten sich. Doch Essers Angebot, das europäische Geschäft von Airtouch und Mannesmann zusammenzulegen, hatte Ginn nicht überzeugt. Essers Offerte spielte im Vergleich zur Fusion mit Bell Atlantic oder Vodafone eindeutig die zweite Geige. In dieser Liga konnte Esser wiederum nicht mitspielen – obwohl er es gerne getan hätte. Esser fehlten für eine Übernahme à la Vodafone die notwendigen Mittel. Die Mannesmann-Aktie war nicht in den Vereinigten Staaten gelistet und konnte daher nicht als Tauschwährung angeboten werden; für eine Cash-Übernahme war Airtouch aber eindeutig zu teuer. Esser und Kinzius bereuten in diesen Wochen, dass die Mannesmann-Aktie nicht schon in New York gehandelt wurde. Sie hatten die Vorarbeiten hinter den Kulissen dazu bereits in Gang gesetzt. Albert Weismüller arbeitete daran, das gesamte Rechnungswesen von Mannesmann auf die von den Amerikanern geforderte US-Bilanzierung umzustellen. Doch das konnte nicht von heute auf morgen über die Bühne gehen. Also plante Esser die Umstellung für das Jahr 2000 ein. Intern machte er Druck, damit die Arbeiten so schnell wie möglich abgeschlossen würden. Noch eine Gelegenheit wie die von Airtouch wollte er sich nicht entgehen lassen.

Beim Mittagessen der vier Manager stand die Übernahme von Airtouch zunächst im Mittelpunkt. Gent konnte zwar nicht offen darüber sprechen, gleichwohl wurde klar, dass Vodafone die Sache im Griff hatte. Für Esser war dies kein guter Deal – nicht nur, weil er nicht zum Zuge gekommen war, sondern weil Gent dadurch Zugriff auf die bisher durch

Airtouch gehaltene Beteiligung von 35 Prozent an D2 erhalten würde. Und so diente das Mittagessen auf einmal dazu, die Territorien abzustecken. Ihrer Erinnerung nach machten Esser und Kinzius klar, dass sie auch in England ihre Geschäfte machen wollten. Ihr Vorschlag: Gent solle Mannesmann eine Beteiligung an Vodafone England einräumen, nachdem Vodafone über Airtouch an D2 beteiligt sein werde. »Es wäre eine klassische Überkreuzbeteiligung«, sagte der Mannesmann-Chef und griff auf die den Statuts quo verteidigenden Denkstrukturen der Deutschland AG zurück. Julian Horn-Smith antwortete: »Das ist keine völlig stupide Idee.« Wollte Horn-Smith witzig sein? Esser war sich nicht sicher, ob er richtig verstanden worden war. Er legte nach: »Ansonsten müssten wir uns nach Akquisitionsmöglichkeiten unter den anderen Mobilfunkanbietern in England umschauen. Wir können nicht auf unseren Händen sitzen.« Gent entgegnete: »Das verstehe ich, aber für meine Aktionäre ist das kein guter Deal, Ihnen etwas zu verkaufen. Das geht nur, wenn Vodafone mehr Anteile an D2 bekommen kann.« Das war für Esser natürlich keine Option. Kinzius machte noch einmal deutlich, dass diese Haltung für Mannesmann auf Dauer nicht hinnehmbar war. Doch Gent wollte sich nicht festlegen lassen. Er hatte einen Deal mit den Deutschen nicht nötig – zumindest dann nicht, wenn die Übernahme von Airtouch gelingen sollte. Er würde nichts tun, um deren Position zu stärken, denn schließlich war Mannesmann – ohne dass er das zu erkennen gab – der nächste Übernahmekandidat. Gent hatte den Plan gefasst, sich den deutschen Konzern Ende des Jahres 2000 einzuverleiben. Bis zu diesem Zeitpunkt, so sein Kalkül, wäre die Integration von Airtouch abgeschlossen. Zudem musste Gent mit Bell Atlantic zu einer Einigung über das US-Geschäft kommen – das würde Zeit und Kraft kosten. Für die Übernahme von Mannesmann musste er sich auch deshalb viel Zeit nehmen, weil er die Düsseldorfer erst besser kennen lernen wollte.

Nach der Begegnung im »Pont de la Tour«, die bei gutem Essen freundlich im Ton, aber hart in der Sache verlaufen war, ahnten Esser und Kinzius, dass mit Gent auf Dauer keine friedliche Koexistenz möglich war. Darüber konnte auch seine freundliche britische Art nicht hinwegtäuschen. Gent verfolgte mit seinem reinrassigen Mobilfunkgeschäft eine andere Strategie als Esser, der Mobil- und Festnetz verband. Beide wollten die Vorherrschaft in Europa erobern. Das konnte nicht lange gut gehen. Esser war optimistisch: »Gut, wir haben uns heute nicht einigen können. Aber das bekommen wir hin.« Kinzius sah es nüchterner: »Nun wissen wir, wie der Feind aussieht und wo er steht.« Die Stimmung auf dem Rückweg war ernst, aber nicht hoffnungslos. Die beiden Manager ahnten, dass es über kurz oder lang zu einem Kampf mit Gent kommen werde. Aber sie waren zuversichtlich, gut gerüstet in diesen Kampf zu ziehen. Bei der Analyse der Situation schaute Esser zunächst auf Vodafone. Der Mann aus Düsseldorf glaubte, dass sich Vodafone durch den Kauf von Airtouch möglicherweise mindestens so viele Probleme einhandeln könne wie Chancen. In Europa komme Gent, so die Analyse, zwar etwas, aber nicht richtig voran. Er hatte dort zwar Minderheitsbeteiligungen an kräftigen Unternehmen, aber nirgendwo die Kontrolle. Ärgerlich war vor allem die Beteiligung an Mannesmann und E-Plus in Deutschland, welches ein direkter Wettbewerber war. In Amerika musste Gent eine Lösung mit Bell Atlantic suchen, denn erstens betrieben beide Unernehmen dort gemeinschaftliche Projekte. Und zweitens machte der Kauf in Amerika erst Sinn, wenn Airtouch aus seiner regionalen Nische in Kalifornien herauskommen konnte. Der Markt in Amerika war zersplittert – das drückte auf die Gewinne und wurde von den Kunden zunehmend kritisiert. Der nationalweite Ausbau des Netzes hätte Gent Milliarden Dollar gekostet – Geld, das er nicht hatte und auch nicht aufbringen konnte. Also musste er die Kooperation mit einem anderen Anbieter suchen – und da kam nur Bell Atlantic in Frage. Gerade mit Ivan Seidenberg, dem bei diesem Übernahmekampf geschlagenen Chef von Bell Atlantic, würde eine Vereinbarung aber nur zäh zu verhandeln sein. Auch Essers Ohr hatte das Gerücht erreicht, dass Seidenberg daran liege, Gent für die Niederlage bei Airtouch büßen zu lassen. Esser war darüber alles andere als unglücklich. Und in der Tat sollten neun Monate ins Land gehen, bis sich Bell Atlantic und Vodafone über die Zusammenlegung ihres amerikanischen Mobilfunkgeschäftes geeinigt hatten. Dann aber entstand mit Verizon, so der Name des neuen Gemeinschaftsunternehmens, der neue US-Marktführer für Mobiltelefonie.

Auch der Blick auf die eigene Situation machte Esser Mut. In Deutschland waren sie natürlicherweise gut positioniert. In Italien verhandelten sie noch hinter den Kulissen über die Übernahme der Mehrheit am Mobilfunkbetreiber Omnitel und am Festnetzanbieter Infostrada für fast acht Milliarden Euro. Im Februar würde die Transaktion im Zusammenhang mit dem Angriff von Olivetti auf Telecom Italia bekannt. Ein echter Coup. In Frankreich gehörten ihnen 15 Prozent am Mobilfunker Cegetel. Esser hatte zudem erste Gespräche mit Li Ka-shing, dem Multimilliardär aus Hongkong, über dessen Anteile am Mobilfunkunternehmen Orange in England geführt. Bisher zwar ohne Erfolg, aber die Türen waren nicht endgültig zugeschlagen. Mannesmann jagte so vielen vielversprechenden Chancen hinterher, dass Esser sich zuweilen fragte: »Wie wollen wir das finanzieren, wenn alle Gespräche zum Ziel führen?« Für eine Übernahme von Orange, so schätzte Esser, würde mindestens noch einmal so viel wie bei Omnitel und Infostrada fällig werden. Die Finanzkraft des Konzerns war angespannt, die Kreditlinien bei den großen deutschen Banken waren ausgereizt. Das Bankensystem in Deutschland tat sich schwer. Nicht, weil es Esser nicht vertraut hätte – im Gegenteil. Jede der großen Banken sagte: »Wir machen bis drei Milliarden mit.« Das war schon ein Wort für ein Einzelengagement. Mehr war daher nicht drin. Das Kreditsystem der deutschen Banken stieß bei solch großen Summen an seine Grenzen. Esser hatte also alle Hände voll zu tun, seine Finanzierung für den Fall der Fälle stehen zu haben.

Trotz ihrer Meinungsverschiedenheiten verabredeten Esser und Gent, kontinuierlich im Gespräch zu bleiben – das war allein schon deshalb sinnvoll, weil Vodafone ja nun direkt an D2 beteiligt war. Nach dem ersten Gespräch in London kamen Gent und Horn-Smith im April nach Düsseldorf. Christ Gent stand auf der 21. Etage des Mannesmann-Hauptquartiers, ließ den Blick über den Rhein schweifen und genoss die Aussicht. Und dann erzählte er: »Bei uns sieht es etwas anders aus. Julian Horn-Smith hat gerade wieder einen Mietvertrag abgeschlossen – jetzt sitzen wir in 84 Gebäuden in Newbury. Wir überlegen aber, ob wir nicht ein neues Hauptquartier bauen.« Abseits der Diskussionen über den besten Fernblick mussten die vier sich mit einer deutlichen Eintrübung des Klimas zwischen den beiden Unternehmen auseinandersetzen. Schon eine Woche nach dem Treffen in London und Gents Sieg bei Airtouch hatten die *Financial Times* und andere britische Zeitungen darüber berichtet, dass Vodafone nun eine Übernahme von Mannesmann vorbereiten werde. Esser unterstellte – wohl nicht ganz zu Unrecht –, dass Vodafone diese Berichte durch Hintergrundgespräche angeregt hatte. Mannesmann wehrte sich mit Protestbriefen und verlangte, dass Vodafone die Beteiligung an D2 nicht aktiv verwalte, sondern bei einem Notar zur Betreuung hinterlege. Die Männer aus Newbury wollten von alldem nichts wissen. Zum dritten Treffen verabredete sich die Crew in einem malerischen und sehr britischen Pub, dem »French Horn« in Alton, in der Nähe von Newbury. Die Themen hatten sich bis zum Spätsommer kaum verändert. Für Esser und Kinzius war es wichtig, überhaupt mit den Managern aus Newbury in Kontakt zu bleiben. Solange man redet und sich trifft, hat man eine grobe Vorstellung von den Plänen des Gegners. Esser wollte testen, was Vodafone als Nächstes plante. Und bei jedem Treffen trugen sie wieder und immer wieder vor, wie wichtig ihnen eine Beteiligung in England war. »Sonst kommen wir strategisch nicht weiter. Bietet uns eine Beteiligung an Vodafone an, sonst sind wir gezwungen, uns anderswo umzuschauen.« Gents Antwort auf diese Vorstöße war immer gleich: »Das schafft keinen Shareholder-Value. Damit habe ich ein Problem. Das kann ich meinen Aktionären nicht verkaufen.« Einigung war nicht einmal in kleinen vertraglichen Fragen bei gemeinsamen Beteiligungen oder auf Projektbasis zu erreichen. Aus der Sicht der Mannesmann-Crew ließen sich die Engländer immer neue, wenig glaubhafte Ausreden einfallen. Nach dem Treffen im »French Horn« stand für Esser fest: »Die wollen uns verschaukeln, bestenfalls hinhalten.« Er ließ nicht durchblicken, welche Alternativen er in Betracht ziehen würde. Aber im Sommer, als der britische Mobilfunker One2One zum Verkauf stand, äußerte er öffentlich genug sein Interesse, um Vodafone zu beweisen, dass es ihm mit einer Präsenz im britischen Markt bitterernst war, und um den Kaufpreis hochzutreiben, den die Deutsche Telekom schließlich zahlen musste. Esser war an One2One nie wirklich interessiert. Kinzius machte Horn-Smith die Haltung von Mannesmann in einem Telefonat klar. Horn-Smith wollte wissen, was an den Gerüchten dran sei, Mannesmann beteilige sich an den Gesprächen um One2One. »Wir sprechen, aber wir wollen nicht kaufen«, sagte Kinzius. »Dieses Unternehmen ist nicht attraktiv genug. Da müsste schon etwas anderes kommen, dann würden wir zufassen.« Ein kaum verschleierter Hinweis auf Orange. Horn-Smith war gewarnt: »Seid vorsichtig«, gab er zurück.

Auch wenn die Treffen zwischen den vier Managern freundlich abliefen, jeder achtete sehr genau darauf, keinen Millimeter an Boden preiszugeben. Das gegenseitige Misstrauen lauerte stets ganz knapp unter der Oberfläche der zur Schau getragenen Freundlichkeiten. Je weiter das Jahr voranschritt, desto mehr wurde klar: Zwischen Vodafone und Mannesmann konnte es keine friedliche Koexistenz geben. Über die Frage der Dominanz in Europa musste nun der Markt entscheiden – die Kunden und Investoren.

Non, je ne regrette rien …

ie Aussicht allein verführte förmlich zu tollkühnen Plänen. Die beiden Männer ließen den Blick über die Dächer von Paris bis hin zum nahe gelegenen Arc de Triomphe gleiten. Klaus Esser war beeindruckt. Jean-Marie Messier, der 42 Jahre alte Chef des französischen Mischkonzerns Vivendi, tat so, als habe er sich längst an diesen Ausblick gewöhnt. Es war Januar 1999, und die beiden Manager hatten sich im nagelneu aus- und umgebauten Hauptquartier von Vivendi an der Avenue de Friedland getroffen. Unten hatte Messier als Zeichen für den innovativen Wandel des Konzerns ein Internetcafé einrichten lassen. Weiter oben gab er sich, der sich als Visionär der französischen Geschäftswelt verstand, patriarchalischer als alle anderen Chefs französischer Unternehmen zusammen. Messier hatte dafür gesorgt, dass das Gebäude um eine Etage aufgestockt wurde. Das eröffnete in der obersten Etage den Blick auf das Bauwerk, mit dem Napoleon seinen großen Sieg über die Armeen Russlands und Österreichs bei Austerlitz gefeiert hatte. Dort hatte Messier sein »Präsidentenzimmer« – mithin sein Büro – eingerichtet. Dazu einen prächtigen Dachgarten, der im Sommer das angenehme Flanieren in luftiger Höhe ermöglichte. Kein Zweifel, Messier ließ es sich gut gehen, so Essers Eindruck.

Esser war da grundsätzlich frugaler eingestellt. Ihm bedeuteten die Insignien der Macht nicht sonderlich viel. Doch mit Messier verband ihn, dass der auch einem sehr traditionsreichen Mischkonzern vorstand, der neu ausgerichtet werden musste. Im Juni 1996 war Messier zum Präsidenten und Generaldirektor der Compagnie Générale des Eaux ernannt worden. Messier ließ keine Zeit verstreichen und machte sich an den Umbau des Konzerns.

Innerhalb von zwei Jahren verkaufte er Unternehmensteile im Wert von 7,5 Milliarden Euro und setzte zugleich auf die Wachstumsfelder Umwelt und Kommunikation. Im Mai 1998 benannte er das Unternehmen in Vivendi um. Als Esser und er sich im Januar trafen, war Messier bereits ins Medien- und Verlagsgeschäft eingestiegen. Vivendi hielt darüber hinaus 44 Prozent am französischen Mobilfunkbetreiber Cegetel. Und er hatte mehr vor.

Der Franzose hielt sich nicht lange mit der Vorrede auf: »Was halten Sie davon, wenn wir Mannesmann und Vivendi fusionieren?« Esser überlegte nur kurz. Er hatte für diesen Plan wenig übrig. »Sie leiten ein großes Konglomerat, ich leite einen Mischkonzern. Die Börse wird es nicht honorieren, wenn wir daraus ein riesiges Konglomerat machen.« Esser fragte sich, ob das ein ernst gemeinter Vorschlag des Unternehmensreformers aus Paris sein solle. Oder wollte sein Gegenüber so nur die Konversation beginnen, einmal austesten, wie weit man gehen könne mit Esser? Der war grundsätzlich zu Gesprächen bereit – sie mussten jedoch Sinn machen für die Märkte und damit für die Aktionäre. »Ich bin aber der Meinung, dass unsere Telekom-Geschäfte sehr gut zusammenpassen. Hier könnten wir gemeinsam zu einer führenden Kraft in Europa aufsteigen.« Esser erläuterte, wie er sich diesen Plan vorstellte. »Mannesmann wird in zwei Jahren kein Konglomerat mehr sein. Wir werden das Telefongeschäft und das klassische Industriegeschäft trennen und an die Börse bringen.« Messier habe doch ähnliche Pläne, nicht wahr? »Ja, das stimmt.« Esser: »Dann sollten wir dauerhaft in Kontakt bleiben.« Außerdem könne man bei Telekom-Projekten zusammenarbeiten, wo immer das Sinn mache. Nach der Auflösung der Konglomerate auf beiden Seiten solle man dann die Fusion des Telekom-Geschäftes ins Auge fassen. Das machte auch aus der Sicht von Messier Sinn. Die beiden Manager verabredeten einen Pakt, künftig gemeinsam zu agieren und ihr Ziel einer Fusion weiterzuverfolgen. Das war kein Vertrag, kein schriftlicher zumindest. Aber eine Absprache unter Kaufleuten. Bindend zumindest moralisch. Esser und Messier trennten sich in guter Stimmung. Für den Mannesmann-Chef bedeutete die Verabredung mit Messier eine willkommene Versicherung gegen die nach der Fusion zwischen Vodafone und Airtouch sprunghaft gestiegene Übernahmegefahr. Die beiden blieben während des gesamten Jahres 1999 in ständigem Kontakt, wohl auch um sich gegenseitig auf die Finger zu schauen. »Wenn man eine mündliche Vereinbarung hat und es in der Welt noch andere schöne Bräute gibt, dann ist das von Zeit zu Zeit notwendig«, sagte Esser später.

Der erste Belastungstest kam im Februar, gut einen Monat nach dem

Treffen in Paris. Als die ersten Nachrichten über die Übernahme der Mehrheit bei Omnitel und Infostrada die Runde machten, meldete sich Messier bei Esser – und er war nicht amüsiert. Aus der Sicht des Franzosen bedeutete der Coup von Esser nichts Gutes, weil sich so bei einer späteren Fusion die Gewichte zugunsten von Mannesmann verschoben. Messiers Ego entsprach es, bei jedem Deal die Mehrheit anzustreben. Bei der angestrebten Fusion der beiden Mobilfunksparten von Vivendi und Mannesmann wollte er 60 Prozent am gemeinschaftlichen Unternehmen haben. Das würde nach Essers Coup nicht mehr zu machen sein. Esser sah die Lage anders. Der Zukauf in Italien werde doch der geplanten gemeinsamen Sache helfen. Messier wollte davon nichts wissen. Er versuchte, nach Essers Eindruck, sich in das Geschäft zu drängen – mit immer wieder neuen, wenig sachdienlichen Ideen. Über zwei Monate ging das so. Esser blieb freundlich, aber hart. Dies sei eine Gelegenheit, auf die er seit zwei Jahren hingearbeitet habe. Die Beteiligung von Vivendi brächte für die Mannesmann-Aktionäre keinen Vorteil. »Dieses Geschäft müssen wir alleine machen.« Esser verhielt sich hier nicht anders, als Gent es getan hatte.

Wenige Monate später wurde das Verhältnis zwischen den beiden Männern wieder auf eine Probe gestellt. Der Zusammenschluss zwischen Deutscher Telekom und France Telecom war nicht zustande gekommen. Michel Bon, der Chef von France Telecom, ließ vertraulich in Düsseldorf anfragen, ob man an Gesprächen interessiert sei. Esser ließ sich darauf ein. Und so nahmen die Investmentbanker beider Unternehmen im Dezember erste Sondierungsgespräche auf. Beide Seiten trafen sich regelmäßig. Für Mannesmann führten Banker der Deutschen Bank die Gespräche. Esser verfolgte die Verhandlungen mit Interesse, aber sie hatten nicht die erste Priorität für ihn. Der Grund: Er wollte Mannesmann modernisieren, es im internationalen Telekom-Geschäft positionieren, sich von den alten Fesseln der Montanmitbestimmung befreien. Zu alldem passte nicht recht die Fusion mit einem Staatskonzern. Er hielt die Gespräche am Köcheln, um sich alle Optionen offenzuhalten. Inhaltlich aber hatte das Team um Esser ein Problem. »Wir sahen uns als wettbewerbsorientierten Telekom-Anbieter mit innovativen Produkten und Dienstleistungen. Das Letzte, was sich damit verträgt, ist die Fusion mit einem Staatsunternehmen, das dem Wettbewerb kaum ausgesetzt ist. Nach der Fusion mit France Telecom wäre der Innovationsschwung sehr schnell zum Erliegen gekommen. Eines war klar: Wir hätten diesen Konzern nicht so sehr in Schwung gebracht, wie wir es bis dahin mit Mannesmann getan hatten«, fasste einer aus dem Team die Analyse zusammen. Gleichwohl ließ Esser bei der französischen Regierung anfragen, ob diese gegebenenfalls darauf verzichten würde, die im Gesetz vorgesehene Mehrheit von 51 Prozent an France Telekom zu halten. Die Regierung Jospin sagte zu, das entsprechende Gesetz zu ändern und sich bei France Telecom zurückzuziehen. Doch eine Fusion mit dem Staatskonzern widerstrebte Esser. Nichtsdestotrotz sprach er mit Messier: »Wir haben eine Verabredung. Ich möchte wissen, ob Sie dazu stehen, denn ich habe hier eine andere Gelegenheit.« Messier beschwor den Pakt. Esser versicherte, dass auch er sich an die Verabredung halten werde. Aus der Fusion mit France Telecom wurde nichts, und Esser war nicht gram darüber. Nur ein paar Wochen später hatten sich die Gespräche zwischen Mannesmann und France Telecom bis zu Messier herumgesprochen. Beunruhigt rief er aus Tokio bei Esser an. Esser versicherte, es werde keinen Deal mit France Telecom geben.

Messier zeigte sich beruhigt. Doch schon bald flammte das alte Misstrauen wieder auf. Aus seiner Sicht gab es dafür wieder einen konkreten Anlass. Im Sommer hatte Esser einen Anruf aus San Antonio, Texas, erhalten. Am anderen Ende war Edward E. Whitacre Jr., Chairman und Chief Executive Officer von SBC Communications. Der Manager, der wegen seines Gewichts »Big Ed« genannt wurde, wollte einen ersten Kontakt zu Esser herstellen. Beide Männer verabredeten ein direktes Treffen. Über manche Dinge wollen auch Manager von Telefongesellschaften nicht am Telefon sprechen. Als sich die beiden im Juni in San Antonio trafen, hatte »Big Ed« einen konkreten Vorschlag. Whitacre war vor allem daran interessiert, SBC in Amerika aggressiv nach vorn zu bringen. Er hatte SBC schon zur zweitgrößten lokalen amerikanischen Telefongesellschaft gemacht. Doch das sollte nicht das Ende der Expansion sein, zumindest wenn es nach »Big Ed« ging. Er wollte SBC aus der regionalen Nische herausführen und in Amerika und dem Rest der Welt groß machen. Whitacre, der vor drei Jahrzehnten als Hilfsarbeiter bei SBC begonnen und sich bis ganz nach oben hochgearbeitet hatte, war ein Mann mit viel Sinn für Realismus. Mit dieser Gabe hatte er SBC bereits zu einer der profitabelsten amerikanischen Telefongesellschaften gemacht. Er wusste aber auch: Die Expansion in der Heimat und in der Fremde konnte er nicht alleine stemmen – dazu fehlte es an Managementkapazität. Man musste sich auf den US-Markt konzentrieren. Und hier kamen aus seiner Sicht unter anderen Mannesmann und Klaus Esser ins Spiel. SBC könne seine Beteiligungen in Europa nicht so gut führen, wie das eine dort dominante Größe wie Mannesmann könne. Sein Vorschlag: »SBC verkauft Mannesmann seine Beteiligungen in Europa und erhält im Gegenzug 15 Prozent am Düsseldorfer Unternehmen.« Bei SBC habe man zur Kenntnis genommen, dass die Truppe um Esser es mit dem Konzernumbau ernst meine und die angekündigten Ziele stets erreiche. Das mochte der SBC-Chef. Seine Kalkulation: Die Mannesmann-Aktie werde sich langfristig besser entwickeln als der Wert der SBC-Beteiligungen. Esser war elektrisiert. Was Whitacre da vorschlug, würde Mannesmann in Europa mit einem Schlag weit nach vorne bringen. Der SBC-Chef bot ihm nicht weniger als 15 Prozent an Cegetel und acht Prozent an SFR in Frankreich, 40 Prozent an einem Mobilfunker in der Schweiz, 41,6 Prozent an Tele Danmark, 17,5 Prozent in Belgien, dazu weitere Beteiligungen in Norwegen und Ungarn. Das wäre ein massiver Coup. Mit einem Schlag wäre Mannesmann der führende Mobilfunker in Europa – und diese Position würde man ihm nur schwer wieder abjagen können.

Das war zu gut, um wahr zu sein. Und so verhielt es sich auch. Die erste Schwierigkeit: Whitacre wollte eine Zusicherung, dass seine Beteiligungen in Europa für den Fall geschützt würden, in dem es zu einer feindlichen Übernahme etwa durch Vodafone oder British Telecom in Europa käme. Whitacre wollte sich nicht von seinen Aktionären vorhalten lassen, dass er die Beteiligungen in Europa leichtfertig einem Konkurrenten in den Rachen geworfen hätte. An dieser Forderung würden die Anwälte zu arbeiten haben. Das größte Problem aber war Messier, weil SBC 15 Prozent an Cegetel hielt. Esser würde durch diesen Deal 30 Prozent an dem Unternehmen kontrollieren. Messier tobte. Er verspürte keine Lust, dass Esser ihm bei seiner Kernbeteiligung auf den Pelz rückte. Der SBC-Boss aber machte Esser klar: »Messier müssen Sie in den Griff bekommen.«

Das war ein Problem. Es war ein Problem, das Esser nicht lösen konnte. Der Deal kam nicht zustande. Es war nicht die einzige Chance, die Messier Esser zunichtemachte.

Was war der Verbündete aus Paris wert? Esser würde die Antwort auf diese Frage an einem Wochenende im Januar 2000 erhalten.

Code Orange

Die Augen des alten Mannes hoben sich von dem Papier, das vor ihm auf dem Schreibtisch lag. Durch die Scheiben seines Penthouse-Büros im 70. Stock glitt sein Blick über den Hafen von Hongkong. In der Ferne flimmerte die Küste von China. Dort war er, Li Ka-shing, vor 70 Jahren geboren worden. Von dort hatte er sich ohne einen Pfennig auf den Weg nach Hongkong gemacht. Es war ein weiter Weg gewesen aus der Armut Chinas bis in dieses Büro. Angefangen hatte alles mit Plastikblumen, die den grauen Alltag Hongkongs schöner machen sollten. Nun besaß Li Ka-shing Anteile an Container-Ladestationen, Ölgesellschaften, umfangreichen Immobilienbesitz und wichtige Beteiligungen im Telefon- und Mobiltelefongeschäft. Der Multimilliardär war ein gewiefter Investor, der wusste, wenn er einen guten Deal vor Augen hatte. Dies war ein guter Deal, den das Papier da vor ihm auf dem Tisch beschrieb. Die Rede war von einem Konzern in Düsseldorf, der sich aus der Sicht der Investoren in Hongkong bemerkenswert schnell verwandelte. Und noch hatten nur wenige an den Finanzmärkten gemerkt, was dort Wertsteigerndes vor sich ging. Auch das Düsseldorfer Management machte keine Werbung, um den Kurs nach oben zu bringen. Hatte Li Ka-shing als Erster bemerkt, welches Wertsteigerungspotenzial in den Plänen steckte, die Klaus Esser mit Mannesmann hatte? Bei der Bewertung der Düsseldorfer Firma musste er sich nicht alleine auf die zukünftig möglichen guten Nachrichten verlassen. Esser hatte aus der Sicht des Chinesen bereits einen »Track-Record«, eine Geschichte, die es zu bedenken galt – nämlich die Verzehnfachung des Aktienkurses in den vergangenen fünf Jahren. Das war in den Augen von Li Ka-shing eine reife Leistung. Eine Leistung, die in Zukunft mehr erwarten ließ.

Der »Fall Mannesmann« kam Li Ka-shing nicht zum ersten Mal zu Ohren. Seit November 1998 hatten Esser und seine Kollegen versucht, Li Ka-shing einen ganz speziellen Deal schmackhaft zu machen. Über seine Investmentfirma Hutchison Whampoa hielt der Milliardär 44,8 Prozent am jungen, innovativen britischen Mobilfunkunternehmen Orange. Die britische Firma passte perfekt in Essers europäische Wachstumsstrategie. Der Mannesmann-Chef bewunderte, wie Orange-Gründer Hans Snook den Mobilfunker in den 90er Jahren in England platziert und dann zu einem ernsthaften Marktteilnehmer gemacht hatte. Dabei hatte die Wahrscheinlichkeitsrechnung gegen die kühnen Pläne von Snook gesprochen. Der Sohn einer deutschen Mutter und eines britischen Vaters scherte sich nicht darum, dass British Telecom und Vodafone sich den Mobilmarkt auf der Insel faktisch aufgeteilt hatten. Man müsse eben besser sein, um sich in diesem Markt behaupten zu können. Und der unkonventionelle Unternehmer, der gerne auch bei Abendempfängen seine Lederjacke trug und sich mit alternativer Medizin befasste, war besser. Zum Mobilfunk war er während einer ausgedehnten Rucksacktour durch Asien gekommen. Snook war schon Mitte dreißig und musste sich ein paar Dollar zum Reisebudget dazuverdienen. Also begann er für Hutchison Whampoa zu arbeiten, wo man damals Pager betrieb. Snook blieb und gehörte zu dem Team, das Hutchison zum größten Pager-Betreiber in Asien machte – und zu einem der profitabelsten der Welt. Als es ihn 1993 wieder nach England zurückzog, blieb er dem Arbeitgeber treu. Snook begann, für Hutchison das Mobilfunkgeschäft in England aufzubauen. Er und sein Team erkannten schnell, dass sie keine Chance haben würden, wenn sie die Platzhirsche des Geschäftes kopieren würden. Sie mussten ihren Kunden mehr Service anbieten. Doch das allein reichte Snook nicht. Der Mann, der in der Schule nicht zu den erfolgreichen Schülern gehört hatte, wollte eine Marke aufbauen, die das mobile Telefonieren emotionalisierte. Die Übung gelang. Nicht nur bot die neue Firma den 3,1 Millionen Kunden allerlei nützliche Zusatzdienstleistungen. Mit dem Namen und der Marke Orange – Leitsatz: »The future is bright, the future is Orange!« – landete er einen Hit. Seit April 1996 wurde Orange an der Börse gehandelt. Aber Li Ka-shing hielt immer noch 44,8 Prozent an der Firma. Auf die war Esser aus.

Den ersten Anlauf machte Esser in einem Gespräch mit Richard Li, einem der beiden Söhne des Milliardärs. Im Düsseldorfer Hauptquartier unterbreitete Esser dem Mann aus Hongkong im November 1998 den Vorschlag, doch die Beteiligung an Orange in Mannesmann-Aktien zu tauschen. Die Logik dahinter war nach Essers Einschätzung klar. Mannesmann verwandelte sich Schritt für Schritt in einen reinen Mobilfunkkonzern. Durch den Aktientausch würde Li Ka-shing sich im europäischen Geschäft ein größeres Wachstumspotenzial eröffnen, als Orange das allein bieten konnte. Der junge Li mochte die Idee und stellte sie dem Vater vor. Der aber mochte zu diesem Zeitpunkt noch nicht, was er sah. Der erfahrene Investor wusste, dass es besser war, ein wenig zu warten und zu sehen, ob Esser und seine Mannschaft den neuen Kurs würden halten können. Hast war selten ein guter Ratgeber bei Investitionen. Für den Geschmack von Li Ka-shing würde der Einstieg bei Mannesmann noch immer zu viel Hüttentechnik, Maschinenbau und Stahlrohre bedeuten. Der Anteil des Telekom-Geschäftes erschien ihm noch zu gering. Doch seine Antwort lautete nicht »Nein«, sondern »Noch nicht«. Der Mann aus Hongkong wartete und beobachtete.

Auch beim zweiten Versuch einer Geschäftsanbahnung im Frühjahr 1999 war Li Ka-shing nicht zu Gesprächen bereit. Doch Esser ließ sich nicht beirren. Er verfolgte den Umbau des Konzerns weiter. Zugleich breitete er sich durch Zukäufe in Deutschland und Europa weiter aus. Li Ka-shing nahm den Kauf von Otello in Deutschland, von Infostrada und Omnitel in Italien wohlwollend zur Kenntnis. Doch immer noch zögerte er einzusteigen. Mannesmann – das war immer noch zu viel alte Industrie. Eine Meldung aus Düsseldorf ließ den Manager im September aber dann doch aufhorchen. Esser hatte die Aufspaltung des Konzerns angekündigt. Li Ka-shing fing an, Vertrauen zu fassen. Aus dem Rheinland gab es nun fast im Monatstakt die richtigen Botschaften – das Telekom-Geschäft wurde ausgebaut, die Finanzierungsstruktur bereinigt und nun schließlich »altes« und »neues« Geschäft getrennt. Esser blieb dieser Sinneswandel verborgen. Anfang Oktober brachte Martin Kohlhausen, der Vorstandschef der Commerzbank, Li Ka-shing wieder ins Spiel. Der Banker hatte Esser die Dienste des Institutes schon früher angeboten – und der Mannesmann-Chef hatte sie gerne angenommen. Die Commerzbank-Niederlassung in Hongkong finanzierte dem Milliardär so manche Immobilientransaktion und hatte daher gute Kontakte. »Soll ich in Sachen Orange noch einmal nachfragen lassen?«, schlug Kohlhausen vor. Esser stimmte zu, machte sich aber keine großen Hoffnungen auf einen Sinneswandel von Li Ka-shing. Nur ein paar Tage später rief Kohlhausen bei

Esser an. Er hatte überraschende Nachrichten: »Es ist gut gelaufen. Li Ka-shing ist interessiert. Wenn Sie sich einmal dort melden könnten.« Esser war positiv alarmiert. Das waren in der Tat gute Nachrichten. Er dankte Kohlhausen für die Hilfe. Esser ließ sich umgehend mit Canning Fok verbinden, der rechten Hand von Li Ka-shing und Managing Director von Hutchison Whampoa. Der Mannesmann-Chef wurde auf der Stelle durchgestellt. Esser schilderte Fok das Angebot an Li Ka-shing. »Ich werde das mit dem Chairman besprechen«, erwiderte Fok. Lange benötigten die beiden Männer in Hongkong nicht für die Abstimmung. Nur eine halbe Stunde später riefen beide zurück. Li Ka-shing redete nicht lange um den heißen Brei herum: »Wir sind interessiert und sollten das bald besprechen. Ich würde sie auch gerne persönlich kennen lernen.« Das war ein klares Signal. »Ich reise nicht gerne. Könnten Sie nach Hongkong kommen?« »Kein Problem«, sagte Esser, »wann denn?« »Möglichst bald«, schlug Li Ka-shing vor. Esser blätterte durch seinen Kalender. »Wie wäre es am nächsten Donnerstag?« – »Gut.«

Beide Männer machten nicht viele Worte. In weniger als fünf Minuten hatten sie die terminlichen Grundlagen für einen der wichtigsten Deals in der Mobilfunkbranche gelegt. Und so begann am 13. Oktober ein bemerkenswerter Verhandlungsmarathon. Um zehn Uhr setzte sich Esser in seinen Dienstwagen und ließ sich nach Frankfurt fahren. Genau vier Stunden später hob Cathay Pacific Flug 288 Richtung Hongkong ab. In Sitz 2a bereitete Esser sich auf die wichtigsten Verhandlungen seiner Laufbahn vor. Dazu zählten nicht nur die Modalitäten eines möglichen Vertragsabschlusses mit Li Ka-shing, sondern vor allem das Nachdenken über die mögliche Reaktion von Gent und Vodafone. Esser und Kinzius hatten darüber natürlich gesprochen, bevor der Termin in Hongkong festgemacht worden war, aber der Mannesmann-Chef wollte alles noch einmal durchdenken. ›Natürlich würde es den Briten nicht gefallen, wenn Mannesmann sich in ihrem Heimatmarkt einnisten würde. Aber bedeutete das auch, dass sie unfreundlich auf diesen Kauf reagieren würden, geschweige denn könnten? Würden sie gar zum Mittel einer feindlichen Übernahme greifen?‹ Die beiden Manager aus Düsseldorf hatten diese beiden Fragen in ihrer Risikoanalyse mit »Nein« beantwortet. Das Risiko, dass Vodafone nach dem Erwerb von Orange durch Mannesmann mit einer unfreundlichen Übernahme des Düsseldorfer Konzerns kontern würde – diesem Risiko hatten beide weniger als 50 Prozent Wahrscheinlichkeit beigemessen. Aus ihrer Sicht sprachen nach der Übernahme von Orange drei Punkte gegen eine feindliche Übernahme von Mannesmann: 1. Mannesmann würde durch den Kauf von Orange deutlich größer werden – und daher schwerer zu schlucken. 2. Orange passte nicht in das Portfolio von Vodafone. 3. Chris Gent musste Airtouch integrieren – sowohl das Management der gerade frisch übernommenen Firma einbinden als auch die Positionierung am amerikanischen Markt hinbekommen. Das waren gute Argumente gegen einen feindlichen Übernahmeversuch. Aber was, wenn es Gent doch wagen sollte? Annahmen bieten eben keine absolute Sicherheit. Doch diese Frage, so fanden Esser und Kinzius, brachte sie nicht weiter. Denn was wäre die Alternative gewesen? Orange bot sich als Gelegenheit an. Diese Gelegenheit würde so schnell nicht wieder kommen. Nach der Einschätzung der Düsseldorfer werde Gent seinen Angriff auf Mannesmann ohnehin starten – früher oder später. »Wenn es zum Kampf kommt, dann will ich ihn aus der Position der Stärke führen und nach Möglichkeit den Zeitplan bestimmen«, argumentierte Kinzius pragmatisch. Esser sah es genauso: »Die Übernahme von Orange trifft ihn jetzt zu einem ungünstigen Zeitpunkt, weil er Airtouch noch nicht verdaut hat.« Essers Blick wanderte aus dem Fenster über die Wolken. Gent hatte die friedliche Lösung – also die Beteiligung von Mannesmann an Vodafone England – seit mehr als einem halben Jahr blockiert. Esser glaubte daher nicht mehr an eine Einigung mit Gent. Diese Chance musste er nun nutzen. Am nächsten Morgen ließ sich Esser ins Harbour Plaza Hotel fahren, um sich zu duschen und zu rasieren. Um 8.35 Uhr brach Esser zum Verhandlungsfrühstück mit Li Ka-shing ins Cheung Kong Centre auf. 25 Minuten später nahmen Li Ka-shing, seine beiden Söhne, Canning Fok und Esser am Verhandlungstisch Platz. Die Gruppe hatte Zeit bis 10.45 Uhr. Esser hatte den Rückflug nach Frankfurt um 12.30 Uhr gebucht. Für die schnelle Entscheidung, nach Hongkong zu reisen, hatte er seinen Terminkalender am Mittwoch und Donnerstag freiräumen müssen.

Er wollte nicht mehr Zeit in Hongkong verbringen als notwendig. Und so eröffnete er das Gespräch mit der wenig charmanten Frage, ob man lange und umständlich verhandeln wolle. »Oder soll ich Ihnen sagen, was ich zu geben bereit bin? Dann können wir das aber nicht mehr weiter verhandeln.« Das traf genau den Geschmack des pragmatischen Chinesen. »Es sagt mir sehr zu, wenn wir gleich zur Sache kommen.« In knapp einer Stunde besprachen Esser und Li Ka-shing die Grundzüge des Deals. Esser war bereit, umgerechnet 60 Milliarden D-Mark zu zahlen – 60 Prozent in Mannesmann-Aktien und 40 Prozent in bar. Das war auf den ersten Blick in der Tat ein großzügiges Angebot. Immerhin war Esser bereit, 7500 Dollar pro Orange-Kunden zu zahlen. So teuer war ein Mobilfunker noch nie gehandelt worden. Aber Esser bezahlte nicht nur für Orange allein – er wollte sich mit diesem Deal die Vorherrschaft in Europa kaufen. Das war ihm eine stolze Prämie wert. Li Ka-shing zögerte nicht lange. Für seinen Anteil an Orange bot Esser damit zehn Prozent am Mannesmann-Konzern und 10,75 Milliarden D-Mark in Cash. Da gab es nicht viel zu überlegen. Esser wollte von Li Ka-shing die unwiderrufliche Zusicherung, dass er auf das Angebot eingehe. Der willigte ein. Damit hatte Esser 44,8 Prozent von Orange sicher. Allen anderen Aktionären würde er ein entsprechendes Übernahmeangebot unterbreiten. Die Aussichten auf einen Erfolg waren gut. Esser und Li Ka-shing schüttelten kurz die Hände, nachdem sie sich auf die Grundzüge des Deals verständigt hatten. Den Rest würden die Investmentbanker erledigen.

Esser machte sich in gemäßigter Hochstimmung auf den Weg zum Flughafen. Kaum im Auto, rief er Kurt Kinzius an, der aber wegen der Zeitverschiebung noch schlief. Esser berichtete seinem engsten Mitarbeiter vom Gespräch mit Li Ka-shing. Dann diktierte der Vorstandschef eine Liste von Aufgaben auf die Mailbox, um die Kinzius sich bitte kümmern solle. Esser wollte schnell zum Ziel kommen. Dann machte er sich auf den Rückweg nach Frankfurt. Kinzius, darauf konnte sich Esser verlassen, würde die Dealmaschine während der nächsten zwölf Stunden in Schwung bringen. Die Truppen fingen an zu arbeiten, während Esser noch in der Luft war. Der Mannesmann-Chef landete um 18.40 Uhr in Frankfurt. Genau zwei Tage war er unterwegs gewesen, um in nur knapp zwei Stunden die bis dahin größte deutsche Auslandsinvestition einzufädeln. Ein schnelles Leben. Kinzius hatte derweil die Investmentbanker von Merrill Lynch gebeten, das Geschäft für Mannesmann abzuwickeln.

Die Bank hielt zwei Teams für die Arbeit bereit, die in Düsseldorf und in London parallel an dem Geschäft arbeiten sollten. Aber die beiden Mannesmann-Manager wollten auf Nummer sicher gehen. Während sich die beiden Merrill-Teams unter der Leitung von Colin Roy auf die Übernahme konzentrierten, wollte Esser zugleich auch eine möglicherweise notwendig werdende Verteidigung gegen einen Angriff von Vodafone nicht dem Zufall überlassen. Die sollte Dietrich Becker von Morgan Stanley organisieren. Der erfuhr von seinem Auftrag in Paris. Becker war am Morgen jenes Tages aus Japan in Paris angekommen. Seine Frau, eine Französin, war auch gerade an der Seine. Beide verband viel mit dieser Stadt, in der sie geheiratet hatten. Den Mittag hatten sie sich frei gehalten für ein Essen in einem kleinen Restaurant in St. Germain. Die beiden waren noch nicht beim Hauptgang angekommen, als Esser sich bei Becker auf dem Handy meldete. »Wir bereiten in den kommenden Tagen etwas vor, da hätten wir Sie gerne dabei«, orakelte der Mannesmann-Chef. Ob Becker bitte umgehend in Düsseldorf vorbeikommen könne? Becker seufzte unhörbar – und organisierte seinen Tag neu. Nach dem Espresso fuhr er zum Flughafen und flog nach Düsseldorf, wo er auf die anderen Banker traf. Für die Berater ging es nicht mehr um Grundsätzliches, sondern um die Details. Esser hatte die Eckpunkte verhandelt und wollte von seinen Beratern nun nur noch die Ausführung des Deals garantiert wissen.

Kaum war Esser aus Hongkong wieder nach Düsseldorf zurückgekehrt, fand sich dort auch Canning Fok mit seinem Team ein. In der Mannesmann-Hauptverwaltung steckten Fok, Kinzius und die Banker die Köpfe über die Details der Transaktion zusammen. Fok ließ sich dabei von Goldman Sachs beraten. Es war für die amerikanische Investmentbank kein unproblematisches Mandat, denn schließlich beriet man ja auch Vodafone, wo man von diesem Schachzug alles andere als begeistert sein würde. Innerhalb der Bank war dieser Auftrag daher nicht unumstritten – auch wenn er von einem Team abgewickelt wurde, das von den Vodafone-Beratern komplett getrennt war. So wurde der Interessenkonflikt zwar technisch und formal sauber geregelt. Aber was würde man bei Vodafone dazu sagen? Fok und Kinzius störte das in diesen Tagen kaum. Sie standen unter einem gewissen Zeitdruck. Sie hatten es sich zum Ziel gesetzt, den Deal zwischen Hutchison und Mannesmann bis Sonntag abzuschließen. Esser wollte nicht, dass Gerüchte über die Gespräche an die Öffentlichkeit kamen, bevor das Management von Orange informiert war. Und das sollte, so sah es der ambitionierte Zeitplan vor, am Montag passieren. Die beiden Seiten kamen gut voran – nicht nur weil die beiden Vorstandsvorsitzenden sich in den wichtigsten Punkten schon geeinigt hatten. Vor allem die Mannesmann-Manager konnten ihre Detailprüfungen schnell beenden, weil sie sich schon mehrfach zuvor mit Orange beschäftigt hatten. Hier wurde kein Neuland betreten. Am Sonntagabend bogen die beiden Teams auf die Zielgerade ein. In der 21. Etage des Mannesmann-Hochhauses war alles für die Vertragsunterzeichnung vorbereitet. Nachdem Esser und Fok ihre Unterschriften unter die Dokumente gesetzt hatten, waren dem Mannesmann-Chef die Hutchison-Anteile sicher. Kaum einer der Anwesenden konnte in diesem Augenblick die über dieses Geschäft hinausgehende Tragweite der Unterschriften abschätzen. Mit dem Vertragsabschluss hatten Esser und Fok nicht nur dieses Geschäft besiegelt, sondern indirekt auch die Grundlage für den nächsten Megadeal, den Angriff von Vodafone auf Mannesmann, gelegt. Doch mit den möglichen Weiterungen mochten sich die Manager an diesem Abend nicht befassen. Nun ging es aus ihrer Sicht zunächst darum, das Management von Orange für die Transaktion zu begeistern und dann den anderen Aktionären des Unternehmens pflichtgemäß ein Übernahmeangebot zu machen. Und all das sollte geschehen, bevor die ersten Gerüchte über den Deal die Runde machten. Zu viele Personen wussten nun von dem Geschäft, als dass es noch lange geheim bleiben würde. Die Verhandlungsführer ahnten nicht, dass die wichtigsten Informationen zu diesem Zeitpunkt schon ihren Weg an die Presse gefunden hatten. In London hatte Anita Raghavan, die europäische M&A-Reporterin des *Wall Street Journal*, bereits am Wochenende Wind von den Gesprächen bekommen. Das war nicht ungewöhnlich, denn Raghavan verfügte über exzellente Kontakte zu Bankern und Anwälten; regelmäßig lag sie daher bei großen Transaktionen vor anderen Zeitungen. Noch aber hatte sie nicht alle Details der Transaktion beisammen und verschob daher ihren Plan, schon am Montag mit der Geschichte auf den Markt zu kommen.

Am Montagnachmittag machten sich Fok, Esser und Kinzius auf den

Weg nach London. Dort hatte Fok den Vorstand von Orange zu einer außerordentlichen Sitzung in das Büro von Hutchison Whampoa ins Londoner Westend eingeladen. Ziel der Veranstaltung: Der Vorstand, vor allem der CEO Hans Snook, sollten für den Deal gewonnen werden. Das war besonders Esser sehr wichtig. Er wusste: Snook war das Hirn hinter der sehr erfolgreichen Strategie von Orange. Wenn der sich gegen das Geschäft stemmen würde, dann würde das nicht nur die Übernahme der restlichen Aktien erschweren – es würde auch das Geschäft selbst für Mannesmann deutlich im Wert schmälern. Snook war für Esser unverzichtbar. Der und seine Kollegen konnten über den Sinn und Zweck des Treffens im Westend nur spekulieren. Keiner der Manager wusste, worum es wirklich ging. Alle waren davon ausgegangen, dass Hutchison seinen Anteil an Orange nicht verkaufen werde – dazu wuchs das Unternehmen immer noch zu schnell. Auch bei Vodafone war man übrigens zu einer ähnlichen Einschätzung gekommen. Orange sahen die Männer aus Newbury daher fest in der Hand von Hutchison. Umso größer war die Überraschung für Snook und seine Kollegen, als Fok die Sitzung mit dem schnörkellosen Statement eröffnete: »Meine Herren, wir verkaufen.« Der Raum war schlagartig von ungläubigem Staunen gefüllt. Fok erklärte die Details des Deals, aber es gelang ihm nicht, das vollkommen überraschte Management so weit zu überzeugen, dass die neuen Herren über Orange bereits hätten dazustoßen können.

So mussten Esser und Kinzius warten. Erst am frühen Abend durften sie sich der Runde anschließen und ihr Angebot erläutern. Ihre Aufgabe war es nun, das Management, allen voran Hans Snook, von der Mannesmann-Strategie – besonders von der Kombination von Festnetz und Mobilfunk – zu überzeugen. Snook war vor allem daran interessiert zu erfahren, was mit der Marke Orange geschehen werde. Die aber war aus der Sicht von Mannesmann fast der wertvollste Bestandteil des Unternehmens. Klaus Esser antwortete schnell und mit Nachdruck: »Die Marke mögen wir sehr. Sie kann langfristig die Marke für unseren Mobilfunk in ganz Europa werden.« Esser sagte damit etwas für diese Situation Ungeheuerliches. Er war als Chef des übernehmenden Unternehmens bereit, auf den Namen Mannesmann zu verzichten und Orange zu einer europaweiten Marke aufzubauen. Snook mochte seinen Ohren kaum trauen.

Noch war er mit der Denkweise Essers nicht vertraut: ›Wir nehmen das Beste und machen es besser.‹ Esser war an Ergebnissen und Erfolgen interessiert. Egos – und im Streit um Namen geht es zumeist um Egos – interessierten ihn nicht. Doch Snook zeigte sich nicht überzeugt. Die Truppe um Esser empfand ihn als schwierig zu gewinnende Diva, die gebeten werden wollte. So ein Verhalten machte nicht nur aus inhaltlichen Gründen Sinn, sondern auch aus finanziellen Erwägungen: Je zurückhaltender er sich gab, desto höher würde vermutlich die »Bleibe-Prämie« ausfallen.

Esser und Kinzius konnten die Verzögerungen nicht passen. Es zeichnete sich schnell ab, dass es am Montag nicht zu einer Einigung kommen werde. Zu viele Detailfragen ließen sich nicht mehr klären – so viel war klar. Derweil sickerten die Informationen weiter nach draußen. Anita Raghavan hatte den Montag genutzt, um weitere Fakten zu recherchieren. Die Journalistin und weitere Redakteure des *Wall Street Journal* waren sich mittlerweile sicher, dass ihre Informationen gut genug waren, um nach den strengen Qualitätsbestimmungen der Zeitung eine Veröffentlichung verantworten zu können. Am Abend des Montag – als Esser noch versuchte, den Vorstand für seinen Plan zu gewinnen – erfuhren beide Unternehmen von den Veröffentlichungsplänen des *Journal*. Raghavan und der in Deutschland für die Telekom-Berichterstattung zuständige William Boston hatten um Kommentierung gebeten. Der Anruf hatte nur die in solchen Situationen übliche Feststellung »Keine Aussage!« gebracht. Doch Mannesmann und Orange wussten nun, was nach der Veröffentlichung im *Journal* auf sie am kommenden Tag zukommen würde. Der Druck stieg.

Esser machte sich auf den Rückweg nach Düsseldorf. Er musste die weiteren Gespräche Kinzius überlassen. Am Dienstag hatte er den Aufsichtsrat zu einer Sitzung gebeten, um die Übernahme von Orange absegnen zu lassen. Und am Mittwoch sollte in Berlin eine lange geplante Veranstaltung, »Zehn Jahre Mobilfunk in Deutschland«, steigen, die Mannesmann organisiert hatte. Die Liste der Gäste, die im Hotel Adlon über das Thema »Wettbewerb und Wachstum in der Telekommunikation« diskutierten, las sich wie das »Who's Who« der europäischen Mobilfunkindustrie. Ron Sommer von der Telekom war dort, Jean-Marie Messier von Vivendi und Paul Smits, Chef der niederländischen KPN. Auch Chris Gent war zu der Veranstaltung eingeladen. Doch der sagte – verständlicherweise – kurzfristig ab. Er hatte nach dem Coup Essers andere Sorgen. Doch auch für Esser war der Deal nicht gelaufen. Beim Treffen in Berlin konnte er seine Anspannung nur schwer verbergen. In London hakten sich die Gespräche immer wieder fest. Das Management wollte mehr Geld für sich und für all jene Mitarbeiter, die Optionen auf Orange-Aktien hatten. Hans Snook gab weiterhin vor, nicht vom Konzept der Düsseldorfer überzeugt zu sein, Mobilfunk und Festnetz unter einem Dach zu betreiben. Kinzius kam nicht weiter. Immer wieder rief er Esser in der Veranstaltung in Berlin an. Der Mannesmann-Chef zog sich ein ums andere Mal aus der öffentlichen Veranstaltung in ein Hinterzimmer zurück, um mit Kinzius zu beraten. Essers Unterhändler an der Themse brachte es schließlich auf den Punkt: »Wenn Sie nicht innerhalb der nächsten Stunden hierherkommen können, geht die Sache schief.« Kinzius war immer ein Mann klarer Worte ohne Schnörkel. »Das geht nicht, das wissen Sie«, entgegnete Esser. Er hatte die Runde der CEOs zum Mittagessen eingeladen. Da konnte er sich nicht aus dem Staub machen. »Sie müssen wissen, was Ihnen wichtig ist. Ich sage Ihnen – das geht schief hier. *JETZT* brauchen wir Sie«, sagte Kinzius unbeeindruckt. Esser steckte in einer schwierigen Situation. Die Zeitungen berichteten bereits über einen Deal, den es so eben noch nicht gab. Die Übernahme war das heißeste Thema, das am Rande der Veranstaltung diskutiert wurde. Journalisten wollten Details erfahren – und Esser durfte nicht reden. Lange konnte er die Finanzmärkte nicht mehr im Unklaren lassen. Zugleich versuchte nun Chris Gent, Kontakt zu Kinzius und Esser aufzunehmen. Der Mann, der die Vorschläge der Mannesmänner zur Zusammenarbeit stets abgelehnt hatte, wollte sie nun dringend sprechen. Er versuchte, Esser und Kinzius an ihren Mobiltelefonen zu erreichen. Beide Männer waren nicht in der Stimmung, jetzt mit Gent zu reden. Sie stellten ihre Telefone ab und stiegen auf Zweitgeräte um. Esser fügte sich schließlich der Erkenntnis, dass der Deal vorging. Er verließ die Veranstaltung um die Mittagszeit vorzeitig, um mit einem Privatjet nach London zu fliegen. Dort gelang es dann in der Tat, die verbleibenden Probleme auszuräumen. Kurz vor Mitternacht waren sich beide Seiten endlich einig. Snook und der Orange-Vorstand würden ihren Aktionären die Übernahme empfehlen. Esser und Kinzius hatten den dritten großen Deal des Jahres nach Arcor und Omnitel/Infostrada. Sie setzten damit den Fuß auf die Insel – den neben Italien wachstumsstärksten Mobilfunkmarkt in Europa. In beiden Märkten fühlte sich Esser nun gut vertreten. So ziemlich genau zehn Jahre nach dem Start im Mobilfunk hatte sich Mannesmann mit diesem Deal zum Branchenführer in Europa gekürt. Ein hübsches Geburtstagsgeschenk. Rund 20 Millionen Kunden telefonierten mobil mit Mannesmann oder Tochterfirmen des Unternehmens.

Unmittelbar nach der Einigung veröffentlichten die beiden Unternehmen die Details des Übernahmeangebotes an die freien Aktionäre. Die Dimensionen waren beeindruckend. Mannesmann bot 19,8 Milliarden britische Pfund, etwa 60 Milliarden D-Mark, für Orange. Dazu übernahmen die Düsseldorfer Schulden in Höhe von rund sechs Milliarden D-Mark. Esser bezahlte zu 60 Prozent in Aktien und den Rest – immerhin 24 Milliarden D-Mark – in bar. Esser schreckte die Größenordnung nicht. Die Finanzierung war über eine bereits genehmigte Kapitalerhöhung und entsprechende Finanzierungslinien gesichert. Die Höhe des Preises erschien ihm angesichts der strategischen Bedeutung des Deals auch vertretbar. Aber er wusste auch: Der nächste Tag, der Donnerstag, werde ihm gegenüber Journalisten und Investoren viele Erklärungen abverlangen. Mit der Pressekonferenz im Londoner Savoy Hotel alleine würde es nicht getan sein. Als die Märkte am Donnerstag öffneten, gaben sie ihr schnelles erstes Urteil über das Megageschäft ab. Der Kurs der Mannesmann-Aktie gab um acht Prozent nach – zu teuer habe Mannesmann die britische Firma gekauft. Auch Orange-Aktien waren unter Druck – die Investoren hätten ein reines Barangebot besser gefunden, mäkelten die Analysten. Zum ersten Mal hatte ein kontinentaleuropäisches Unternehmen eine Übernahme mit eigenen Aktien bezahlt. Nun galt es, den britischen Besitzern von Orange-Aktien ein deutsches Papier schmackhaft zu machen.

Auf der Pressekonferenz lobte Esser den besonderen Wert von Orange, vor allem den Wert der Marke. »Der Preis kann und muss hoch sein, damit wir die Unterstützung der Orange-Aktionäre bekommen.« Hans Snook stimmte in den Chor des Optimismus ein. Unter dem Dach von

Mannesmann werde es nun gelingen, die Marke in Europa deutlich voranzubringen. Nicht nur in England sei Orange aktiv, sondern auch in Belgien, Österreich, der Schweiz, Hongkong, Australien und Israel. Daraus gelte es mehr zu machen. Wichtiger aber als das, was gesagt wurde, war das, was nicht gesagt wurde. Mit dem Deal zwischen Mannesmann und Orange war die – wenn auch brüchige – Allianz zwischen Mannesmann und Vodafone geplatzt. Auch wenn es so an diesem Tag niemand sagen wollte: Vodafone und Mannesmann waren zu Feinden geworden.

Esser freute sich gleichwohl über das gelungene Geschäft und die Wachstumsperspektiven daraus. Es sollte sein letzter Deal aus freien Stücken sein. Vodafone war angeschossen, angegriffen auf dem Heimatmarkt. Der Partner Mannesmann hatte die Hinhaltetaktik durchbrochen und griff auf der Insel an. Den Briten blieb kaum eine andere Wahl: Sie mussten angreifen, ob ihnen der Zeitpunkt passte oder nicht. Ob sie wollten oder nicht. Einen positiven Aspekt hatte Esser mit der Übernahme von Orange gleichsam unfreiwillig mitgeliefert: Nur noch 32 Prozent der Mannesmann-Aktien wurden von deutschen Investoren gehalten – acht Prozent weniger als vor dem Geschäft. Vodafone konnte darauf spekulieren, dass diese kleine Differenz in der vermutlich knappen Endabrechnung den großen Unterschied machen würde.

Unter Beschuss

In Brocket Hall darf sich jedermann, der es sich leisten kann, auch heute noch wie ein Adliger fühlen. Die 30 Zimmer des Herrenhauses aus dem Jahre 1760 können komplett mit Butler-Service gemietet werden. Das hochherrschaftliche Gemäuer, inmitten eines riesigen Parks mit eigenem See und Golfplatz, hat über die Jahrhunderte hinweg schon viele Prominente aus Hochadel sowie Politik beherbergt und war Schauplatz manchen Skandals und mancherlei Ränkespiels. Der eigene Helikopterlandeplatz und die Lage nahe London machen das Haus zu einem idealen Treffpunkt für Manager, die einmal in Ruhe über strategische Fragen nachdenken wollen. So sahen es auch Chris Gent und seine Kollegen, die sich am 18. und 19. Oktober 1999 in Brocket Hall zu einem Strategietreffen zusammengefunden hatten.

Der Truppe um Gent sollte die Muße nicht vergönnt sein. Spät am Abend des 18. Januar, kurz vor Mitternacht und nur wenige Stunden nach dem Auftritt von Esser und Fok vor dem Orange-Management, erhielt Chris Gent einen Anruf von Scott Mead. Der Goldman-Sachs-Banker, der sonst immer schnell und konzentriert zur Sache kommen konnte, wirkte an diesem Abend nervös. »Schauen Sie, wir haben hier eine schwierige Situation«, begann Mead das wohl unangenehmste Gespräch, welches er mit Gent bis dahin geführt hatte. »Wir arbeiten für Sie, aber wir sind gebeten worden, eine Bewertung für eine Transaktion abzugeben, in die Orange involviert ist.« Gent schwieg eine lange Sekunde. Er ahnte eine Art Super-Gau. »Auf der anderen Seite des Deals steht aber nicht Mannesmann?«, fragte Gent halb hoffend, halb bangend. »Dazu kann ich nichts sagen«, antwortete Mead, dem dieses Gespräch überhaupt nicht behagte. Er hatte seinem wichtigsten Kunden nicht nur einen Interessenkonflikt zu melden – was immer wieder einmal vorkommen konnte. Aber nicht in dieser Bedeutung und Größenordnung. Die Übernahme von Orange durch Mannesmann war für Vodafone ein schwerwiegendes Problem. Und Mead wollte verständlicherweise von Gent nicht als Problem, sondern als Problemlöser gesehen werden. Die Tatsache, dass Mead auf die konkrete Frage nach der Beteiligung von Mannesmann eine klare Antwort schuldig blieb, wertete Gent wie eine Bestätigung. Der Vodafone-Chef war geschockt, wirkte aber nur für einen Moment wie paralysiert. Der Einstieg von Mannesmann bei Orange war für ihn eindeutig eine schlechte Nachricht, eine ganz schlechte. Orange war zwar deutlich kleiner als Vodafone, aber kreativer und aggressiver. Der kleinere Wettbewerber wuchs deutlich schneller als Vodafone. Und nun wollte sich der größte mögliche Wettbewerber in Europa dieses Vorzeigeunternehmen unter den Nagel reißen. Gent reagierte auch deshalb geschockt, weil er stets davon ausgegangen war, dass Hutchison nicht verkaufen würde. Diesen Deal zwischen den Chinesen und den Deutschen hatte er nicht auf dem Radarschirm gehabt. Sollte die Übernahme zustande kommen, dann würde das für Vodafone ein signifikanter Rückschlag sein – in England und darüber hinaus.

Gent fing sich schnell wieder. Nun galt es, über Konsequenzen nachzudenken. Mead sicherte zu, am nächsten Tag nach Brocket Hall zu kommen, um über die neue Lage zu beraten. Kaum hatte Gent das Gespräch mit seinem Banker beendet, da klingelte das Handy wieder. Es meldete sich ein aufgebrachter Messier: »Unglaublich, Esser übernimmt Orange. Empörend!« Der Vivendi-Chef hatte ebenfalls von den Absichten Essers gehört und war alles andere als entzückt. »Warum regen Sie sich darüber auf?«, wollte Gent wissen, der dies eher als sein Problem denn als das von Messier sah. »Weil er mich nicht gefragt hat.« Messier sah sich offenbar in seiner Ehre verletzt. »Wir müssen das gemeinsam verhindern«, forderte der Franzose. Gent sicherte ihm zu, Esser umgehend anzurufen. Und das tat er dann auch. Es war ein verbaler »Pas de deux« zweier Manager, die alles wissen, aber nichts sagen wollen. »Ich höre, Sie machen einen Deal mit Hutchison«, eröffnete Gent. »Das stimmt nicht notwendigerweise«, entgegnete Esser, der nach den Regeln des Kapitalmarktes ohnehin gar nichts sagen durfte, um sich nicht dem Vorwurf auszusetzen, er habe Insiderinformationen weitergereicht. Gent bohrte weiter – und Esser wollte natürlich erfahren, wie Gent die Situation einschätzte. »Es gibt einen besseren Deal, einen zwischen uns beiden«, warb Gent in der Tiefe der Nacht. Esser wollte sich nicht auf dieses Terrain bewegen. Er glaubte zu wissen, dass Gent die Übernahme von Mannesmann längst geplant hatte. Doch er hatte sich entschlossen, zu kämpfen und die Unabhängigkeit der Firma durch schnelles Wachstum zu verteidigen. »Es ist nicht klar, was passiert«, antwortete Esser, der Meister der Präzision, so unscharf er nur konnte. »Also: Sie verhandeln nicht?«, bohrte Gent weiter. »Wir sind in Diskussionen mit verschiedenen Parteien. Es wäre nicht richtig, Ihnen gegenüber Details zu nennen«, entgegnete Esser. Gent unternahm einen letzten Versuch: »Wann immer ich einen Deal mache, präsentiere ich meinem Verwaltungsrat auch eine Alternative. Daher würde ich Ihrem Aufsichtsrat gerne die Alternative eines Deals zwischen Vodafone und Mannesmann präsentieren. Denn wenn Sie diesen Deal mit Orange machen, dann werden Sie vom Hauptverbündeten zum Hauptwettbewerber.« Das war eine klare Botschaft, die Esser wohl verstand. Er hatte nicht ernsthaft vor, Gent die Plattform eines Auftrittes vor seinem Aufsichtsrat zu verschaffen – eine kühne Idee. Esser blieb charmant und hart: »Wenn es einen Deal geben sollte, rufe ich Sie sofort an.« Esser sollte sich an sein Versprechen halten.

Es wurde eine schlaflose Nacht, wie sich Gent erinnerte. Er trommelte das Management zusammen – zumindest die engsten Vertrauten, darunter Ken Hydon, den Chief Financial Officer, und Julian Horn-Smith. Die Herrenrunde genehmigte sich den einen oder anderen Drink, fluchte über Esser und versuchte ansonsten, einen klaren Kopf für die Analyse der Lage zu bewahren. Esser hatte sie auf dem falschen Fuß erwischt, er hatte ihre Pläne durchkreuzt. Klar, dass er bei der Runde in Brocket Hall an diesem Abend keine Sympathiepreise gewinnen konnte. Dem Vodafone-Management, das zeigte die Diskussion schnell, blieben nicht viele Handlungsalternativen. Vor allem hatte keiner der anwesenden Herren große Lust auf einen neuerlichen Deal. Die Übernahme von Airtouch steckte ihnen noch in den Knochen, und die Auswirkungen des Deals waren bei weitem noch nicht verarbeitet.

Als Mead am nächsten Morgen in Brocket Hall ankam, setzte die Runde die Diskussionen fort. Inzwischen war der Übernahmeplan Essers halbwegs öffentlich. Die Geschichte des *Wall Street Journal* wurde nun auch über die Agenturen verbreitet, und die Märkte fingen an, die mögliche neue Lage im europäischen Telekom-Geschäft mitleidlos in Preise umzusetzen. Die erste Reaktion der Analysten und Händler: Sie verkauften Aktien von Vodafone, dem bisher unangefochtenen Marktführer in Europa. Mannesmann war auf dem Weg nach vorn, kein Zweifel. Das veränderte die Lage. Der Kurs der Vodafone-Aktie verlor an diesem und am kommenden Tag zehn Prozent an Wert. Das erfreut kein Management. Doch die Runde um Gent wusste, dass dies unter Umständen nur der Anfang sein werde. Mead und Gent besprachen die Handlungsoptionen. »Theoretisch können wir zuschauen und nichts tun. Aber das halten wir nur kurzfristig durch«, sagte Mead. Gent sah es auch so. »Mannesmann wird der Marktführer in Europa. Wir werden als ein Unternehmen wahrgenommen, das ein Portfolio voller Mobilfunkbeteiligungen verwaltet«, meinte Gent düster. Es war klar, das würde den Kurs weiter drücken.

Nach einer ersten Analyse der Lage von Vodafone wurde über das operative Geschäft gesprochen. Mead packte den Stier bei den Hörnern und brachte das Thema Interessenkonflikt auf den Tisch. »Sie müssen sich nach einem anderen, einem weiteren Berater umschauen«, sagte Mead. Die Worte fielen ihm schwer. Mead empfahl das Team von UBS Warburg. Gent akzeptierte den Rat. Er war sich am Ende dieses Tages sicher, dass Vodafone nicht untätig zuschauen werde. Über die Art und Weise der Reaktion hatte er noch nicht entschieden. Passiv allerdings – so viel stand fest – werde man nicht sein. Gent bat Mead, die Truppe für mögliche Aktionen zusammenzustellen. Goldman Sachs und UBS Warburg sollten doch bitte eine gründliche Analyse der Situation vornehmen und eine Liste möglicher Handlungsoptionen zusammenstellen. Der Vodafone-Chef wollte, das sagte er den Bankern, noch einmal mit Esser sprechen, ihm den Deal ausreden. Das würde die beste Lösung der Situation sein. Aber wenig wahrscheinlich.

Gent machte Mead klar, dass das Management nicht scharf sei auf einen weiteren Übernahmekampf. Er dürfe nur die letzte Möglichkeit sein. Gent hätte seine Banker nicht bremsen müssen, denn die betrachteten die Situation höchst skeptisch. Gent verabredete sich mit den Bankern für ein erstes Meeting in den Räumen von UBS Warburg an der Finsbury Avenue. Er spürte die abwartende Haltung seiner Berater. Die Banker setzten zunächst immer noch darauf, dass man den Deal werde stoppen können. Die UBS-Banker Mark Lewisohn und Warren Finegold, der M&A-Experte, fassten das Gefahrenpotenzial aus dem Geschäft zwischen

Mannesmann und Orange zusammen. »Es ist mehr als der Einstieg von Mannesmann in den englischen Markt«, sagte Lewisohn, der Telekom-Spezialist. »Dieser Deal beendet die Phase, in der Unternehmen wie Vodafone Minderheitsbeteiligungen an Mobilfunkbetreibern rund um die Erde halten. Die Zeit des Portfolios ist vorbei. Kontrolle über das operative Geschäft ist der Name des Spiels.« Gent nickte. Er teilte der Runde mit, dass mit Esser nicht zu reden sei. Die Übernahme werde vermutlich durchgehen. Zwar standen die Aktien von Mannesmann stark unter Druck. Zu teuer habe Esser Orange eingekauft, lautete die Kritik. Aber das werde kaum dazu führen, dass es nicht zum Abschluss des Geschäftes kommen werde, sagte Gent. »Also, meine Herren: Das ist keine Option. An die Arbeit!«

Die nächsten zwei Wochen hielten die Banker auf Trab, die zu diesem Zeitpunkt nicht davon überzeugt waren, dass man sich gegen Mannesmann werde durchsetzen können. »70 zu 30 gegen uns«, lauteten die noch optimistischeren Einschätzungen, »technisch anspruchsvoll, juristisch schwierig, politisch unmöglich«. Gleichwohl: Es galt nun, Finanzanalysen darüber zu erstellen, welche Auswirkungen ein freundlicher Deal oder eine feindliche Übernahme haben würden. Wie viele Vodafone-Aktien würde man im Tausch gegen Mannesmann-Papiere anbieten, mit anderen Worten: Wie viel Prozent der Firma würde man für die Übernahme hergeben müssen und wollen? Welche Auswirkungen hätte das auf die Aktionäre? Wie würden die Märkte darauf reagieren? Könnte eine Tauschoperation dieser Größenordnung vom Markt überhaupt verkraftet werden? Was sagt die Fusionskontrolle zu einem solchen Zusammenschluss? Welches Recht ist überhaupt anzuwenden? Wie würden die Rating-Agenturen die Verschuldung beurteilen? Man würde Orange aus kartellrechtlichen Gründen schnell verkaufen müssen – würde das zügig gehen? Und zu welchem Preis? Wie wäre dieses Risiko zu sichern? Würde man überhaupt eine Mehrheit der Mannesmann-Aktionäre dazu bewegen können, ihre Papiere gegen Vodafone-Titel zu tauschen? Fragen über Fragen. Vor dem Team lagen viele Probleme, die es zu lösen galt. Zu viele? »Wir müssen an den Punkten ansetzen, wo wir Stärken haben. Wir müssen da arbeiten, wo wir Dinge beeinflussen können«, sagte Mead, pragmatisch denkend. Vor ihm und den anderen lagen zahllose Treffen mit dem Management von Vodafone. Es war nur ein milder Vorgeschmack auf die Belastung der kommenden Monate. Zuversichtlich stimmte immerhin die Tatsache, dass die Teams von Goldman und Warburg fast reibungslos zusammenarbeiteten. Man kannte sich – Warren Finegold hatte früher bei Goldman gearbeitet. Lewisohn und Mead waren so etwas wie Nachbarn. Goldman sollte für die Strategie des Deals zuständig sein, Warburg würde vor allem die Kapitalmärkte analysieren und im Blick halten. All dies half, die Egos und die Eitelkeit unter Kontrolle zu halten. Ein in dieser Branche seltenes Phänomen. Es sollte sich bis zum Ende der Transaktion nicht ändern.

Die Einigkeit der Banker wurde noch dadurch erhöht, dass die Kapitalmarktwelt um sie herum dem Deal Essers applaudierte. Der Kurs von Mannesmann hatte sich erholt und stieg nun mit Nachdruck. Die Presse war voll des Lobes für die Düsseldorfer, die zwar zu viel gezahlt, aber dafür einen strategisch »brillanten Schachzug« gemacht hätten. Das Team funktionierte, aber das löste ein Problem Gents nicht: Die Banker verspürten keine Lust, einen Angriff auf Mannesmann zu unterstützen. Goldman Sachs war ohnehin kein Anhänger feindlicher Übernahmen. Dort war man zwar zu diesem Zeitpunkt gedanklich noch nicht angekommen, aber man musste damit rechnen, dass es am Ende nur gegen den Willen des Managements in Düsseldorf gehen könnte. Goldman fragte sich, was es für Auswirkungen auf das wachsende Geschäft des Unternehmens in Deutschland haben würde, wenn man mit einer feindlichen Übernahme gegen eines der ältesten deutschen Traditionsunternehmen vorginge. Bei Warburg glaubte man, dass eine feindliche, grenzüberschreitende Transaktion dieser Größenordnung nicht zu machen sein werde. Die Festung Deutschland glaubten sie nicht knacken zu können. Gent stellte zu seinem Missvergnügen fest, dass sich auch keine andere Bank um den Auftrag riss. Er griff zum Telefon, um weitere Banken zu kontaktieren, aber ohne Erfolg. »Niemand traut sich, dabei zu sein«, sagte er halbwegs frustriert. Keine Bank umwarb den belagerten CEO also mit ihren Diensten. Lediglich die in London nicht tonangebende US-Investmentbank Donaldson, Lufkin & Jenrette (DLJ) faxte Gent eine Blaupause für einen möglichen Angriff auf Mannesmann zu.

Die Haltung der Berater blieb dem in diesen Tagen oft tagenden Verwaltungsrat von Vodafone nicht verborgen. Auch dort machte sich Skepsis breit. Gent spürte, dass die Direktoren dort es vorgezogen hätten, nicht in den Kampf zu ziehen. Damit war klar: Wenn er überhaupt eine Mehrheit für den Angriff bekommen wollte, dann müsste die Unterstützung dafür von den großen Aktionären kommen. Und wenn der Plan schiefgehen würde, wäre das sein Ende an der Spitze des Unternehmens. Gent beschloss zunächst, die Banker auf Kurs zu bringen. Von Goldman wollte er nun unmissverständlich wissen, ob die Bank im Boot sei oder nicht. Die Banker blieben eine klare Antwort immer noch schuldig. Am Ende fiel die Entscheidung darüber in einem einstündigen Gespräch, das Mead und Gent von London aus mit Henry (Hank) Paulson, dem gerade seit Mai amtierenden Chef von Goldman Sachs, und mit John Thornton, dem Chief Operating Officer, führten. Die Stimmung war angespannt. Goldman Sachs hatte die Furcht, einen Deal zu unterstützen, der nicht zu gewinnen war. Schließlich platzte Gent der Kragen: »Das ist nicht akzeptabel. Sie müssen entscheiden, wer Ihre Klienten sind und wie Sie sie unterstützen«, forderte er. »Wenn Sie es nicht tun, dann werden wir eine andere Bank nehmen.« Ein Bluff – und ein Stück weit Ausdruck von Frustration. Es war eine verkehrte Welt: Gent musste die Banker davon überzeugen, beim möglicherweise größten Deal der Geschichte dabei zu sein. Schließlich willigte Paulson ein. Das erste Bollwerk war genommen. Warburg schloss sich dem Votum an – und damit hatte Gent zumindest einmal seine Banker hinter sich. Deutlich mehr Unterstützung gab es von den Aktionären. Schon bei der ersten Kontaktaufnahme mit einigen wenigen Investoren merkte Gent, dass die großen Anteilseigner hinter seiner Idee einer Übernahme von Mannesmann standen. Viele Argumente sprachen aus ihrer Sicht dafür. Auf dem Papier machte das Geschäft Sinn. Es gab – von England einmal abgesehen – kaum Überschneidungen zwischen Vodafone und Mannesmann. Der Zusammenschluss würde den unangefochten größten Mobilfunker der Welt hervorbringen. »Go for it!«, das war die Botschaft an Gent. Es waren einige der wenigen Lichtblicke in diesen Tagen. Die Investoren, mit denen Gent sprach, ermunterten ihn, bis zu knapp der Hälfte der eigenen Aktien könne er Esser im Tausch anbieten. Mehr als 50 Prozent sollten es auf keinen Fall sein. Das war eine klare Botschaft.

Langsam, aber sicher, Stück für Stück wich der Pessimismus im Lager von Vodafone. Was sich am Anfang so aussichtslos ausgenommen hatte, schien nun machbarer. Die Analysen der Berater fanden Antworten – Mut machende Antworten – zu vielen Teilaspekten des möglichen Deals. Der wichtigste Punkt: die Aktionärsstruktur. Die Mehrheit der Mannesmann-Aktien wurde schon seit längerer Zeit nicht mehr in Deutschland, sondern im Ausland gehalten. Aber der Aktientausch nach der Orange-Übernahme verstärkte diesen Trend noch. Während bis zum Orange-Deal 60 Prozent außerhalb Deutschlands gehalten wurden, waren es danach fast 70 Prozent. Und: Viele dieser überwiegend angelsächsischen Investoren hielten sowohl Papiere von Vodafone als auch von Mannesmann. Ihre Kalkulation war einfach: Wenn Mannesmann sich mit Orange durchsetzte, ließe das zwar die Mannesmann-Aktie steigen – wäre aber negativ für Vodafone und seine Kurse. Ein Zusammenschluss von Mannesmann und Vodafone ließe ein stärkeres Unternehmen entstehen – und würde damit allen Aktionären helfen. Gent war beim Blick auf diese Faktenlage zunehmend optimistisch: »Wir kennen viele dieser Aktionäre – und wir kennen sie besser als Mannesmann.« Nun werde es sich auszahlen können, dass Gent stets darauf geachtet hatte, fast im Übermaß mit seinen Aktionären zu kommunizieren. Gent und seine Berater kalkulierten, dass sie den Kampf im Ausland gewinnen könnten. Aber auch in Deutschland würde man ein paar Prozent der Aktionäre umdrehen können. Es könnte reichen. Gerade so eben.

Die Aktivitäten des Gent-Lagers waren den Journalisten in London nicht verborgen geblieben – und sollten es wohl auch nicht. In der City wuchsen die Spekulationen, dass Vodafone ein Übernahmeangebot für Mannesmann abgeben werde. Die Frage war nur: Könne das friedlich ablaufen oder nicht? Aber die Zeitungen waren skeptisch. Man werde gegen einen großen Widerstand anrennen müssen. Es gelte schließlich, die Festung Deutschland zu stürmen, hieß es martialisch. Die Berater Gents hofften gleichwohl, dass positive Berichte in den Zeitungen am Ende auch zu einer positiven Reaktion am Kapitalmarkt, sprich: zu steigenden Kursen der Vodafone-Aktie führen würden. Über Sieg oder Niederlage würde im Zweifel am Ende auf dem Kapitalmarkt entschieden.

Die Hinweise in der Presse verdichteten sich nun Tag für Tag. An den

Märkten wuchsen die Spekulationen und die Unruhe gleichermaßen. Die Kurse von Vodafone und Mannesmann setzten die Trends für alle Märkte in Europa. Mannesmann sorgte für positive Nachrichten – die Übernahme von Orange kam schneller voran als gedacht. Die freien Orange-Aktionäre tauschten ihre Aktien in Mannesmann-Papiere. Der Kurs von Mannesmann zog immer weiter an. Es half nichts, dass die Berater von Vodafone täglich in den Kapitalmärkten Stimmung gegen Mannesmann machten. Das Momentum war auf Seiten der Düsseldorfer. Außerdem machten Informationen die Runde, dass Esser schon am nächsten Deal arbeitete – der Übernahme von KPN in den Niederlanden. Gent und seine Banker fürchteten, dass Mannesmann zu schnell so groß werden könnte, dass eine Übernahme nicht mehr gelingen könne. Es wurde Zeit, so beschloss Gent, einen Beschluss im Verwaltungsrat herbeizuführen. »Der Orange-Deal wird für Mannesmann ein Erfolg sein. Weitere Übernahmen könnten folgen. Wir können vermutlich nicht mehr zuwarten«, sagte Gent dem skeptischen Verwaltungsrat. Schnell herrschte Einigkeit darüber, dass man es zunächst friedlich versuchen sollte. »Wir müssen Esser ein attraktives Angebot machen.« Dabei, so stellte die Runde schnell fest, könne es nicht nur um eine finanziell attraktive Offerte gehen. Esser müsse eine vernünftige Position angeboten werden, sagte einer der Räte. Die Runde schwieg.

Gent erinnerte sich, dass Verwaltungsrat Don Fisher die Vorstandsmitglieder bat, den Raum zu verlassen. Nur Gent solle bleiben. Und dann ging es zur Sache. »Sollen wir ihm den Topjob anbieten, wenn wir dann die Zustimmung von Mannesmann zu einem günstigeren Preis bekommen?«, fragte Fisher. Dieser Vorschlag konnte Gent nicht passen, aber er machte Sinn. »Ich werde tun, um was der Verwaltungsrat mich bittet«, entgegnete er. Es war für Gent keine einfache Situation. Viele Jahre seines Berufslebens hatte er dafür gearbeitet, Vodafone zum dominanten Mobilfunker zu machen. Und nun konnte das Ende der Karriere vorzeitig kommen. »Wie können wir Esser trauen – nach diesem Schritt?«, sagte Verwaltungsrat Michael Boskin und meinte die Übernahme von Orange, die Vodafone in die aktuelle Situation gebracht hatte. Andere Räte verwiesen darauf, dass Esser eine andere Strategie als Vodafone verfolgte – nämlich die Kombination von Festnetz und Mobilfunk. Ian MacLaurin sprang Gent zur Seite: »No way. Das ist nicht akzeptabel. Eine führende Rolle ja. Aber nicht den Vorstandsvorsitz.« Doch die Stimmung im Gremium drehte sich nicht. Wenn Esser bereit sei, seine Strategie zu ändern, und Mannesmann auf diesem Weg billiger zu haben sei, dann müsse man ihm auch den CEO-Job anbieten. Kaum ein Rat gab dieser Variante aber eine realistische Chance, denn dafür hätte Esser seine Aktionäre hintergehen müssen. So, wie sie ihn einschätzten, würde er das wohl kaum tun. Gleichwohl: Gent musste sich auf diese Möglichkeit einstellen. Und in der Logik der angelsächsischen Kapitalmärkte tat er es auch. »Es wäre enttäuschend, aber das Ego darf nicht im Weg stehen, wenn es um das Wohl der Aktionäre geht«, sagte er politisch korrekt. Natürlich würde er kämpfen.

Noch einmal wurden die Optionen durchgesprochen. Abwarten? Darauf hoffen, dass der Kurs von Mannesmann fallen werde – und man dann zuschlagen konnte? Hoffen darauf, dass die Integration von Orange misslingen werde? All das waren Möglichkeiten, aber keine, auf die der Verwaltungsrat setzen wollte. Man würde es zunächst friedlich versuchen. In einer zweiten Stufe würde man sich notfalls für eine feindliche Übernahme entscheiden. Die Aktionärsbasis sprach für einen Erfolg einer solchen Operation. Außerdem wurde Vodafone an der Börse immer noch mehr als zweimal so hoch gehandelt wie Mannesmann. Grund für Optimismus. Gent solle versuchen, Esser mit einem attraktiven Angebot für die Fusion zu gewinnen. Jobangebot inklusive.

Die Szene für den ersten Showdown war gesetzt.

Krieg der Worte, Krieg der Babys

War es wieder eines der vielen Telefonate, die Nick Miles jeden Tag mit Bankern in der Londoner Zentrale führte? Miles, der Chef der Londoner PR-Agentur Financial Dynamics, war sich nicht ganz sicher, als er irgendwann in der dritten Oktoberwoche den Anruf von Oliver Pawle entgegennahm. Die beiden kannten sich gut und sprachen häufiger miteinander. Aber diese Woche war nicht irgendeine Woche. Es war die Woche, in der Mannesmann die Übernahme von Orange verkündet hatte. Und Oliver Pawle war der Banker, der bei der Investmentbank UBS Warburg Vodafone betreute. Sollte hinter dem Anruf mehr stecken?

Es steckte mehr dahinter. Pawle kam gleich zur Sache. Er und seine Kollegen hatten ein paar turbulente Meetings mit Vodafone hinter sich. Pawle, der bereits seit 1986 bei UBS war, hatte schon einige Stürme erlebt, aber der, der sich hier ankündigte, würde es in sich haben. »Nick, wir benötigen eure Hilfe – für Vodafone.« Miles war hocherfreut. Er wusste instinktiv, dass sich hier ein großer Auftrag abzeichnete. Doch wie groß – das konnte auch er zu diesem Zeitpunkt nicht wissen. Miles rief Hugh Morrison, den Leiter des internationalen Geschäftes von Financial Dynamics, an. »Wir sollen Vodafone helfen. Ich kann mir in etwa vorstellen, was die vorhaben.« Morrison zögerte keine Sekunde und setzte sich mit Tim Brown, seinem Kumpel aus alten Armee-Tagen in Verbindung. Brown war als Leiter der Abteilung Investor Relations für die Kommunikation mit den Investoren von Vodafone zuständig. Jetzt hatte er nur eine Frage an Morrison: »Könnt ihr Deutschland liefern?« Morrison war sofort klar, was das Management in Newbury erwog: den Angriff auf Mannesmann. »Habt ihr Erfahrung in Deutschland und im Telekom-Geschäft?« Morrison musste zweifach verneinen, aber gleichwohl fühlte er sich der Aufgabe gewachsen. Es wäre nicht der erste Feldzug auf fremdes Territorium, den er begleiten würde. In Frankreich und Holland hatte er solche Transaktionen schon durchgezogen – und das waren keine einfachen Märkte. Sein erster, schneller Rat an Brown: »Wir streichen erst einmal die Begriffe ›feindliche Übernahme‹ und ›Angriff‹ aus unserem Wortschatz. Dies ist ein freundlicher Vorschlag, ein gemeinsames Projekt.« Und weiter:»Wenn wir die Leute umarmen und die freundliche, positive Seite unseres Vorhabens präsentieren, dann kann es in der Tat gelingen.« Brown folgte den Äußerungen seines alten Kameraden von der Panzertruppe mit Interesse. Doch vollkommen überzeugt war er nicht. Beim ersten Treffen aller Berater mit den Managern von Vodafone wenige Tage später sollten Miles und Morrison verstehen, warum Brown skeptisch war. In dieser chaotischen ersten Runde waren siebzig Personen in einem zu engen Konferenzraum von UBS versammelt. Und jeder, wirklich jeder fühlte sich an diesem Wochenende dazu berufen, als professioneller Schwarzmaler zu agieren. Niemand traute Gent, dem Team, sich selbst zu, einen Angriff auf Mannesmann gewinnen zu können. »Wer sind wir schon, um gegen Mannesmann in Deutschland anzutreten und zu gewinnen. Das kann nicht gelingen«, brachten es die Banker auf den Punkt.

Genau diese Skepsis seiner versammelten Beraterschar machte Gent klar, wie wichtig bei diesem Deal die richtige Presse- und Öffentlichkeitsarbeit sein werde. Der Gegensatz zu der Strategie von Esser bei Mannesmann hätte in diesem Punkt kaum größer sein können. Anders als Esser setzte Gent auf nur zwei Investmentbanken – aber er leistete sich vier Agenturen für die PR, die unter der Leitung von Miles und Morrison zusammenarbeiteten. Dazu kam eine Werbeagentur. Mannesmann, wo man bis zu diesem Zeitpunkt eher zurückhaltend in seinem Kommunikationsverhalten war, beschäftigte zwei PR-Agenturen und zwei Werbefirmen – aber vier Investmentbanken. Der unterschiedliche Ansatz zeigt: Esser war klar, dass er sich mit Blick auf die Entwicklung des eigenen Aktienkurses vor allem mit den Kapitalmärkten auseinandersetzen musste, während es Gent zunächst einmal darum ging, die öffentliche Meinung in Deutschland auf seine Seite zu bringen. Aber die Positionierung der beiden Vorstandsvorsitzenden belegte auch, dass Gent der Kommunikation einen deutlich höheren Stellenwert beimaß als Esser – auch deshalb, weil Gent ein nahezu natürliches Kommunikationstalent war. Doch beide Männer konnten zunächst nicht abschätzen, wie schlachtentscheidend die PR-Strategie sein würde.

Miles und Morrison machten sich zügig an die Arbeit. Zunächst mussten sie feststellen, wie Vodafone in Deutschland überhaupt wahrgenommen wurde. Das Ergebnis ihrer schnellen Untersuchung fiel niederschmetternd aus. Vodafone kannten in Deutschland nur wenige Menschen, vor allem weil das Unternehmen dort bisher nicht aktiv war. »Wir sind die unbekannte, unbedeutende Firma aus einem kleinen Kaff irgendwo aus England, die sich gerade mit einem Giganten der deutschen Wirtschaft anlegen will«, so fasste Miles das öffentliche Bild zusammen. »Mit einem Wort: Uns nimmt niemand ernst.« Aus dieser Positionierung ergaben sich eine Notwendigkeit und eine Chance. Beide waren eng miteinander verknüpft. Notwendig war es, so die Vorgabe von Morrison, in Deutschland sehr intensiv und offen zu kommunizieren. Denn Vodafone musste seinen Bekanntheitsgrad schnell und stark steigern. Die Tatsache, dass sie in Deutschland nicht ernst genommen wurden, konnte bei der Aufgabe insgesamt auch helfen. Denn Vodafone solle, so rieten die beiden Berater weiterhin, alles tun, um nicht als feindlicher kapitalistischer Angreifer wahrgenommen zu werden, sondern »als die netten Burschen aus England, die niemandem etwas tun wollen, sondern die einen freundlichen Vorschlag zur Zusammenarbeit der beiden Unternehmen unterbreiten, der betriebswirtschaftlich absolut sinnvoll ist.« Man müsse die verschiedenen Zielgruppen – Politik, Arbeitnehmer, Gewerkschaften, Aufsichtsbehörden, Journalisten und Investoren – »umarmen und einbinden« und so vor allem den Arbeitnehmern und der Öffentlichkeit die Angst nehmen. »Wir müssen positiv wahrgenommen werden – als Leute, die nicht mit dem Abbruchbagger kommen, sondern die etwas aufbauen wollen«, sagte Miles. In langen Diskussionen mit den Bankern versuchten die PR-Berater, diese Grundbotschaft für die ersten Wochen auf einen einfachen Nenner zu bringen, sie in einem Slogan zusammenzufassen. Es war ein Spiel mit Worten: »Große Zukunft oder gemeinsame Reise. Oder beides kombiniert« Na, ja. Niemand in der Runde war überzeugt. Nick Miles unternahm noch einen Versuch, die Stoßrichtung zu erklären: »Also, was wir sagen wollen, ist, dass wir zusammen besser sind als allein.« »Na, dann sagen wir es doch genau so!«, schlug einer der Banker vor: »Better together. – Gemeinsam können wir besser sein. Perfekt!«

Doch den Medienstrategen von Vodafone war beileibe nicht nur daran gelegen, nett zu sein. Zwar wollte man in der Öffentlichkeit so wahrgenommen werden – doch im Prinzip sollte mit der Strategie und dem Slogan Druck auf Mannesmann ausgeübt werden. Die Stoßrichtung von Miles und Morrison – falls sie funktionieren würde – sollte Mannesmann die Möglichkeit nehmen, Vodafone als den üblen angelsächsischen Aggressor hinzustellen. Außerdem zwang der Slogan in seiner entwaffnenden Schlichtheit Mannesmann dazu, das Gegenteil zu belegen. ›Was konnte Mannesmann alleine, ohne Vodafone, besser hinbekommen? Inwiefern war eine Kombination der beiden Unternehmen für Mannesmann und seine Aktionäre eine Gefahr oder zumindest ein schlechtes Geschäft?‹ Die Strategen hinter der PR-Kampagne von Vodafone waren sich sicher, dass es Mannesmann schwerfallen werde, sie zu widerlegen. Doch die beste Strategie war nichts ohne die richtige Umsetzung – vor allem in Deutschland. Und gerade hier sah es ganz schwierig aus. Financial Dynamics war in Deutschland nicht mit eigenen Leuten vertreten und daher auf die Zusammenarbeit mit lokalen Agenturen angewiesen. Morrison und Miles entschieden sich dafür, vorübergehend eine Büroetage in Frankfurt anzumieten – gleich komplett ausgestattet und mit dem nötigen Hilfspersonal versehen. Man durfte keine Zeit verlieren. Frankfurt wurde das Wahlkampf-Hauptquartier Deutschland von Vodafone. Für die Stadt am Main sprachen die zentrale Lage, der Flughafen und die Anwesenheit der Banken, Fonds und anderer großer Investoren. Außerdem war Frankfurt – anders als Düsseldorf – nicht die Stadt Mannesmanns.

Nachdem der Stützpunkt gefunden war, machte sich Morrison daran, lokale PR- und Werbeagenturen zu finden. Es war ein schwieriges Unterfangen. Die meisten Agenturen – wie zuvor schon die heimischen Banken – winkten sofort ab. Sie wollten dem Eindringling aus dem Ausland nicht die Steigbügel halten. Die große Düsseldorfer Agentur ECC Kohtes Klewes sagte zunächst zu, dann – nach Intervention von Mannesmann – jedoch ab. Morrison stand wieder am Anfang seiner Bemühungen. Frustriert schnappte er sich ein Branchentelefonbuch und ging – in der Kaffeeküche des Frankfurter Mietbüros stehend – die Liste der Agenturen durch. Sein Finger stoppte bei A – wie Ahrens & Behrent. Morrison wählte die Nummer und bekam eine Zusage. Morrison wiederholte die Übung bei der Suche nach der richtigen Werbeagentur – und stoppte wieder bei A – wie Ammirati Puris Lintas in Hamburg. Ein kurzes Telefonat, eine Zusage. Später würde Morrison auch auf Lowe & Partner setzen. Beide Firmen gehörten zur New Yorker Werbeagentur Interpublic Group Inc. Und fusionierten, als die Wogen der Schlacht gerade besonders hoch schlugen. Jedenfalls: Das Team stand. Zehn Mitarbeiter bot Financial Dynamics zusammen mit Ahrens & Behrent in Frankfurt in den nächsten drei Monaten auf. In London waren es noch einmal zehn Mitarbeiter. Doch damit ließ es Gent nicht bewenden. Eine weitere Agentur – Tavistock – kümmerte sich ausschließlich um die Kommunikation in England; Abernathy MacGregor Frank bearbeitete den amerikanischen Markt. Dieses Kernteam von Gent trat gegen Essers vergleichsweise kleine Truppe der PR-Agenturen Shandwick und Maitland an. Die Werbung besorgte für Mannesmann zunächst die Düsseldorfer Agentur BBDO, später dann auch die Hamburger Kreativen von KNSK.

Auf der Seite von Vodafone stießen noch Lobbyisten zum Team der Berater, die den Kontakt mit Politikern von Regierung und Opposition in Düsseldorf, Berlin und London hielten. Gerade dieser Aspekt erschien Gent und seinem Team von Beratern wichtig, weil es aus ihrer Sicht nicht auszuschließen war, dass Esser in Deutschland die »politische Karte« spielen würde. Gent wusste genau, dass es nur eines kleinen Fingerzeiges des Mannesmann-Chefs bedurfte, und eine große Koalition hätte in Düsseldorf und Berlin fest hinter ihm gestanden – Festung Deutschland eben. Gent hätte sich daran die Zähne ausgebissen.

Doch die Schlacht war nicht nur lokal zu führen. Dies war eine Auseinandersetzung, die sich auf der internationalen Bühne entscheiden würde. Die PR-Leute von Vodafone wussten, dass es in den kommenden Monaten neben den richtigen Botschaften vor allem auf zwei Dinge ankommen würde: Geschwindigkeit und die richtige Organisation. Die Berater und die Banker entschieden daher, dass Miles und die Londoner Truppe eng mit den Arbeitsgruppen der Investmentbanken verknüpft werden sollten. Miles würde in London bleiben, dort die PR-Arbeit organisieren und die Ergebnisse auswerten. Er war der kommunikative Kopf im Londoner Hauptquartier. Morrison, so lautete die Entscheidung auch der Banker, sollte sich ständig an der Seite von Gent aufhalten, vor allem dann, wenn der – was in diesen Tagen eher die Regel als die Ausnahme war – auf Reisen ging. Zwar war immer dann, wenn es inhaltlich nötig war, auch ein Banker dabei, aber stets präsent war Morrison. Der berichtete vom Ergebnis von Sitzungen und Treffen mit Journalisten und Investoren ans Hauptquartier in London, so dass sich die Banker dort gegebenenfalls damit auseinandersetzen konnten. Die Ergebnisse der Arbeit aus den Londoner Beratungen und die Auswertungen der Beobachtungen der Mannesmann-Aktivitäten übermittelte Miles an Morrison und Gent, die – wo immer sie gerade auf der Welt waren – sofort darauf reagieren konnten.

Für die Arbeit mit der Presse nahm sich Gent denn auch überdurchschnittlich viel Zeit. Er »überinvestierte in die Kommunikation mit der Presse und den Investoren«, beobachtete Scott Mead. Der Investmentbanker unterstützte dieses Verhalten des Vodafone-Chefs, denn er konnte davon ausgehen, dass sich diese Investition auszahlen werde. Dabei kam es Mead, Morrison und den anderen nicht per se darauf an, gute Schlagzeilen zu bekommen. Ihnen war an einer positiven Gesamtbewertung gelegen – und zwar nicht, um das eigene Ego zu bedienen, sondern um damit den Kapitalmarkt in die ihnen genehme Richtung zu bewegen. Für die Strategie Gents und Meads, aus eins und eins eben mehr als zwei zu machen, war dieser Transmissionsriemen besonders wichtig. Sie setzten auf den Mechanismus, dass eine insgesamt ihnen zugeneigte Berichterstattung am Ende die Kurse antreiben würde. Vor allem, wenn diese Berichterstattung in den für die Meinungsbildung der Analysten, Investoren und Fondsmanager wichtigen Zeitungen stattfand. Während der Schlacht um Mannesmann kam der PR-Strategie bei Vodafone daher ein besonderer Stellenwert zu. Morrison achtete darauf, dass Gent sich an jedem Tag – und egal, wo auf der Welt – mindestens eine halbe Stunde für die Pressearbeit Zeit nahm. In den zentralen Teams gab es Spezialisten für jedes der wichtigen Länder, die Gent genau auf die dort wichtigen Fragen vorbereiteten. So konnte er punktgenau kommunizieren. »Wir haben die andere Seite mit dieser Strategie ein wenig in Bedrängnis gebracht«, sagte Morrison später. »Gent musste immer nur ein paar Minuten aufwenden, und Mannesmann benötigte einen viel höheren Zeitaufwand, um diesen kommunikativen Vorsprung wieder aufzuholen.« Doch die Arbeit mit den Journalisten bezog sich nicht nur auf die Gespräche selber. Morrison vor allem umsorgte die Journalisten – und wenn es nur mit ganz praktischen Dingen war. Bei ihrer ersten Reise durch Deutschland waren Gent und Morrison durch starken Schneefall aufgehalten worden und kamen daher erst spät am Abend in Düsseldorf an – wo vor Gents Hotel, dem Steigenberger Parkhotel, unangemeldete TV-Teams in der Kälte warteten. Der Manager des Hotels informierte Morrison über die Lage. Dessen Reaktion: »Geben Sie den Leuten einen Raum und etwas zu essen.« Nach seiner Ankunft setzte sich Gent dazu, bestellte wie stets ein Steak und Rotwein – und stand den Journalisten Rede und Antwort. Die Fürsorge, die Verfügbarkeit und die geübte Transparenz verschafften Vodafone Sympathie bei den Berichterstattern – auch bei jenen, die eher mit Mannesmann sympathisierten. In dieser Situation war das schon eine ganze Menge.

Mit der PR-Arbeit haben die Berater einen überproportional wichtigen Beitrag zum Erfolg des Deals geleistet. Und das zu vergleichsweise geringen Kosten. Vor allem im Vergleich zu den immensen Aufwendungen für die Werbung, mit denen beide Seiten auf dem Höhepunkt der Schlacht die Öffentlichkeit traktierten. Babys, nackte Brüste und kesse Sprüche – und das alles für einen hohen dreistelligen Millionenbetrag. Genau lässt sich der Aufwand, der den Zeitungen und TV-Stationen noch einmal eine Sonderwerbekonjunktur verschaffte, immer noch nicht auseinanderrechnen. Bei Mannesmann schlugen die Werbeausgaben mit rund 50 Millionen Euro zu Buche, bei Vodafone war es ein Vielfaches davon. Mit Werbung, Telefon-Hotlines und eigenen Internetseiten buhlten beide Seiten um jene Gruppe von Aktionären, die in diesem Kampf mit immer nur knappen Vorsprüngen für die eine oder andere Seite das Zünglein an der Waage sein konnten – um die Privataktionäre. Davon mussten Gent und seine Berater auf der einen und Esser auf der anderen Seite der Schlachtordnung jedenfalls lange ausgehen. Dass am Ende die Stimmen der großen deutschen Fondsverwaltungen den Unterschied zugunsten Vodafones ausmachen würden, war am Beginn der Auseinandersetzung nicht abzusehen. Und so zerbrachen sich wochenlang Hunderte von Werbern auf beiden Seiten die Köpfe darüber, wie der gegnerischen Kampagne Schaden zuzufügen sei. Zum ersten Mal mussten die Werber dabei besonders schnell arbeiten. Die Tonalität der Anzeigen, oft sogar deren Motive wurden kurzfristig von den Beraterstäben um Gent und Esser grob entworfen und dann an die Werber zur Ausarbeitung weitergereicht.

Esser mischte sich sogar oft bis ins Detail ein. In jedem Fall aber mussten die Kreativen schnell auf die sich ändernde Gefechts- und Nachrichtenlage reagieren. Neuland auch für sie.

Bei den Bankern und den zentralen Beratern der beiden Schlachtenlenker standen die Werbeschlachten nicht hoch im Kurs. »Sie kosteten viel Geld, viel Zeit – und der Erfolg war weder garantiert, noch war die Wirkung vorhersehbar«, sagte einer der Berater von Esser. Doch die Kleinaktionäre von Mannesmann blieben bis zuletzt das Zünglein an der Waage – und sie waren zutiefst verunsichert, wem sie denn nun Glauben schenken sollten. War Vodafone, wie Mannesmann reklamierte, die »feindliche Mutter«? Oder galt, wie Vodafone intonierte, dass man zusammen besser sei? Und selbst wenn das stimmte – war es nicht unpatriotisch, an Vodafone zu verkaufen? Und so verwunderte es nicht, dass beide Seiten die Finger nicht von der Werbung lassen konnten. Es ging ein wenig zu wie im Kalten Krieg. Wenn die eine Seite hochrüstete, musste die andere nachziehen. Zunächst noch moderat in Ton und Motiv, beherrschten schnell schrille und aggressive Plakate die Kampagne. Es blieb – scheinbar – keine andere Wahl. Was am Ende blieb, war ein fader Nachgeschmack, zu viel Geld für eine zweifelhafte Wirkung ausgegeben zu haben.

Am Ende war Vodafone mit seiner PR- und Werbestrategie besser positioniert. Natürlich hatte das Unternehmen aus Newbury zunächst die besseren Karten, denn als Angreifer bestimmten die Engländer die Agenda. Doch Mannesmann agierte insgesamt zu verhalten, zu reaktiv. Im Kampf um die öffentliche Meinung konnte Mannesmann nie wirklich die absolute Oberhand gewinnen. Jedenfalls nicht in dem Maß, das notwendig gewesen wäre, um den Angreifer in die Flucht zu schlagen. Dafür gab es eine Reihe von Gründen. Esser und seine Berater wollten sich ganz bewusst bestimmter Instrumente nicht bedienen und setzten durchgehend auf peinlich sauberes Fair Play. So war für Esser der Einsatz der so genannten »politischen Karte« tabu. Im Gegenteil. Als sich Kanzler Schröder und der damalige Ministerpräsident in Düsseldorf, Wolfgang Clement, schützend vor Mannesmann stellen wollten, bat Esser sie darum, sich aus der Diskussion herauszuhalten. Im Team der Verteidiger wurde über den »Einsatz der Politik« diskutiert, aber Esser und auch

Kinzius argumentierten, dass man nicht selber in Frankreich, Italien und England einkaufen könne – nur um dann, wenn es einmal gegen einen selbst laufe, die Palisadenzäune des Nationalismus hochzuziehen. Im Falle von Esser kam hinzu, dass er fest an die Kraft des Marktes – und nur daran – glaubte. Die Politik müsse sich heraushalten, wenn die Wirtschaft in Europa zu einem wirklich gemeinsamen Markt zusammenwachsen solle.

Doch diese Ansichten und Einsichten Essers erklären nicht allein, warum Vodafone fast ständig besser kommunizierte als Mannesmann. Der Manager aus Düsseldorf unterschätzte offenbar die Bedeutung der Presse für den Ausgang der Schlacht. Er maß dem Transmissionsriemen zwischen Presseberichterstattung und Kursen am Kapitalmarkt nicht einen so großen Stellenwert bei, wie Gent das tat. Esser setzte lieber auf eine inhaltlich gute Arbeit. »Wenn die Strategie, die Technik, das Produkt stimmen, dann«, so seine Ansicht, »werden das früher oder später alle einsehen.« Qualität setze sich durch. Es war eine sehr deutsche Einstellung. Sie war auch geprägt aus der Stellung des Mannesmann-Konzerns in seinem Umfeld. Esser war in einem Unternehmen groß geworden, das stets als eine Ikone der deutschen Industrie galt und wahrgenommen wurde. Die große Vergangenheit prägte zwangsläufig mehr, als es die Zukunft tat. Und obwohl Esser deutlich erdverbundener war als viele Manager in der Firma, so war er eben auch ein Teil dieser alten Kultur und nie ein Teil der schnellen, beweglichen marketinggetriebenen Kultur Vodafones gewesen. Dort setzte man mehr auf die Arbeit mit der Öffentlichkeit. Dort hatte man erkannt, dass man vor allem in der zeitkritischen Kommunikation während der Übernahmeschlacht das Unternehmen, seine Produkte und sein Management als Einheit präsentieren und ihm ein Gesicht geben musste – das von Gent, dem diese Rolle des charismatischen Verkäufers von Ideen und Plänen eindeutig besser lag als Esser. Der direkte Vergleich zeigt, wie hoch die direkte Kommunikationsverantwortung der Vorstandschefs war – und wie kriegsentscheidend.

Bären umarmt man nicht

In Düsseldorf hatte man die Aktionen von Gent und seinen Beratern in den Wochen seit der Bekanntgabe des Orange-Deals sehr genau beobachtet. Aus der Sicht der Düsseldorfer mehrten sich die Zeichen, dass Vodafone nicht passiv zuschauen werde. »Die bereiten etwas vor.« Das war die unzweideutige Analyse im Lager von Mannesmann. Kinzius und Esser hatten damit begonnen, die Truppe für eine möglicherweise notwendige Verteidigung zusammenzustellen: Morgan Stanley, Merrill Lynch, JP Morgan und die Deutsche Bank. Es war eine große Gruppe von Banken. Schwierig zu managen. Nicht alle der Berater hatten alle Hände voll zu tun. Wenigstens konnten sie nicht für die andere Seite arbeiten. Doch nicht nur diese Banken konnten nicht für die Gegenseite tätig werden. Keine andere deutsche Bank stand für den Einmarsch von Vodafone bereit. Als deutsches Großunternehmen hatte Mannesmann Geschäftsbeziehungen mit allen Instituten – und daher konnte kein Haus für Gent arbeiten. Manche – wie die Dresdner Bank – wollten, konnten aus diesem Grund aber nicht. Andere wollten es gar nicht erst, weil sie keinen ausländischen Angreifer unterstützen wollten.

Der Angriff, so sah es Esser, lag in der Luft. Die Zeitungen in der Londoner City spekulierten offen darüber, dass Gent bald ein Übernahmeangebot unterbreiten werde, dass ihm keine andere Wahl bleiben werde, wenn er Vodafone nicht nachdrücklich schwächen wolle. Doch es blieb nach wie vor Skepsis. Am Samstag, dem 13. November 1999, sandte die *Financial Times*, stets gut über die Strategie von Vodafone informiert, das klarste Signal – sowohl nach Düsseldorf als auch nach Newbury: »Ruf zu den Waffen«, hatte die Zeitung einen Artikel überschrieben, in dem die Vor- und Nachteile eines Kampfes um Mannesmann beschrieben wurden. »Als Krösus darüber nachdachte, Persien zu überfallen, befragte er das Orakel von Delphi. Die Antwort: ›Wenn du angreifst, wirst du ein großes Reich zerstören.‹ Krösus griff an – und wurde geschlagen. Es war das eigene Reich von Krösus, das zerstört wurde. Wenn Gent über einen Angriff auf Mannesmann nachdenkt, dann sollte er über diese Geschichte nachdenken«, riet die *Financial Times*. Beide Unternehmen seien heute mit den Reichen von damals zu vergleichen. Eines von beiden werde diesen Angriff nicht überleben. Aus der Sicht der Zeitung war jedoch nicht klar, welches. Ein freundschaftliches Angebot, wie von Gent vorgesehen, sei daher die richtige Lösung. Klaus Esser las die Geschichte und wusste: »Nun ist es so weit.« Noch deutlicher wurde dies beim Blick auf die Kapitalmarkt-Kolumne »Lex«. Dort wurde klar vorgerechnet, wie viel Gent wohl bieten werde – 200 Euro pro Aktie. Und warum er das Angebot bis auf 240 Euro erhöhen könne, ohne seinen Aktionären zu schaden. Für Esser war klar, dass die Zeitung von Vodafone informiert und instrumentalisiert worden war. Da wurde einmal vorgefühlt, wie gewisse Ideen denn im Markt ankommen würden. Am Vormittag dieses Tages meldete sich der solchermaßen angekündigte Gent bei Esser. »Ich möchte mit Ihnen eine Idee besprechen.« Ob man sich am folgenden Tag, am Sonntag, dem 14. November, treffen könne. Esser überlegte nur kurz und willigte dann ein. Es war besser, das Treffen so schnell wie möglich zu absolvieren. Ansonsten würde Gent mit Taktiken wie diesen weiterhin den Kurs seiner Aktien nach oben zu drücken versuchen. So lief das Spiel schon seit fast zwei Wochen. Esser informierte Kinzius. Nun galt es, den Verteidigungsmechanismus in Gang zu setzen. »Projekt ›Friedland‹ aktiviert«, notierte Kinzius in seinem Tagebuch. Der Vorstand wurde für den Nachmittag des nächsten Tages zu einer Sitzung eingeladen, der Aufsichtsratsvorsitzende informiert.

Es war 16.45 Uhr am 14. November, als sich die Türen des Sitzungszimmers hinter Esser und Gent schlossen. Die beiden Männer trafen sich auf dem 21. Stock des Mannesmann-Hochhauses. Mit dabei: Julian Horn-Smith und Klaus Kinzius. Lichtjahre weit schien das erste Treffen der Gruppe in London zum Lunch zurückzuliegen, und doch war es gerade einmal zehn Monate her. Es war die Eröffnungsrunde einer Schlacht, die die Kapitalmärkte und die Wirtschaftswelt nun fast drei Monate in Atem halten sollte. Die Stimmung war angespannt, als Gent Platz nahm. Kein Platz für Smalltalk. Gent räusperte sich nervös. Dann legte er los. »Wir glauben, dass es sinnvoll ist, unsere beiden Unternehmen zusammenzulegen.« Gent schilderte den Plan, erläuterte die Logik eines solchen Schrittes aus seiner Sicht. »Unsere Aktivitäten ergänzen sich wunderbar. Eine

Fusion macht industriell absolut Sinn.« Er erklärte, dass die Märkte den Zusammenschluss schätzen würden. »Wir wollen diesen Schritt mit Ihnen zusammen gehen. Wir wollen das Mannesmann-Management einbinden.« Dann kam er zum Preis, den er zu zahlen bereit sei. »Wir würden den Mannesmann-Aktionären 42,1 Prozent an der gemeinsamen Gesellschaft einräumen.« Pause. »Das sind 203 Euro je Aktie.« Und: »Wenn wir hier hinausgehen und den Deal ankündigen, wird unser Kurs nach oben gehen – und Ihre Aktionäre haben sogar ein noch besseres Angebot.« Gent machte eine längere Pause. »Wenn es der Sache dient, werde ich als CEO abtreten.« Seine Stimme verriet ein Höchstmaß an Unwohlsein. Gent fiel es sichtlich schwer, dieses Angebot zu unterbreiten. Damit war alles gesagt. Die Karten lagen auf dem Tisch. Dies war ein ungefragtes Angebot, ein »bear hug«, eine so genannte Bärenumarmung. Das ist kein kuscheliges Unterfangen.

Gent hatte seinen ersten Zug gemacht. Nun war es an Esser zu antworten. Der ließ sich nicht lange bitten. »Ich muss Ihr Angebot ablehnen.« Esser legte seine Meinung dar, dass Mannesmann für seine Aktionäre alleine bessere Ergebnisse erzielen könne als mit Vodafone. »Wir haben die bessere Strategie, die besseren Beteiligungen – auch in England.« Esser erläuterte, dass Orange besser sei als Vodafone. Freundlich und ruhig vorgetragen, war das ein direkter Tritt gegen Gents Schienbein. Er hatte Vodafone mit aufgebaut – und nun wurde ihm bescheinigt, dass die Konkurrenz besser sei. So werden keine Freundschaften geschlossen. Esser setzte noch einen obendrauf: »Ich bin nicht an einem Job bei Ihnen interessiert.« Es war die klarstmögliche Abfuhr, ohne die Contenance zu verlieren. Aber Esser war noch nicht fertig: »Ihre Aktionäre können sich nicht leisten, was mein Unternehmen wert ist.« Gent hatte nicht damit gerechnet, dass er mit seinem Angebot von 42 Prozent durchkommen werde. Es war ein erster Versuch. Aber dass er so rundheraus abgewiesen würde, hätte er nicht gedacht. »Was glauben Sie, was Ihr Unternehmen wert ist?«, fragte Gent spitz zurück. »Das möchte ich nicht sagen, aber sicherlich mehr, als Ihre Aktionäre sich leisten wollen.« Das war eine klare Ansage, die man auch so übersetzen konnte: ›Machen Sie, dass Sie rauskommen!‹ Gent schoss zurück: »Klaus, das ist nicht Ihr Unternehmen. Sie arbeiten dafür. Aber es gehört Ihnen nicht. Es gehört Ihren Aktionären.

Ich schlage vor, dass wir unser Angebot Ihrem Aufsichtsrat und Ihren Aktionären zur Abstimmung vorlegen.« Esser wich nicht zurück: »Ich habe die Autorität, Ihr Angebot auch so abzulehnen.« Gent konterte: »Wenn Sie es nicht Ihren Aktionären vorlegen, dann werden wir es tun. Ich dränge Sie dazu, dies noch einmal zu überlegen. Wir sehen uns sonst genötigt, direkt mit Ihren Aktionären zu sprechen.«

Gents Drohung war deutlich: Entweder Esser machte mit, oder man würde eine feindliche Übernahme in Angriff nehmen. Der Bär zeigte seine Zähne. Doch Esser war weder durch Drohungen noch durch Lockungen, das größere Unternehmen zu führen, von seinem Kurs abzubringen. Das Gespräch endete nach knapp einer Stunde. Gent machte sich auf den Rückweg, und Esser und Kinzius gingen an die Arbeit. Als die beiden aus dem Gespräch mit Gent kamen, so erinnerten sich beide, schauten sie sich fragend an. Das Angebot für eine Übernahme hatten sie erwartet. Dass Vodafone dabei die Mehrheitsrolle anstreben würde, war auch zu erwarten gewesen. Der Preis war zu niedrig – auch damit hatten sie gerechnet. »Aber was war das mit dem Jobangebot?«, fragte Esser. Für ihn und für Kinzius hatte der gekoppelte Vorschlag von Gent – billiger Preis, aber guter Job für Esser – einen merkwürdigen Beigeschmack. Um es vorsichtig auszudrücken. Die Zeit drängte, und die beiden Manager wandten sich dem operativen Geschäft nach der Sitzung zu.

Kinzius hatte alle Schritte zusammen mit Becker und dem Team der Berater vorbereitet. Nun mussten sie schnell handeln. Der Brief an die Aktionäre, der schon in einem Rohentwurf vorlag, wurde fertiggestellt. Darin beschrieb Esser den Vorstoß von Vodafone und begründete seine Ablehnung. Zugleich wurden die Aufsichtsbehörden informiert. Und dann ging es darum, die Auseinandersetzung in die Öffentlichkeit zu tragen – und dabei gleich die eigene Position zu vermitteln. Esser glaubte, dass Gent sofort alles daransetzen werde, den Kurs der Vodafone-Aktien nach oben zu treiben. Da die Übernahme in Aktien und nicht bar bezahlt wurde, ging es nun darum, wer am Kapitalmarkt schneller Boden gutmachte. Je teurer die eigene Aktie, so die Sicht von Vodafone, desto billiger werde Mannesmann zu haben sein. Esser musste das Spiel andersherum treiben. Er musste seinen Kurs nach oben und den von Vodafone nach Möglichkeit nach unten bewegen. Gent beherrschte das Spiel meisterlich, und die Verfassung der angelsächsischen Kapitalmärkte half ihm dabei. Dort gab es eine höhere Liquidität, mehr Geld stand für den Handel und die Anlage zur Verfügung. Das begünstigte seine Sache.

Während Esser den Vorstand informierte und seine Kollegen auf den bevorstehenden Kampf einschwor, arbeitete Kinzius zusammen mit der Presseabteilung an einer öffentlichen Stellungnahme. Die Pressemitteilung war im Lichte der Gerüchte bereits vorbereitet worden und musste nun nur noch aktualisiert werden. Kinzius hatte den sportlichen Ehrgeiz, mit der Nachricht am Markt zu sein, während Gent noch im Flugzeug saß. Die Übung gelang. Als Gent dem Firmenjet entstieg, lief die Ablehnung Mannesmanns schon über die Ticker: »Mannesmann lehnt das Angebot von Vodafone als vollständig unzureichend ab.« Das Angebot sei nicht mit dem Vorstand abgestimmt und liege nicht im Interesse der Firma und ihrer Aktionäre. Und dann noch ein Tiefschlag: »Mannesmann hält eine Kombination mit Vodafone für strategisch nicht attraktiv.« Mit anderen Worten: ›Wir sind besser und können es besser ohne euch.‹ Gent hatte mit einer öffentlichen Reaktion gerechnet, aber nicht mit einer solch deutlichen, die keinen Raum für Interpretationen oder eine Rückkehr an den Verhandlungstisch zuließ. Kinzius und Esser hatten die wichtigen Zeitungen in Deutschland und einige der großen Aktionäre am frühen Sonntag auf die Ereignisse vorbereitet. Kinzius und sein Team schickten die Stellungnahme an die Aktionäre per E-Mail und Fax raus; die wichtigsten Adressen wurden angerufen. Die Botschaft: ›Wir wollen unabhängig bleiben.‹ Mit den großen Zeitungen hatte Esser zum Teil noch kurze Gespräche geführt.

So war sichergestellt, dass die wichtigen Blätter des Landes nicht nur die Mannesmann-Position verstanden und wiedergeben konnten, sondern dass die Berichte auch eine persönliche Einschätzung des CEO enthielten. Im *Handelsblatt* kündigte er an, man werde sich in der Abwehrstrategie allein auf die guten Argumente für ein Halten der Mannesmann-Aktie verlassen. Er sei keineswegs auf der Suche nach einem »weißen Ritter«, der mit einem freundlichen Übernahmeangebot Vodafone ausstechen könne. Mannesmann versuche auch nicht, Unternehmen in Deutschland dafür zu gewinnen, die Aktien aufzukaufen, um das Unternehmen vor einem Verkauf ins Ausland zu bewahren. »Ein Wagenburg-

Verhalten wäre das genaue Gegenteil von dem, wofür wir immer gestanden haben«, sagte er. Und fügte selbstbewusst hinzu: »Wir sind überzeugt, dass unsere Aktionäre erheblich mehr Wertsteigerung für ihr Investment erzielen werden, wenn sie ihre Mannesmann-Aktien behalten.« Esser demonstrierte Selbstbewusstsein – und wurde leichtsinnig. »Jedes Angebot, das unter einer Prämie von 100 Prozent bleibt, wäre absolut lächerlich.« Das sagte sich leicht angesichts der Tatsache, dass die Mannesmann-Aktie gerade mit 190 Euro ein neues historisches Hoch erreicht hatte. Esser glaubte offenbar, dass eine Verdopplung kaum drin sein werde. Er hatte die Dynamik des Marktes in jenen Monaten unterschätzt. Zum ersten Mal hatte er implizit ein Kursziel genannt. Das war ein Fehler, wie sich später herausstellen sollte. Kurzfristig erreichte Esser sein Ziel: Er wollte der Welt unmissverständlich deutlich machen, dass er sich mit allen Mitteln gegen eine Übernahme wehren wollte. Worum es im Prinzip ging: Der Kurs der Vodafone-Aktie musste fallen, weil die Aktionäre ein höheres Angebot befürchteten. Und aus genau den gleichen Gründen würde der Kurs von Mannesmann nach oben gehen. In der Theorie. Esser wollte den Angriff für Gent so teuer machen, dass er schließlich davon würde ablassen müssen. Hardcore-Kapitalismus.

Im Vorstand betrachtete man die Vorgänge trotz der robusten Ablehnung durch den Chef mit Skepsis. Dies war das Führungsgremium einer deutschen Industrie-Ikone. Hier war man es nicht gewohnt, offen angegriffen zu werden. Schon gar nicht von einer ausländischen Firma, deren Namen in Deutschland kaum ein Mensch kannte. Doch auch die Vorstände der Ikone mussten einräumen, dass der unbekannte Gegner aus Newbury über eine ziemliche Feuerkraft verfügte. Im Vorstand konnte sich niemand sicher sein, ob man diesen Angriff würde abwehren können. Eine unerhörte Vorstellung! Die Stimmung an diesem Sonntag war ernst und bedrückt. Und Esser – das sagte zwar niemand so offen – war an der Situation zumindest mitschuldig. Er hatte den Konzern – hastewas, kannstewas – umgebaut, angelsächsisch ausgerichtet und damit anfällig eben für Angriffe dieser Art gemacht. Dieser offene, brutale Überlebenskampf, der dazu noch auf einem Gebiet – dem Kapitalmarkt – ausgetragen wurde, das vielen wenig vertraut war, schmeckte vielen im Vorstand nicht. Da halfen auch die positiven Reaktionen einiger Anleger nicht, die

Kinzius zusammengetragen hatte. Das Angebot von Vodafone sei zu niedrig; man habe Preise zwischen 225 und 275 Euro erwartet. Auf der Basis von 203 Euro werde man kein Stück aus der Hand geben.

Am Montag setzte Esser seinen nächsten Schlag. Er hatte sich lange mit seinen Beratern besprochen, ob man es darauf anlegen solle. Das Team war uneinig. Becker riet rundheraus ab. Aber Esser, der Jurist, wollte vom alldem nichts hören. Er wollte Goldman Sachs gerichtlich von dem Deal ausschließen lassen. Esser fühlte sich von Goldman hintergangen. Die Bank, so argumentierte er im kleinen Kreis und später öffentlich, habe schließlich für Mannesmann gearbeitet: Was sei der Grundsatz wert, man arbeite nie bei feindlichen Deals mit, die sich gegen einen Kunden richten? Das war aus Essers Sicht die moralische Seite. Aber es gab für ihn auch noch eine rechtliche. Das Pariser Büro von Goldman hatte Mannesmann bei den Gesprächen mit Vivendi beraten. Goldman hatte die Kapitalerhöhung begleitet und bei der Übernahme von Orange auf der Seite von Hutchison beraten. Es war Essers Furcht, dass vertrauliche Informationen ihren Weg zu Vodafone finden könnten. Daher müsse man gegen Goldman Sachs gerichtlich vorgehen. Esser wusste um die Klasse der Bank und hätte sie ohnehin lieber im eigenen Lager gesehen. Seine Kalkulation: »Wenn wir Goldman als Berater abschießen, dann haben wir den halben Krieg gewonnen.« Becker hielt in den Diskussionen dagegen. Er verteidigte weniger die Haltung von Goldman, trotz der Beratung rund um Vivendi gegen Mannesmann vorzugehen. »Es ist nicht auszuschließen, dass die wichtiges strategisches Wissen haben.« Gleichwohl wollte Becker die Klage verhindern. Seine Argumentation: »Wenn Goldman geht, dann kommt eine andere Bank. Wir ändern nichts am Willen Gents, den Angriff zu wagen.« Esser war nicht zu überzeugen. Er ließ sogar prüfen, ob man nicht auch gegen UBS Warburg vorgehen könne. Kinzius setzte die Anwälte in Bewegung. Um zehn Uhr am Montagmorgen flatterte dem Londoner High Court der Antrag auf eine einstweilige Verfügung gegen Goldman Sachs auf den Tisch. Zeitgleich wurde die Bank selber informiert. Im Hauptquartier an der Fleet Street schlug der Schachzug Essers wie eine Bombe ein. Gent und die Kollegen von UBS wurden sofort unterrichtet. Das Team von Goldman stand unter Volldampf bereit, für Vodafone ins Feld zu ziehen. Und nun waren sie zur Untätigkeit verurteilt, weil das Gericht in London dem Antrag von Mannesmann erst einmal stattgegeben hatte. Am Donnerstag würde die mündliche Verhandlung stattfinden. Bei Goldman war die Hölle los. Die Banker waren empört. Nicht nur waren sie zur Untätigkeit verdammt – hier stellte auch noch jemand die Integrität der Bank in Frage. Und da reagierte Goldman verständlicherweise allergisch. New York wurde informiert, Anwaltsfirmen beauftragt. Jeder Goldman-Mitarbeiter, der je etwas mit Mannesmann zu tun gehabt hatte, musste genau darlegen, welches Verhältnis er zu der Düsseldorfer Firma hatte. Das ergab lange Memos und lange Interviews mit den Rechtsanwälten. Die Bank munitionierte sich für die Verhandlung, wie es nur amerikanische Firmen können. Für die Banker war es die Hölle. Sie fühlten sich wie Tiger im Käfig. Bereit zum Kampf – und doch eingesperrt. Gleichwohl mussten sie lange Stunden in der Bank verbringen, damit das Verfahren vorbereitet werden konnte. Scott Mead sah sein Zuhause in diesen Tagen kaum.

Für Gent kam der Angriff auf Goldman zu einem denkbar schlechten Zeitpunkt. Er versicherte Mead und den anderen, hinter der Bank zu stehen. Aber das Leben musste weitergehen. Am Montag und in den Folgetagen besprach er sich mit den großen Aktionären. Würden sie einen feindlichen Deal unterstützen? Wenn ja, bis zu welcher Preisgrenze? Gent, Finanzchef Ken Hydon und Julian Horn-Smith präsentierten den Plan wieder und immer wieder. Sie stellten vor, wie sich die Aktivitäten ergänzten, wie man Synergien nutzen und Erträge steigern konnte. Gent rechnete mit Ertragsverbesserungen von 20 bis 25 Prozent in den Jahren nach der Übernahme. Die Reaktion der Investoren: »Machen Sie es – falls nötig, feindlich! Die industrielle Logik ist nicht von der Hand zu weisen. Das wird uns Jahre Vorsprung vor der Deutschen Telekom oder France Telecom verschaffen.« Bis zum Ende jener Woche sprach das Trio mit 160 Investoren in London, Paris, Frankfurt, München, New York, Boston und San Francisco. Eine logistische Herausforderung – aber nichts gegen das, was noch kommen sollte.

Nicht nur die Aktionäre hatten sich hinter Gent geschart. Auch der Verwaltungsrat stand nun, wenn auch immer noch etwas zweifelnd, hinter dem Plan. Am Montag hatte Gent die Zustimmung des Gremiums nach einer längeren Sitzung erhalten. In den nächsten Tagen dauerte der

Kampf zwischen Esser und Gent um die Hoheit an den Kapitalmärkten an. Am Montag gab der Kurs von Vodafone um sieben Prozent nach, während Mannesmann zulegte. In den nächsten Tagen drehte sich das Blatt zugunsten von Gent. Der ließ verlauten, man sei bereit, das Angebot auf 235 Euro aufzustocken. Esser ließ prompt wissen: Nicht einmal für diesen Preis werde man verkaufen. Doch die Luft wurde dünner: Lange konnte die Strategie des Neinsagens nicht mehr verfangen. Langsam, aber sicher würden die Märkte mehr hören wollen als nur: Das wollen wir nicht. Selbst jene Anleger, die im Prinzip gegen einen Deal waren, mussten sich der Logik beugen, dass Vodafone es sich nicht leisten konnte, passiv zu bleiben. Gent brütete gleichwohl darüber, ob er den Angriff wagen solle oder nicht. Es war eine schwierige Zeit. Goldman Sachs stand nicht zur Verfügung. Auch Warburg war nicht sicher, ob man nicht von einer Gerichtsverfügung ereilt würde. Aber noch konnten die Banker dort beraten. Und sie machten Gent Mut. Das riesige Börsenhandelsteam – zuweilen waren es 500 Mitarbeiter, die für Vodafone arbeiteten – nahm Fühlung mit Investoren auf. Die Botschaft an Gent: Der Markt mag den Vorschlag. »Wir glauben, dass Sie rund 55 Prozent der Investoren für sich gewinnen können.« Es konnte gelingen.

Weiteren Aufwind sollten Gent und sein Lager am Donnerstag erhalten. Früh am Morgen nahm Richter Sir Gavin Lightman in seinem Gerichtssaal am Londoner High Court Platz. Er hatte über die einstweilige Verfügung der Mannesmann AG gegen Goldman Sachs zu entscheiden. Der Richter machte es kurz und bündig. Der britische Jurist hörte sich die Vorträge beider Seiten an. Die Anwälte von Mannesmann reklamierten, Goldman Sachs habe zu viel vertrauliches Wissen über den deutschen Konzern, als dass die Bank nun an einem Angriff gegen ihn mitwirken dürfe. Außerdem habe die Bank Versicherungen abgegeben, nicht gegen Mannesmann zu agieren. Die Beweise blieben die Anwälte allerdings schuldig. Mehr noch: Es stellte sich heraus, dass ein wichtiges Beweisstück quasi zurückgezogen werden musste. Kinzius, der zuvor ausgesagt hatte, er sei bei einem Treffen zwischen Esser und einem Goldman-Banker anwesend gewesen und habe das Nichtangriffs-Versprechen gehört, musste dies nun zurückziehen. Esser habe ihm davon nur erzählt. Bei Goldman Sachs war man nicht amüsiert. Und ebenso wenig war es der

Richter. Er kam – wohl auch wegen dieses Vorfalls – brutal schnell zu einem vernichtenden Urteil. Er hob die einstweilige Verfügung auf und begründete dies so: Mannesmann sei es nicht gelungen, Goldman Sachs nachzuweisen, dass das Unternehmen im Besitz vertraulicher Informationen sei. Der Versuch von Mannesmann sei »komplett hoffnungslos«. Der Antrag müsse abgewiesen werden – er hätte nie gestellt werden dürfen. Deutliche Worte fand der Richter auch für Kinzius, dessen Verhalten er »total unakzeptabel« fand. Ein solches Verhalten werfe Fragen über die Motivation des Antrages auf, so der Richter. Bei Goldman Sachs sah man seine Reputation wiederhergestellt. Mannesmann hatte den größtmöglichen Schaden erlitten. Nicht nur hatte man die Teilnahme von Goldman Sachs am Deal nicht verhindern können, nicht nur hatte man sich in aller Öffentlichkeit bis auf die Knochen blamiert, man hatte auch an Glaubwürdigkeit eingebüßt. Becker hatte mit seinen Einwänden Recht gehabt. Nun hatte man zusätzlich zu all dem zerschlagenen Porzellan auch noch Banker von Goldman Sachs auf der Gegenseite, die gerade jetzt nicht ruhen würden, bis sie gewonnen hätten. Es war kein guter Tag für Mannesmann.

Vodafone hatte nun das Momentum auf seiner Seite. Gent, der tagelang darüber gebrütet hatte, ob er im nächsten Schritt Mannesmann noch einmal freundschaftlich mit einer verbesserten Offerte zu einem Geschäft einladen oder ob es gleich zu einem feindlichen Angebot komme sollte, Gent hatte sich entschlossen. Die Truppen standen bereit und waren motiviert. Die Aktionäre hatten ihm den Rücken gestärkt. Und es gab wenig Hoffnung, dass Esser einem verbesserten Angebot zustimmen werde. Gent entschied sich für die unfreundliche Variante. Bei einer Pressekonferenz in der Gibson Hall legte er am 19. November 1999 sein verbessertes »letztes« Angebot der Öffentlichkeit vor. Den Aktionären von Mannesmann sollten demnach 47,2 Prozent am gemeinsamen Unternehmen gehören – das entsprach einem Angebot von 240 Euro je Aktie. Esser hatte Gent bereits am Donnerstag einen Brief zukommen lassen, in dem er jeder weiteren friedlichen Einigung eine Absage erteilte. »Wir wollen unseren Weg alleine gehen.« Gent bemerkte in seiner Pressekonferenz: »Ich gehe davon aus, dass Esser seinen Posten aufgibt, wenn wir gewinnen.«

Mannesmann lehnte auch dieses Angebot ab. Der Krieg war erklärt.

Chris, der Charmer

Die Götter schienen Chris Gent und seiner kleinen Mannschaft an diesem Dienstag, dem 23. November, nicht gewogen zu sein. Sie steckten offenbar im Schnee fest. Und das bei einem übervollen Terminkalender.

Das Vodafone-Team um Chris Gent war bereits am Wochenende nach Deutschland aufgebrochen – zur ersten so genannten Charme-Offensive. Wochenlang hatten Gent und seine Berater an den Details eines Angebotes für Mannesmann gearbeitet, hatten mit den Vodafone-Aktionären gesprochen – und mit Esser. Nun, wo ein friedlicher Deal nicht mehr möglich schien, galt es für Gent, Deutschland von den Vorzügen einer feindlichen Übernahme zu überzeugen – die Gewerkschaften, die große und kleine Politik, die Mannesmann-Aktionäre. Keine leichte Aufgabe. Gent, das Kommunikationstalent, musste von der Notwendigkeit des Unterfangens nicht lange überzeugt werden. Obwohl er wusste, dass ihm eine schwierige Mission bevorstand, fuhr er mit anscheinend unerschütterlichem Optimismus und einer gewissen Vorfreude nach Deutschland. Gleichwohl: Es würden wieder kräftezehrende, mit Terminen eng vollgepackte Tage »on the road« werden. Nicht die letzten übrigens. Während Gent in diesen Tagen in Deutschland unterwegs war, hatte sich Vodafone-Finanzchef Ken Hydon nach Amerika auf den Weg gemacht. Bis zum 13. Dezember würden die Manager kreuz und quer in Europa und Amerika unterwegs sein. Außerhalb Deutschlands ging es ausschließlich darum, die Aktionäre von Mannesmann davon zu überzeugen, dass die unfreundliche Übernahme Sinn machte.

Doch in Deutschland genossen die Gespräche mit Politikern und Gewerkschaften eine herausgehobene Bedeutung. Vor allem von der Politik und bei den Gewerkschaften erwarteten Gents Berater den größten Widerstand. Und genau vor diesem Widerstand hatten sie den größten Respekt. Für die Stimmung der Aktionäre hatte man ein gutes Gefühl. Und vor allem gehörte die Kommunikation mit Investoren für Gent und seine Leute zur Routine des Geschäftes. Mit der Politik in Deutschland verhielt es sich anders. Die war in ihrer Reaktion schwer zu prognostizieren. Nur so viel war klar: Gegen den Protest der Politik wäre der Deal wohl kaum zu machen. Bereits am Wochenende hatte Gent dem Ministerpräsidenten des Landes einen Besuch abgestattet. Wolfgang Clement, der sozialdemokratische Regierungschef, begrüßte, so Gents Erinnerung, den Vodafone-Chef in aufgeräumter Stimmung. Gent stellte den Übernahmeplan kurz vor und schilderte, was man vorhabe, falls man sich durchsetzen könne. Clement nickte: »Ein rationaler Plan.« Hier fand kein Klassenkampf statt. Clement war durch und durch Pragmatiker. »Daraus entstände ein starkes europäisches Unternehmen. Warum will Herr Esser nicht darüber sprechen?« Gent: »Weil er den gleichen Plan hat und sich das Heft des Handelns natürlich nicht aus der Hand nehmen lassen will.« Aber aus der Sicht von Aktionären und Arbeitnehmern sei der Plan Vodafones besser. »Was Sie mir sagen wollen, ist, dass wir hier in Nordrhein-Westfalen keine Angst um Arbeitsplätze haben müssen. Verstehe ich Sie da richtig?«, fragte der Ministerpräsident. Gent bejahte. Er sagte Clement auch zu, dass das traditionelle Industriegeschäft von Mannesmann nicht an die Konkurrenz verkauft werde: »Wir werden die Pläne von Mannesmann fortführen und dieses Geschäft vom bisherigen Management weiterführen lassen. Geplant ist ein Börsengang.« Diese Zusage würde Gent später allerdings nicht einhalten. Die Mannesmann AG werde in Düsseldorf bleiben, das Festnetzgeschäft nicht verkauft. Und dann: »Haben Sie einen Rat für mich?« Clement hatte: »Seien Sie sehr klar in Ihrer Kommunikation gegenüber der deutschen Öffentlichkeit. Stellen Sie klar, dass die Übernahme keine Arbeitsplätze kostet und Sie die Mitbestimmung achten.« Clement und Gent gingen in guter Stimmung auseinander. Auf dem Weg vom Termin bei Clement zurück ins Hotel diskutierten die Männer von der Insel über die letzte Äußerung des Ministerpräsidenten. »Wir sollten Anzeigen schalten, damit wir unsere Botschaft richtig rüberbringen«, sagte Gent. Weder er noch Morrison wollten sich auf das verlassen, was die Zeitungen über sie und ihr Vorhaben berichten würden. Am nächsten Morgen diktierte Gent einen Brief an Clement, in dem er sich für das »konstruktive Gespräch« bedankte: »Ich hoffe, dass ich Ihre Bedenken bezüglich der Mitarbeiter und der Menschen in der Region entkräften konnte.«

An diesem Tag, dem 23. November, hatte für Gent und seine Begleiter München auf dem Programm gestanden. Am frühen Abend wollte die Truppe wieder zurück nach Düsseldorf fliegen, wo man Quartier gemacht hatte. Doch in München schneite es so stark, dass am Flughafen nichts mehr ging. Schneetreiben, niedrige Wolken, keine Sicht. Keine gute Mischung. Der normale Flugbetrieb war zum Erliegen gekommen. Genau das konnten sie jetzt nicht gebrauchen. Angedeutete Flüche. Aber Bronte Marshall kümmerte das Wetter nicht. Wer F-15-Kampfflugzeuge geflogen hatte, der ließ sich nicht durch solche Kleinigkeiten aus der Ruhe bringen. »Rauf kommt man immer«, sagte er grinsend. Gent, Horn-Smith und Morrison antworteten mit skeptischen Blicken – und kletterten in die Hawker 125. Der Firmenjet von Airtouch war extra für die Übernahmeschlacht von der Westküste Amerikas nach Europa verlegt worden. Die Angreifer wollten bei ihren Exkursionen nicht auf kommerzielle Fluggesellschaften und deren Zeitpläne angewiesen sein. Durch die kleinen Fenster des Jets beobachteten sie die Szene. Das Wetter hatte jetzt schon alle Zeitpläne für die festgesetzten Treffen in Düsseldorf über den Haufen geworfen. Den Düsseldorfer Oberbürgermeister Joachim Erwin hatten sie an diesem Abend treffen wollen. Diesen Besuch hatten die Helfer hinter den Kulissen schon auf den nächsten, ohnehin vollen Tag verschoben. Wetter hin, Wetter her – sie mussten nach Düsseldorf. Mit dem Auto würde es bei dieser Witterung auch kaum gehen. Marshall machte alle Alternativpläne zu Makulatur. Mit röhrenden Triebwerken stieß die Hawker durch Schneetreiben und Wolken hindurch in den klaren Nachthimmel.

Der Tag in München war unter dem Strich gut gelaufen. Das Vodafone-Team hatte großen Mannesmann-Aktionären seine Pläne vorgestellt – Allianz, Münchener Rück. Und den Pensionsfonds-Managern von Siemens. Sie waren überall freundlich aufgenommen worden – bis auf Siemens. Gent hatte seine Pläne gerade erläutert, als der zuständige Fondsmanager klarmachte: »Ihr Ansatz ist in Deutschland total unakzeptabel.« Schweigen. Der Mann schaute Gent durch seine goldgeränderte Brille scharf an. Es war ein erster Vorgeschmack auf die Auseinandersetzungen, die noch vor Gent und den Beratern liegen würden. »Eine unfreundliche Übernahme, das ist nicht der deutsche Weg. Wir regeln so etwas einvernehmlich.« Die blauen Augen des Mannes verrieten wenig Sympathie für die Gentlemen von der Insel. »Siemens wird so etwas nicht unterstützen. Und deshalb werden Sie das hier auch verlieren.« Deutliche Worte. Ganz klar, in Bayern wurde nicht mit dem Florett gefochten. Doch Gent ließ sich nicht einschüchtern. »Sehr interessant. Unfreundliche Übernahmen sind also schlecht für Unternehmen. Habe ich Sie da richtig verstanden?« Nicken. Nun war es für Gent an der Zeit, den Säbel zu ziehen: »Vor zehn Jahren gab es einmal ein Unternehmen namens Siemens, das in England zusammen mit GEC eine feindliche Übernahme der Firma Plessey durchzog. Nicht wahr? Es war ein guter Deal für alle. Für Siemens, die Aktionäre von Plessey und deren Arbeitnehmer, weil durch die Übernahme ein größeres, besseres Unternehmen entstand – so wie wir es jetzt mit Mannesmann machen wollen.«

Man hätte das Lächeln von Gent für eine freundliche Geste halten können, aber es war mehr der Ausdruck der Zufriedenheit, einen schönen Treffer gelandet zu haben. Der Siemens-Mann lächelte gequält. »Ach, Sie erinnern sich daran?« So leicht war Gent nicht auszuhebeln. An Bord der Hawker lachten sie bei der Erinnerung an den kurzen Schlagabtausch, während die Maschine über die Waschküche am Boden hinweg durch die klare Nacht Richtung Düsseldorf flog. Es war eine Begegnung der klassischen Stereotype gewesen, wie es sie im Laufe der Schlacht nur selten geben sollte: Auf der einen Seite ein deutscher Investor, Politiker oder Gewerkschafter, der sich relativ rüde gegen den englischen Eindringling zur Wehr setzt. Und Gent als typischer Brite auf der anderen Seite – Vertreter einer Gesellschaft, wo Konflikte selten offen und vor allem nicht mit solch klaren Worten ausgetragen werden. Dort tänzelt man vorsichtig um das Problem herum, beherrscht die Kunst der Andeutung. Man muss die Briten zwischen den Zeilen lesen können, will man sie verstehen. Gent gab stets den typischen Briten – auffällig gestreifte Hemden, Hosenträger, gewagte Farben. Seine Berater hatten überlegt, ob nicht für die Treffen in Deutschland zumindest ein Auftritt in gedecktem Outfit nötig wäre. Doch Gent, der sich sonst stets beraten ließ, mochte nicht von seinem üblichen Stil lassen. Es wäre auch unglaubwürdig gewesen.

Während die Truppe den Tag in München Revue passieren ließ, nahm Morrison einen Anruf aus Düsseldorf entgegen. Der Manager des Parkhotels warnte davor, dass vor dem Haus Fernsehcrews warteten – anscheinend unangemeldet. In Düsseldorf war die Stimmung an diesem Abend aufgeheizt. In der Philipshalle hatten sich mehr als 1000 Mannesmann-Mitarbeiter zur Betriebsversammlung eingefunden. Der Betriebsrat heizte die Stimmung an, und auch der Ministerpräsident sorgte mit seiner Rede nicht für eine Beruhigung der Gemüter. Im Parkhotel fühlte man sich daher gegenüber den einfliegenden Gästen besonders verpflichtet. Schließlich hatte Gent allein gleich zwei Suiten für sich gebucht – eine als Schlaf- und die andere als Arbeitsstätte. Auch seine Begleitung wohnte im Parkhotel. Außerdem diente das Hotel fast allen Investmentbankern, die in diesen Monaten in Düsseldorf einfielen, als Herberge. Morrison bat den Manager, mit den Journalisten freundlich umzugehen. »Geben Sie den Leuten einen Raum.« Nicht nur die Journalisten waren überrascht. Als die Engländer kurze Zeit später dann im Hotel eintrafen, rechneten die Fernsehleute nicht mit viel mehr als einem kurzen Statement. Aber Gent und der Rest der Crew machten es sich bequem. Der Vodafone-Chef bestellte wie üblich sein Steak und einen Rotwein. Dann blickte er aufgeräumt über den Tisch und fragte: »Was können wir für Sie tun?« Es folgte eine längere Diskussion. Es war diese Offenheit und Verfügbarkeit, mit der Gent und seine Berater die skeptische deutsche Öffentlichkeit für sich und ihre Pläne gewinnen wollten. Schritt für Schritt würde die Strategie aufgehen. Sehr zur Überraschung der Strategen bei Mannesmann. Man habe besonders zur deutschen Presse in den Monaten des Kampfes eine gute Beziehung aufgebaut, sagte Gent später. Eine Ausnahme sei das Düsseldorfer *Handelsblatt* gewesen, wo die charmanten Überzeugungsversuche von Gent nicht verfingen.

Nach einer kurzen Nacht stand am Mittwoch harte Lobby-Arbeit an. Gent traf sich mit dem Düsseldorfer Oberbürgermeister, der *Bild*-Zeitung, einigen Lokalzeitungen und natürlich mit Investoren, die Mannesmann-Aktien in ihren Portfolios verwalteten, wie der Westdeutschen Landesbank. Ein volles Programm wie an jedem Tag während dieser Reise. Das Wetter war immer noch durchwachsen, als Gent an diesem Mittwoch, kurz vor zwölf Uhr – wie meist im Nadelstreifenanzug und mit fliederfarbenem Hemd – über das Kopfsteinpflaster des Düsseldorfer Rathausvorplatzes schlenderte. Er hatte die kurze Strecke vom Hotel zum Rathaus, vorbei am Weihnachtsmarkt, zu Fuß zurückgelegt. Ein Manager zum Anfassen. Das Rathaus lag nur wenige hundert Meter von der Konzernzentrale von Mannesmann, direkt am Ufer des Rheins. Quasi in der Höhle des Löwen. Eine kleine Gruppe von Demonstranten wartete im Schatten des Denkmals des beliebten Kurfürsten Jan Wellem schon auf ihn. Sie schwenkten Plakate und riefen ihre Protestparolen: »Mannesmann is not for sale.« Unmissverständlich – auch für die Briten. Die *Bild*-Zeitung hatte zuvor die Stimmung gegen Gent und seine Truppen geschürt: »0172 – Keine Übernahme unter dieser Nummer«. Die Stimmungsmache zeigte Wirkung. Die Vodafone-Truppe entschied sich gleichwohl für den Haupteingang. Man wollte nicht das Bild entstehen lassen, als weiche man aus und schleiche sich zu Treffen hinter verschlossenen Türen. Gent und seine Begleiter – wieder Julian Horn-Smith und Hugh Morrison – sahen zu, dass sie ins Rathaus kamen.

Oberbürgermeister Joachim Erwin empfing die Manager in seinem holzgetäfelten Besucherzimmer. Alles an diesem Ort strahlte Tradition aus. Stürmische Veränderungen nicht willkommen. Gent und seine Begleiter rechneten mit einer frostigen Begegnung. Doch nichts von alledem. Der CDU-Bürgermeister gab sich als perfekter Repräsentant. Gent schilderte das Gespräch später so: »Wie geht es Ihnen, haben Sie eine gute Reise gehabt? Grauenhaftes Wetter, nicht wahr?« Es erschien Gent fast wie im typischen englischen Smalltalk. Das Treffen hatte schon am Abend zuvor stattfinden sollen, doch die Schneepanne hatte das verhindert. »Etwas Tee?« Erwin wirkte auf Gent ausgesucht höflich: »Nehmen Sie doch bitte Platz.« Doch dann kam er, so erinnert sich Gent, gleich zur Sache: »Ich habe eine Frage: Werden Sie Steuern zahlen?« Gent hatte mit so ziemlich jeder Eröffnung gerechnet – auch mit jeder unerfreulichen –, aber nicht damit. Er schaute verdutzt und erinnert sich, dass Erwin gleich nachlegte: »Die Leute da draußen«, soll er in Anspielung auf die Demonstranten gesagt haben, »haben investiert in Mannesmann-Aktien. Die wollen vor allem ihr Investment schützen und ihren Arbeitsplatz. Ich will aber wissen: Zahlen Sie Steuern?« So hatte jeder seine Partikularinteressen, dachte Gent. Dessen Antwort: »Aber natürlich. Keine Frage. Wir zahlen überall in der Welt Steuern – wo immer wir unser Geschäft betreiben.« Erwin und der ebenfalls anwesende Stadtkämmerer wirkten auf

Gent erleichtert und sichtlich zufrieden. »Oh, dann ist ja alles gut.« Gent erinnert sich weiter: Er möge bitte verstehen, dass er als Oberbürgermeister öffentlich weiterhin etwas Widerstand leisten müsse. »Solange Sie hier Steuern zahlen, ist die Sache für mich in Ordnung.« Gent und seine Mitstreiter waren ein wenig perplex. Gent erläuterte, dass der Hauptsitz für das Telekom-Geschäft weiterhin in England bleiben werde. Doch man überlege, ob nicht das Hauptquartier für das Europageschäft in Düsseldorf sein könne. Arbeitsplätze würden daher nicht in Gefahr sein. Erwin schien, so war Gents Eindruck, fast zufrieden zu sein. Es folgte noch ein wenig Smalltalk, dann eine kurze Pressekonferenz, die dem Lokalpolitiker die Gelegenheit gab, sich als Teil der großen Welt zu profilieren. Gent sollte es gerade recht sein. Er versicherte, der Standort Düsseldorf müsse auch nach der Übernahme nicht um Arbeitsplätze fürchten. Erwin sagte, ohne eine Miene zu verziehen, Gent habe ihm nicht schlüssig aufzeigen können, in welcher Art sein Konzept jenem von Mannesmann überlegen sei. Aber bitte, das sei nicht die Sache der Politik. Die Fragen der Journalisten waren überwiegend freundlich. Zum Schluss wollte ein Journalist noch wissen: »Werden Sie auch Zeit zum Shopping haben?« Gent lachte: »Kaum. Wir sind hier, um ein Unternehmen namens Mannesmann zu kaufen.« Die Sache war gut gelaufen. Weder er noch Erwin konnten ahnen, dass der Nachfolger von Gent an der Spitze von Vodafone im Jahr 2004 steuerlich wirksame Verluste aus der Transaktion in Höhe von 50 Milliarden Euro geltend machen werde.

So einfach wie bei Erwin würde es beim nächsten Termin nicht zugehen. Redaktionsbesuch bei der *Bild*-Zeitung in Düsseldorf – zusammen mit Arbeitnehmervertretern von Mannesmann. Das würde alles andere als ein Heimspiel sein. *Bild* gehörte zu den Scharfmachern gegen die »Angreifer aus dem Ausland«. Schnippische Texte gepaart mit ein paar Bildern, die Gent wenig vorteilhaft darstellten. *Bild* stand auf der Seite der Mannesmänner. Sie waren schließlich die Käufer des Blattes. An diesem Morgen hatte die Zeitung reißerisch über den Brief von Gent an Clement und über die Betriebsversammlung am Vorabend berichtet. Den Brief hatte die Redaktion gleich im Original abgedruckt. Daneben durften die Arbeitnehmer ihrem Frust über Gent freien Lauf lassen. All das unter der Schlagzeile: »Gent verspricht: Mannesmann bleibt Mannesmann. Betriebsräte: Dafür brauchen wir die Briten nicht«. Das war eindeutig. Gent und seine Berater rechneten mit einer Gruppe von bis zu 100 Leuten, die ihnen gegenüberstehen werde. Gleichwohl entschieden sie sich dagegen, von Sicherheitsbeamten begleitet zu werden. Zu deuten als Botschaft: ›Wir haben nichts zu befürchten, und wir igeln uns auch nicht ein.‹ Die erste Überraschung war, dass die Mannesmänner nicht gekommen waren. Unternehmen und Betriebsrat hatten interveniert. Man wollte Gent nicht die Plattform geben. *Bild*-Redakteure übernahmen notgedrungen die Rolle der Arbeitnehmer und stellten die Fragen, die »die Mannesmänner nicht stellen durften«. Motto: »*Bild* kämpft für Sie. Marke: Beschützer der Verfolgten«. Die Fragen flogen Gent wie Pfeile entgegen: Ob Gent jedem Mannesmann-Mitarbeiter einen Job garantieren könne? Eine Zusage »hier und jetzt« bitte schön! Morrison fürchtete, Gent werde diese Veranstaltung nicht heil überleben. »Wie wollen Sie die Leute überzeugen, dass Sie kein eiskalter Haifisch sind?« Das konnte ja heiter werden. »Wollen Sie überhaupt mit Herrn Esser zusammenarbeiten?« Die *Bild*-Reporter gaben sich als harte Brocken. Doch Gent konterte jede Frage mit entwaffnender Offenheit. Es würden keine Jobs vernichtet, sondern – im Gegenteil – neue entstehen. Man werde die Mannesmann-Kultur respektieren. Und so weiter. Stück für Stück konnte Gent die *Bild*-Leute überzeugen.

Es zahlte sich aus, dass er sich der Meute gestellt hatte. Bei den Redakteuren blieb der Eindruck hängen: Hier will einer etwas aufbauen. Der kommt nicht mit dem Abrissbagger. Und Gent vermittelte, dass da kein eiskalter Kapitalist saß. Obwohl er genau das in dieser Sekunde war – und sein musste. Dies war ein Krieg unter Kapitalisten nach den Gesetzen des Kapitalmarktes. Da gab es keinen Platz für Zauderer. Die Redakteure ließen sich überzeugen. In der Ausgabe des nächsten Tages feierten sie sich beim Abdruck des Interviews zwar noch als stramme Verteidiger der Mannesmänner. Doch zugleich bescheinigten sie Gent Mut. Keine Frage, sein Auftritt hatte sie sogar ein wenig beeindruckt. Und schon in der nächsten Ausgabe höhnten sie: »Guten Morgen, Herr Esser! Das soll Ihr Nachfolger werden«. Und stellten ein Bild von Julian Horn-Smith dazu. Wenn Esser sich nicht einige und später den Kampf auch noch verliere, dann werde er den Hut nehmen müssen. Horn-Smith, so dozierte das Blatt, sei der richtige Mann für den Job. Er könne das Vertrauen der Mannesmänner gewinnen. »Freundlich, sehr entspannt. Der Vater von vier Söhnen liebt gutes Essen und Fußball.« So baut man Volkshelden auf. Esser konnte über diesen Gesinnungswandel nicht erfreut sein. Morrison und Gent hatten die *Bild*-Zeitung umgedreht. Die Woche in *Bild* endete für sie schließlich doch noch mit positiven Schlagzeilen. Das hätte man am Montag noch nicht für möglich gehalten. Für die Kampagne um die Meinung der Massen war das ein Erfolg, den man nicht hoch genug einschätzen konnte. Gent wiederholte seine Botschaft, Düsseldorf werde wachsen, an diesem Tag noch bei verschiedenen Lokalzeitungen. Als die Berater am nächsten Tag die Schlagzeilen auswerteten, wussten sie: Der Besuch hatte sich gelohnt. Es war gelungen, den Bekanntheitsgrad von Vodafone zu steigern und vor allem die Akzeptanz gegenüber dem Plan, den man nun verfolgte.

Die Strategie der Umarmung zahlte sich aus.

On the road again

Klaus Esser bemühte sich redlich. Aber dem aufmerksamen Beobachter entgingen die Spuren nicht, die die Anspannung der Schlacht bei ihm hinterlassen hatte. Montag, 29. November, Hotel Savoy, London: Esser war gekommen, um offiziell die Kampagne gegen Vodafone zu eröffnen. »Roadshow« nennt man das an den Finanzmärkten. Normalerweise ist das eine Sache, die unauffällig hinter den Kulissen abläuft. Kaum jemand nimmt normalerweise Notiz von den Hunderten Roadshows, die täglich ablaufen. Dieses Mal war es anders. Nicht alles, zumindest aber die Eröffnung lief unter großer öffentlicher Anteilnahme ab. Gent hatte sich in den ersten Tagen seiner Investoren-Bereisung in Deutschland bei jeder sich bietenden Gelegenheit ablichten lassen. Beim Kampf zwischen Vodafone und Mannesmann erhielten Vorstandschefs zum ersten Mal so etwas wie Popstar-Status. Gent – das hatte er in der vergangenen Woche gezeigt – lag die Rolle. Esser agierte weniger selbstverständlich. Nun kam er gerade eine Treppe im Savoy herunter – langsam und bedächtig, die Hand am Geländer. Fast wirkte es so, als sage er sich innerlich vor: ›Wenn du jetzt stolperst, dann produzierst du Bilder, die kannst du mit noch so guter Finanzperformance nicht wettmachen.‹

Am Sonntag hatte der Aufsichtsrat getagt. Esser hatte dem Gremium seine Strategie der Ablehnung erläutert. Am Ende hatten die Räte Esser – wie erwartet – den Rücken gestärkt. Nun wollte der Mannesmann-Chef Londoner Analysten von seinem Kurs überzeugen. Esser hatte London mit Bedacht gewählt – und auf den Rat seiner Berater hin. Das Mannesmann-Team hatte etwas Boden gutzumachen in der Publicity-Show. In der angelsächsischen Investorenwelt war – auch unterstützt durch die PR-Maschine von Gent – der Eindruck entstanden, Esser wolle nur an seinem Job festhalten. Außerdem hatte sich in Deutschland eine Welle des gesellschaftlichen und politischen Protestes gegen den Deal aufgebaut. Wieder einmal war Bundeskanzler Gerhard Schröder der Stein des Anstoßes gewesen. Am Tag, als Gent sein »letztes« Angebot vorgelegt hatte, fühlte sich Schröder gedrängt zu sagen: »Wenn Vodafone sich bei einer feindlichen

Übernahme von Mannesmann durchsetzen sollte, dann könnte die Firmenkultur in beiden Ländern beschädigt werden.« Harmlose Worte, sicher. Doch die Tatsache der Einmischung allein hatte bei Esser die Alarmglocken klingen lassen. Das Düsseldorfer Team ließ dem Regierungschef umgehend die Botschaft zukommen, dass sich die Politik aus dieser Angelegenheit bitte heraushalten solle. Esser hatte die klare Parole ausgegeben, dass mit allen Tricks des Kapitalmarktgeschäftes gekämpft werden solle – aber bitte schön nur mit denen. Die Einlassung Schröders war eine Steilvorlage für die Kommunikationsberater von Gent. Die hatten bis zu diesem Zeitpunkt immer noch mit einer skeptischen britischen Presse zu kämpfen. Bis zu diesem Schröder-Zitat. Das war genau das, was Gent und seine Truppe benötigten. Der deutsche Kanzler äußerte sich über die Unternehmenskultur in England. Da wusste die britische Presse – nach einigen Anrufen von Miles –, in welchem Lager sie zu stehen hatte. »Back off Gerhard – Halt dich raus« – so war es am nächsten Tag zu lesen. Miles und Morrison waren sich jedoch nicht sicher, wie lange diese Unterstützung halten werde. Vermutlich nur so lange, wie Vodafone auf der Gewinnerstraße war. Sie hegten keine falschen Hoffnungen: Die britische Presse war opportunistisch in ihrer Unterstützung – immer nur der Sieger. Dem Mannesmann-Chef war es auch aus anderen Gründen wichtig, dass hier nicht die nationale Karte gespielt wurde. Er hatte schließlich beträchtliche Beteiligungen in Italien, Frankreich und England aufbauen können – ohne dabei unter das Feuer der Politik zu kommen. Nun wollte er für Mannesmann keine anderen Regeln reklamieren. Esser ging es – ganz im Gegenteil – darum, ein wirklich paneuropäisches Unternehmen aufzubauen, dessen Management auch die unterschiedlichen Kulturen Europas widerspiegelte. Hier ging es um mehr als nur den blanken Kommerz. In den wenigen stilleren Stunden des Abwehrkampfes fragte sich Esser zuweilen, ob er sich solche Ansichten leisten könne. Das Schöne, Wahre, Gute – darum ging es hier schließlich nicht. Es ging ums Überleben. Aber Esser wollte sich nicht dem Motto ergeben: »Der Zweck heiligt die Mittel.«

Esser wollte diese seine Botschaft übermitteln – aber nicht nur die. Er war ebenso hier, um die Analysten davon zu überzeugen, dass Vodafone und Mannesmann nicht »besser gemeinsam« seien, sondern dass zumindest die Mannesmann-Aktionäre besser führen, wenn man die Fusion nicht vollzöge. Sosehr Esser nach den Regeln der internationalen Finanzmärkte spielte, die Regeln des Showbiz, das auch ein wenig dazugehört, die beherrschte er nicht so gut wie seine Konkurrenten. Esser, der logische Stratege, setzte auf Fakten, nicht auf Emotionen. Keine Videofilmchen, kein Schnickschnack. Information pur – und viele Charts. Zu viele, wie seine Berater ihm vorher gesagt hatten. Aber Esser wollte den Overkill. Später würde auch er dazulernen. Doch Gent blieb der bessere Showman. Esser dafür der bessere Stratege: »Unsere Strategie, Verknüpfung von Handy, Internet und Festnetz, von verbaler und datengestützter Kommunikation, wird gewinnen.« Esser würde es nicht mehr umsetzen können, aber er hat die Trends richtig eingeschätzt. Bei den Analysten kamen der Vortrag und die Diskussion gut an. Nach mehr als drei Stunden war ihnen klar: Die Düsseldorfer haben eine Strategie, von der sie sich in den kommenden Jahren mehr Wachstum versprechen, als Vodafone das mit der reinen Sprachkommunikation werde erreichen können. Die Botschaft kam an. Esser hatte einen wichtigen Punktsieg errungen. Mit der Veranstaltung in London begann die erste Roadshow von Mannesmann, die Esser und seine Kollegen durch halb Europa und nach Amerika führte. Das Team musste besonders bei einigen großen Fonds Boden gutmachen. Die Investmentfonds Fidelity, Alliance und Putnam hatten dem Mannesmann-Management nur ein paar Tage zuvor mitgeteilt, dass sie mit dem Angebot Gents zufrieden seien. Die Strategieunterschiede seien nicht groß genug, um eine friedliche Einigung zu verhindern. Wenn Esser das Angebot nicht ernsthaft verhandele, dann riskiere er, das aufgebaute Vertrauen zu zerstören. Einige Investoren sagten: ›Wir haben doppelt so viel Geld in Vodafone wie in Mannesmann. Daher wäre es für uns schwieriger, wenn Vodafone verliert, als andersherum.‹ Andere, vor allem in London, sagten: ›Dies ist die Rache für Rover.‹ Esser und das Team waren über die Emotionen mancher Investoren überrascht.

Auch Gent hatte Boden gutzumachen. Horn-Smith, Hydon und Gent hatten am 20. November mit ihrer Roadshow begonnen, die sie bis zum 13. Dezember in 18 Städte in Europa und Amerika und in Kontakt mit 260 Investoren bringen sollte. Manche Investoren, vor allem in Deutschland – aber nicht nur dort –, zeigten sich nicht überzeugt von Gents Plänen.

Den deutschen Investoren missfiel oftmals die Tatsache, dass es sich um eine unfreundliche Übernahme, einen regelrechten Angriff handelte. So etwas war in Deutschland unüblich. Manch ein ausländischer Investor bezweifelte, dass sich Vodafone gegen die Festung Deutschland werde durchsetzen können. Auch institutionelle Investoren wollten am Ende des Kampfes auf der Seite des Siegers stehen. Nicht zuletzt deshalb, weil eine Niederlage die Aktienkurse beider Firmen in den Keller geschickt hätte. Aber von der industriellen Logik des Vodafone-Plans ließen sich die Gesprächspartner meist schnell überzeugen. Die Idee, bei der Schaffung eines europäischen Champions im Mobilfunk dabei zu sein, war für die Aktionäre verlockend. Doch es blieben die üblichen kritischen Fragen: ›Was machen Sie mit dem Festnetzgeschäft?‹ Antwort: ›Wir könnten es behalten, aber es ist kein Kernbestandteil. Vodafone hat sich bis heute nicht davon getrennt.‹ ›Werden Sie die Mitbestimmung beibehalten?‹ Antwort: ›Natürlich. Es ist bestehendes Recht in Deutschland. Und das werden wir selbstverständlich achten. Wir passen uns überall lokalen Gegebenheiten an.‹ ›Wie schätzen Sie die Zukunft der mobilen Datenkommunikation ein?‹ – Die Leute von Vodafone zeigten sich zurückhaltend in der Analyse. Es werde länger dauern als erwartet, bis dies ein großes Geschäft werde. Die Manager aus England wirkten hier nahezu passiv. Die Wahrheit war: Sie hatten – im Gegensatz zu Mannesmann – keine Strategie für das Datengeschäft, keine echte Vision, was sie Kunden über die reine Datenübertragung hinaus anbieten könnten.

Während Gent, Esser und die anderen zu den Investoren unterwegs waren, musste in den Hauptquartieren der Transaktion die Schlacht organisiert werden. So unterschiedlich der Stil der beiden Kampagnen und der beiden Protagonisten war, so sehr ähnelten sich die Tagesabläufe der Truppen hinter den Kulissen. Dabei ging es vor allem um zwei Dinge: Zunächst mussten die hochbezahlten Truppen effektiv geführt werden. Und dann ging es darum, jeden Tag aufs Neue, die Taktik des Tages festzulegen. In beiden Lagern begann der Tag mit Telefonkonferenzen, an denen neben den Teams der Unternehmen die Banker, die Anwälte, die Aktienhändler und die Kommunikationsberater teilnahmen. Es waren nicht selten 50 Personen und mehr, die an diesen Konferenzen teilnahmen. Nach der Bewertung der Presse des Morgens und der Diskussion über die

Resonanz aus den Märkten wurde der Tag geplant. Am Abend, nach dem Ende des Börsenhandels, schalteten sich die Teams neuerlich zusammen. Die Tage begannen meist gegen sieben Uhr und endeten selten vor Mitternacht. Dies war der größte Deal der Geschichte, der hohe Honorare abwerfen würde. Sie mussten knochenhart erarbeitet werden. Im Mannesmann-Lager gehörte dazu auch, die ungebremsten Ideenströme Essers unter Kontrolle zu halten. Das war Kinzius' Job. Die Kombination funktionierte nur mit Vertrauen und mit gegenseitiger Akzeptanz. Das Vertrauensverhältnis war über manche Jahre und viele Deals gewachsen. Aber die Distanz des »Sie« blieb. Esser und Kinzius wussten blind, dass sie sich gegenseitig vertrauen konnten. Sie wussten, wo der jeweils andere seine Stärken und Schwächen hatte. Kinzius war der »Reality-Check« für Esser. »Ich hatte nicht die Furcht, hochkant aus seinem Büro geschmissen zu werden, wenn ich ihm heftig widersprach«, erinnerte sich Kinzius später. Es gab nicht viele, die das von sich behaupten konnten.

Kinzius hatte die wichtigsten Berater in einem eigenen Lagezentrum versammelt. Die Truppe hatte zunächst in der Mannesmann-Hauptverwaltung gearbeitet. Schon bald aber zogen die Berater in ein eigenes Gebäude, das besser zu kontrollieren war. Außerdem wollte Esser nicht, dass die Belegschaft zu nah an der Aktion war und sich nur noch mit dem Deal beschäftigte. Gegen sieben Uhr begannen die langen Tage im Lagezentrum an der Düsseldorfer Prinzenallee. Erste Lagebesprechung um 8.30 Uhr: ›Was ist gut gelaufen, was schlecht? Welche Punkte haben wir gut kommuniziert, bei welchen müssen wir noch nacharbeiten? Was müssen wir heute wie an wen kommunizieren? Wer macht was?‹ Am Abend: ›Zielkontrolle – alles erledigt?‹ Es hatte etwas Militärisches an sich. Damit die hoch bezahlten Berater ohne Zeitverlust arbeiten konnten, hatte Kinzius eine Rund-um-die-Uhr-Versorgung sichergestellt: Frühstück, Lunch und Dinner wurden von speziell ausgewählten Catering-Mitarbeitern ins Lagezentrum gebracht – zum Verzehr am Arbeitsplatz. Eine Panne hatte man schon in der anderen, der früheren Zentrale nach der ersten durchgearbeiteten Nacht beheben müssen: Die Espressomaschine war für den Ansturm der Nachtarbeiter nicht groß genug ausgelegt und gab sofort ihren Geist auf. Ein leistungsfähigeres Gerät musste her. Und so kam es, dass die Banker den Bunker frühestens um 23 Uhr verließen – zuweilen aber auch erst gegen drei Uhr in der Frühe. Um sieben Uhr waren sie spätestens wieder an ihrem Platz. Abends trafen sie sich in der Bar des Steigenberger Hotels auf ein schnelles Bier und ein paar Erdnüsse. Das war die Routine von montags bis freitags. Die Banker kamen mit dem ersten Flieger am Montag und verließen Düsseldorf mit der letzten Maschine am Freitag.

Das Establishment schaut zu

Die Stimmung in der Halle war so gereizt und so aufgeheizt wie die Stimmung vieler Arbeitnehmer im Lande. In Frankfurt kämpfte der Traditionskonzern Philipp Holzmann ums Überleben. Die Banken verweigerten frische Kredite. 17 000 Jobs standen bei dem Baukonzern auf dem Spiel. Erst das beherzte Eingreifen von Bundeskanzler Gerhard Schröder rettete die Firma. So sahen es jedenfalls deren Arbeiter und Angestellte. Und in der Düsseldorfer Philipshalle demonstrierten die Mannesmänner an diesem Abend des 23. November auf einer Betriebsversammlung gegen den Ansturm der »Barbaren aus England«. Schröder hatte sich auch in diese Schlacht geworfen – aber nur kurz. Es war ordentlich was los in diesem Land in jener Woche.

»Wir werden alle Rechtsmittel ausnutzen, um diesen Angriff abzuwenden. Die Mannesmänner und Mannesmann stehen nicht zum Verkauf.« Jürgen Ladberg, der Betriebsratsvorsitzende, hatte der Menge mit rauer Stimme eingeheizt. Ministerpräsident Clement schaute auf die Massen. Das hier würde ein Heimspiel werden. »Was wir hier erleben, das ist ein Lehrstück in Sachen Globalisierung, auch eines in Sachen Shareholder-Value-Marktwirtschaft«, begann der Ministerpräsident. Dann zählte er die Erfolge von Mannesmann in den letzten Jahren auf. »Ein kerngesundes Unternehmen.« Und weil so viel vom Börsenwert die Rede sei in diesen Tagen: »Das Wertvollste an Mannesmann sind die vielen Tausend Arbeitnehmerinnen und Arbeitnehmer im In- und Ausland. Sie haben die Firma dahin gebracht, wo sie heute steht.« Jubel im Saal. Das Unternehmen sei so erfolgreich, dass es sich reif gemacht habe für den Versuch einer feindlichen Übernahme. So hatte sich Chris Gent die öffentliche Haltung Clements nach seinem Gespräch mit ihm sicherlich nicht vorgestellt. Doch Clements Rede war nicht nach den lauten Formeln zu bewerten, sondern nach dem, was sie zwischen den Zeilen aussagte. Der Ministerpräsident verwandte viel Zeit darauf, die Mechanismen der globalen Marktwirtschaft zu erklären, in der die Übernahmen ausländischer Traditionsfirmen wie Chrysler oder Rover durch deutsche Konzerne an der

Tagesordnung waren. Man habe also keine Veranlassung, gegen solche Geschäfte vorzugehen. Es wäre sogar weltfremd. »Von mir werden Sie nationalistische Töne in dieser Debatte nicht hören. Wie käme ich auch dazu?« Aber damit konnte es Clement an diesem Punkt nicht belassen. Und so wetterte er publikumswirksam gegen den Plan Gents, Mannesmann »gegen den Willen des gesamten Managements, des Aufsichtsrates und der Arbeitnehmer« zu schlucken. Die Übernahme werde eine grundlegende Veränderung der Mannesmann-Strategie nach sich ziehen und sei mit der erfolgreichen Unternehmenspolitik des Konzerns nicht vereinbar. Das hatte sich im Gespräch mit Gent zuvor noch etwas anders angehört. Clement legte nach: Vodafone spiele Monopoly gegen alle, die den Konzern trügen. »Wer möchte für eine solche Übernahme gegen alle seine Hand reichen?« Und: »Es ist nicht akzeptabel, dass die Arbeitnehmer zu Spielfiguren auf dem Schachbrett werden.« Die Politik werde da nicht tatenlos zusehen. Die Menge in der Halle mochte, was sie da hörte.

Aber was hatte Clement wirklich gesagt? Und Düsseldorfs Oberbürgermeister Joachim Erwin? Und die Gewerkschaften? Oder der Aufsichtsrat? Welche Position nahmen sie im Kampf mit den Briten wirklich ein?

Für die Politiker zumindest galt: Es war eine ganz pragmatische Position – und zuweilen eine etwas populistische. Clement stand schon in seiner Zeit als Ministerpräsident eher auf der Seite der Märkte als auf der Seite des Staatseingriffs. Er erkannte ganz pragmatisch, dass das Land und seine Steuereinnahmen zwar heftig getroffen würden, wenn Vodafone nach einem möglichen Sieg in Düsseldorf Hauptquartier und Arbeitsplätze schleifen würde. Es würde Tausende von Arbeitsplätzen und Millionen an Steuereinnahmen kosten. Doch tun konnte er nichts dagegen. Aus der Sicht von Clement konnte es also nur darum gehen, mit den möglichen neuen Herren über das Mannesmann-Reich ein ähnlich gutes Verhältnis zu erreichen wie mit jenen, die den Düsseldorfer Konzern aktuell führten. Mehr war nicht drin. So würde es vielleicht gelingen, Arbeitsplätze und Steuern im Land zu halten. Clement waren in dieser Frage ansonsten die Hände gebunden. Das galt auch für den Düsseldorfer Oberbürgermeister. Seine Gewerbesteuereinnahmen hingen zu einem guten Teil davon ab, wie Vodafone nach einer möglichen erfolgreichen Übernahme über den Standort Düsseldorf entscheiden würde. Die Frage nach der Steuerpolitik der Briten lag damit für ihn auf der Hand und stand ganz oben auf seiner Agenda, als er sich mit Gent traf. Die öffentlichen Auftritte beider Politiker spiegelten diesen notwendigen pragmatischen Ansatz nicht wider. Erwin äußerte sich wenige Minuten nach dem Ende des freundlichen Gespräches mit Gent auf einer Pressekonferenz nüchtern und distanziert. Gent habe ihn nicht von der Überlegenheit seines Konzeptes überzeugen können. Der Brite war nicht erschrocken, da Erwin ihn fairerweise vorgewarnt hatte.

Nicht anders verhielt sich Clement. Im Gespräch mit Gent hatte er dessen Vorschläge als »rationalen Plan« bezeichnet. Wenige Tage später, in der Hitze der heißen Nacht in der Philipshalle, hörte sich das schon anders an. Doch was blieb Clement anderes übrig? Konnte er in dieser Stimmung und vor diesem Publikum wiederholen, was er Gent gesagt hatte? Wohl kaum. Und wenn man genau hinschaut, dann bediente der Politiker Clement zwar den Zorn der betroffenen Arbeitnehmer, aber er erteilte einer Intervention eine ebenso klare Absage. Zwischen den Zeilen seiner Rede war der pragmatische Wirtschaftspolitiker Clement zu erkennen. Er hielt diesen Kurs zu einer Zeit, wo nur wenige hundert Kilometer weiter südlich sein Parteifreund, Bundeskanzler Gerhard Schröder, den ersten großen ordnungspolitischen Fehltritt seiner Kanzlerschaft tat. Einen Abend nach der Betriebsversammlung der aufgebrachten Mannesmänner in Düsseldorf trat Schröder in Frankfurt vor das Gebäude des Baukonzerns Holzmann und verkündete dessen Rettung. Der Kanzler hatte die Banken scheinbar zum Einlenken gezwungen und auch Steuermittel zur Rettung eingesetzt. Das Volk, zumindest das in Frankfurt anwesende, jubelte. War ein solches Eingreifen nicht auch bei Mannesmann richtig? Galt es nicht, Arbeitsplätze zu beschützen – und das Geschäft mit der profitablen Mobiltelefonie? Ein Jahr später war es mit Holzmann vorbei. Clement dürfte schon damals geahnt haben, dass Eingriffe dieser Art nicht die Aufgabe des Staates sein konnten. Vor allem waren sie nicht erfolgversprechend. Am Ende der Schlacht um Mannesmann ließ er schlicht und wenig kämpferisch mitteilen: »Entscheidend ist, dass die Arbeitsplätze in Nordrhein-Westfalen gesichert werden und Düsseldorf neben Newbury in Großbritannien einer der beiden Hauptsitze des Unternehmens bleibt.«

Ganz genauso pragmatisch wie die lokale Politik verhielten sich die Gewerkschaften. Nein, nicht alle Gewerkschaftsmitglieder, aber einige. Während die Düsseldorfer Betriebsräte in Furcht vor dem angeblichen Feind von der Insel kompromisslos den Widerstand in der Belegschaft organisierten, während von den Mitarbeitern demonstriert wurde und vor dem Konzernsitz Mahnwachen unter Bannern mit der Aufschrift »Not for sale« abgehalten wurden, während sich die Düsseldorfer Gewerkschafter also nach Kräften wehrten, da war einer ganz pragmatisch: Klaus Zwickel. Der damalige Chef der IG Metall fungierte auch als stellvertretender Vorsitzender des Aufsichtsrates von Mannesmann – und war daher ein interessanter Gesprächspartner. Während die Abwehrschlacht noch in vollem Gange war, traf sich Zwickel mit dem britischen Angreifer. Gent, der auf seiner Reise durch Deutschland falsche Ängste abbauen wollte, fragte um einen Termin nach – und bekam ihn auch. Für das Mitglied des Aufsichtsrates eines Unternehmens unter Beschuss ist das ein – um es milde auszudrücken – ungewöhnliches Verhalten. Zwickel saß nicht nur im Aufsichtsrat, sondern auch in allen wichtigen Ausschüssen, wo die wirklich wichtigen Informationen zwischen Vorstand und Kontrolleuren ausgetauscht wurden. Er war zu jeder Zeit der Schlacht über die Strategie des Vorstandes informiert – und traf sich gleichwohl mit den Angreifern.

Als die Schlacht verloren war und Esser daranging, die in der Atecs AG zusammengefassten industriellen Aktivitäten wie geplant und ihm von Gent zugesichert möglicherweise sogar unter dem Namen Mannesmann an die Börse zu bringen, da kamen dem Briten andere Ideen. Wenige Tage nach der Übernahme meldete sich der Düsseldorfer Nachbar und Rivale ThyssenKrupp bei Gent. Die Botschaft des Gespräches laut Gent: Ein Börsengang von Atecs müsse ja nicht die einzige Lösung sein. In Frage käme ja auch ein Verkauf an Interessenten aus der Industrie – wie etwa ThyssenKrupp. Es war klar, man wollte einen Konkurrenten schlucken. Gent wies auf die mit Esser eingegangenen Vereinbarungen und den möglichen Widerstand der Arbeitnehmer hin. Bei einem direkten Treffen wenige Tage später war überraschend auch Zwickel anwesend, der, Gents Erinnerung nach, seine Unterstützung zusicherte. Auch der Erhalt des Namens Mannesmann sei nicht vorrangig. Den Rest mussten die Juristen lösen.

Gent, der fürchtete, in einem sich zusehends verdüsternden Börsenumfeld könne nicht der geplante Verkaufspreis erzielt werden, setzte sich aktiv mit der Idee des Verkaufs an ThyssenKrupp auseinander. Esser meint, erst seine Intervention habe das verhindert. Er brachte das Geschäft dann bei Siemens und Bosch unter, wo weniger Arbeitsplätze gefährdet waren als bei einem Verkauf an ThyssenKrupp. Für Zwickel war das offenbar trotz aller Rhetorik nicht ausschlaggebend. Ähnlich widersprüchlich hat sich Zwickel fast zeitgleich bei der Vergabe der Boni an Esser und andere verhalten. Die Protokolle des Mannesmann-Aufsichtsrates belegen unzweifelhaft, dass Zwickel von den Zahlungen wusste und sie zumindest ohne allzu großen Widerstand passieren ließ. Nachdem die ersten Berichte über die Abfindungen in den Zeitungen standen, verbreitete die Pressestelle der IG Metall Mitte Februar gleichwohl eine Stellungnahme Zwickels, in der er davon spricht, dass die Zahlungen »unanständig hoch und für keinen Arbeitnehmer mehr nachvollziehbar« seien. Und: »Das war weder ein Thema im Aufsichtsrat, noch ist darüber im Aufsichtsratsausschuss für Vorstandsangelegenheiten gesprochen worden«, sagte Zwickel. Man habe davon erst aus der Zeitung erfahren.

Schließlich der Blick auf den Kern, das Fundament des Establishments – die so genannten Vertreter des Kapitals im Aufsichtsrat. Unter ihnen große Namen der deutschen Wirtschaft: Josef Ackermann aus dem Vorstand der Deutschen Bank, Henning Schulte-Noelle, der Chef der Allianz-Versicherung, und Jürgen Schrempp, Vorstandsvorsitzender von Daimler. Sie alle standen hinter Esser und seinem Verteidigungsplan. Doch ein Bollwerk des Widerstandes gegen den Angreifer aus dem Ausland waren auch sie nicht. Und dafür gab es nachvollziehbare Gründe. Unter ordnungspolitischen Aspekten standen sie eher auf der Seite von marktkonformen Lösungen. Wenn der Markt, wenn die Aktionäre – also die Eigentümer – Mannesmann an die Engländer verkaufen wollten, dann gab es dagegen kaum vernünftige Argumente; die Eigentümer hatten schließlich die freie Verfügung über ihr Eigentum. Selbst wenn die Aktionäre dieses Eigentum in einem schlechten Geschäft weggeben wollten, war dagegen wenig zu machen. Aber Gent bot kein schlechtes Geschäft an. Im Gegenteil: Er war bereit, einen horrend hohen Preis für das Düsseldorfer Unternehmen zu zahlen. Doch schwerer als dieser Aspekt wog, dass alle drei Manager auf offene Märkte angewiesen waren. Die Deutsche Bank hatte sich Banken in England und in Amerika gekauft, Daimler hatte Chrysler übernommen, und die Allianz war mit Beteiligungen im Versicherungsgeschäft in ganz Europa und Amerika stark vertreten. Ihnen allen konnte nicht daran gelegen sein, dass Deutschland sich während des Angriffs auf Mannesmann als Festung präsentierte. Frei nach dem Motto: »Wenn wir im Ausland auf Einkaufstour gehen, dann sollen uns die Türen offen stehen – doch umgekehrt darf das nicht passieren.« Vor allem auf der Kapitalseite war man daher sehr darum bemüht, sich als guter Weltbürger des freien Marktzugangs zu präsentieren. Die Aufseher und nicht wenige Investoren hofften auch, dass der Deal die Entflechtung der Industrie, der Deutschland AG, voranbringen werde. Dies solle den deutschen Kapitalmarkt transformieren und ihm in der Welt jene Bedeutung geben, der jener der deutschen Wirtschaft entspreche. Die Konsequenz seien steigende Aktienkurse deutscher Gesellschaften, was wiederum Übernahmen für deutsche Konzerne im Ausland einfacher und Angriffe auf deutsche Firmen schwieriger machen werde. All dies führte dazu, dass es Ackermann, Schulte-Noelle und Schrempp daran gelegen war, dass Deutschland sich bei diesem Deal entsprechend präsentierte.

Chris Gent und seine Berater hatten vor der Schlacht erwartet, dass sie es bei ihrem Angriff auf Mannesmann zugleich mit der »Festung Deutschland« zu tun haben würden, dass sich das Establishment der Politik, der Gewerkschafter und zum Teil auch der Wirtschaft hinter Mannesmann und gegen die Angreifer stellen werde. Sie haben sich – zum Glück, mag man sagen – getäuscht. Besonders deutsche Politikern scheinen – das haben auch spätere Übernahmen gezeigt – Deutschland als weltoffenen Kapitalmarkt präsentieren zu wollen. Staatsinterventionistisches Gedankengut – wie es etwa in Frankreich an der Tagesordnung ist, um industriepolitische Ziele der »Grande Nation« zu verteidigen – ist bei deutschen Politikern dann kaum zu finden, wenn es um Übernahmen à la Mannesmann geht.

Zwischen den Jahren

Hinter den Protagonisten und ihren Truppen lagen anstrengende Wochen, lange Arbeitstage, Reisen quer durch Europa und die Vereinigten Staaten. Doch es war klar, dass die Weihnachtstage keine wirkliche Pause bringen würden. Nicht in diesem Jahr. Der Deal bestimmte alles.

Die Gespräche mit den Investoren im Dezember hatten Gent und seinen Leuten Mut gemacht. Die Botschaft »Better together« kam an. Das Team von Goldman Sachs hatte mit seinem Rat genau richtig gelegen, die Botschaft auch für Analysten und Investoren einfach zu halten. Das Konzept wirkte vor allem in der Verbindung mit Gent und dessen Botschaft, dass die beiden Firmen bestens zusammenpassten und man an einer feindlichen Übernahme gar nicht interessiert sei – »wenn Klaus nur zu Verhandlungen bereit wäre«. Der joviale Brite gegen den sturen Deutschen – das Bild funktionierte immer noch. Esser aber lieferte der Gegenseite auch die Munition für diese Taktik. Zu sehr stellte er bei seinen Präsentationen auf die technische und strategische Überlegenheit des Mannesmann-Geschäftsplans ab. Zu sehr referierte er im Detail über die wichtigen Fragen der Telekom-Industrie. Zu stark spielte er die Karte, dass Mannesmann mit seiner Strategie allein stärker wachsen könne als Vodafone in den kommenden Jahren. Bei den Investoren blieb der Eindruck zurück, dass sie mit Esser einen im Detail sattelfesten CEO vor sich hatten. Sie selber konnten in diesen Debatten nicht auf Augenhöhe mitdiskutieren – ganz im Gegensatz zu den Treffen mit Gent. Und daher fiel es ihnen schwer, den Wachstumszahlen von Esser zu folgen. Nicht, weil es ihm an Glaubwürdigkeit gefehlt hätte, sondern schlicht, weil die Zahlen hoch und die Materie komplex waren. Esser und seine Berater erkannten dieses Defizit. Schon Anfang Dezember drängte Esser in Memos an seine Truppen darauf, die Botschaft zu vereinfachen. »Wir müssen auch emotionaler werden«, forderte er. Das gelte zugleich für die Botschaften an die Kleinaktionäre. Esser war zudem beeindruckt von der PR-Kampagne des Gegners: »Eine brillante Maschine.«

Auf Essers Tisch sammelten sich derweil immer mehr Notizen von Investoren, die darum baten, dass es zu ernsthaften Verhandlungen zwischen den beiden Unternehmen komme möge. Das konnte Esser – so wenig ihm das passte – nicht ignorieren. Esser monierte zwar, dass man zu wenig über die Haltung der eigenen Aktionäre wisse, dass die entsprechenden Berater und die eigenen Leute zu wenig Informationen besäßen – aber am Grundproblem änderte das alles nichts. Esser trat mit einer komplexen Botschaft gegen Gents einfachen Slogan an. Das wurde zunehmend schwieriger. Schon am 4. Dezember berichtete Nigel Higgins, Chef des Investmentbankgeschäftes bei Rothschild in London, davon, dass Investoren auf Verhandlungen drängten. Kinzius und Esser hatten schon früh den Kontakt zu Higgins gesucht. Er wirkte während des Deals als unabhängiger Ratgeber für die beiden Manager, die sich seine vom Tagesgeschäft des Deals unabhängige Meinung sichern wollten. Die Existenz dieser »Grauen Eminenz« blieb den anderen Bankern verborgen. Higgins riet Esser an diesem Tag auch, die Konsequenzen eines Scheiterns des Deals für den eigenen Aktienkurs zu bedenken. »Die Aktie wird sich unter 200 Euro einpendeln, wenn das geschieht«, sagte der Banker. Doch von den Investoren hörte er auch erste Signale, dass Esser als CEO oder Co-CEO an Bord bleiben solle. »Warum treffen sich Esser und Gent nicht zu Gesprächen?«, hatte ein Banker gefragt. Die Investoren wollten es. »Wenn die Öffentlichkeit das nicht erfährt, dann könnten solche Gespräche Sinn machen.« Auch Becker und Colin Roy rieten Esser, ein Verhandlungsangebot nicht vom Tisch zu wischen. Am 7. Dezember willigte Esser ein. Es solle ein Treffen geben – irgendwann Ende Dezember. Bedingung: keine Öffentlichkeit. »Wir halten an unserer Strategie fest.« Und: Formelle Vorschläge dürfe es nicht geben. Esser traute der anderen Seite nicht. Er fürchtete, dass Vodafone die Gespräche an die Öffentlichkeit bringen könnte und er dann besonders unter Druck geriete, wenn auch noch ein neuer Vorschlag diskutiert würde. »Uns geht es darum, über die unterschiedlichen Standpunkte und Strategien zu sprechen.« Mit dieser Botschaft schickte er seine Berater in die Vorbereitung der Gespräche.

Die Banker begannen damit, in die Unterhändlerrolle zu schlüpfen – eine normale Übung. Sie ersetzt nicht das Gespräch zwischen den Vorstandschefs. Das tut sie niemals. Aber CEOs lassen das Feld für solche

Gespräche vorbereiten – eben von ihren Bankern. Das verhält sich bei Unternehmen im Prinzip so wie zwischen Staaten, wo Diplomaten das Feld für Spitzentreffen von Politikern vorbereiten. Die Berater versuchen, die Probleme auszuräumen und das Feld zu sondieren, ohne dass der CEO sich selber bei diesen Fragen vorwagen und sich festlegen muss. Niemand will riskieren, dass es zu einem Stillstand oder einer Blockade der Gespräche kommt. Dieser Mechanismus gilt auch bei feindlichen Übernahmen. Hier sprechen gleichfalls die Banker miteinander – im Auftrag und mit Anweisung ihrer Kunden. Aber sie sprechen. Im Krieg braucht man Armeen und Diplomatie. Da wäre die Frage zu stellen: Gibt es so etwas überhaupt, eine feindliche Übernahme? Im Prinzip nicht, denn die Banker beider Seiten sind immer im Gespräch miteinander. So war das auch zwischen Klaus Esser und Chris Gent.

Während die Vorbereitungen für das Meeting in Paris liefen, steckte Esser, wann immer die täglichen Roadshow-Verpflichtungen dazu Zeit ließen, in detaillierten Verhandlungen mit Jean-Marie Messier über einen Zusammenschluss des Telekom-Geschäftes der beiden Konzerne. Esser und Messier waren während des gesamtes Jahres trotz ihrer Meinungsverschiedenheiten in Kontakt gewesen und hatten ihre Gespräche nun – auch wegen des Übernahmeangebotes von Vodafone – intensiviert. Die beiden Manager sprachen zum Teil spätnachts oder tauschten ihre Gedanken mittels handgeschriebener Faxe aus. Um die Weihnachtszeit traten die Gespräche dann in die entscheidende Phase. Das Ziel der beiden Manager: Anfang Januar sollten sich führende Mitarbeiter treffen, um über Details einer Fusion zu sprechen. Dazu aber mussten zuvor wichtige Eckpunkte eines möglichen Deals geklärt werden – und das war die Aufgabe der beiden Vorstandsvorsitzenden. Messier führte die Verhandlungen aus einer Position der Stärke heraus, weil er wusste, dass er die beste Alternative zu einer Fusion mit Vodafone war. Esser musste daher schon früh, im Dezember, der möglichen Verlagerung des Firmensitzes nach Paris zustimmen. Was Esser zu diesem Zeitpunkt noch nicht wusste: Messier verhandelte hinter seinem Rücken auch mit Gent. Vodafone hatte Ende November Wind davon erhalten, dass Messier Gespräche mit Mannesmann und anderen in der Telekom-Industrie führte. Gent und Messier nahmen einen ersten Kontakt auf. Für den Vodafone-Chef waren die

Gespräche nicht von strategischer, sondern vielmehr von taktischer Bedeutung. Er wollte verhindern, dass Messier zu einem Deal mit Esser kam. Das hätte die Übernahme von Mannesmann mit einiger Sicherheit gestoppt. Gents Plan war es daher, Messier zu versprechen und notfalls auch zu geben, was immer er haben wollte – nur um ein Geschäft zwischen Vivendi und Mannesmann zu verhindern. Die Gespräche mit Messier überließ er Horn-Smith.

Esser, Gent, Horn-Smith und Kinzius trafen sich schließlich am 30. Dezember in Paris zu dem lange verabredeten Gespräch. Das Treffen war immer wieder verschoben worden, weil Mannesmann auf die Vorlage des offiziellen Angebotes von Vodafone warten wollte. Die Briten ließen sich Zeit, zum Teil auch deshalb, weil zuvor komplexe juristische und finanztechnische Vorarbeiten zu leisten waren. In England wäre Vodafone mit dieser Haltung nicht durchgekommen. Mannesmann hatte sich in den vergangenen Wochen mehrfach darüber beklagt, dass Vodafone kein offizielles Angebot vorlegte. Das allein hätte in England gereicht, um Vodafone zur Vorlage zu zwingen. In Deutschland war die gesetzliche Lage unklar – und Vodafone nutzte das zu seinen Gunsten aus. Schließlich kamen die Briten mit ihrem offiziellen Angebot am 23. Dezember auf den Markt – die Annahmefrist würde damit am 7. Februar 2000 enden. Und für die Mannesmann-Truppe bedeutete es: Das Weihnachtsfest fiel in diesem Jahr aus. Es war einer der vielen Tritte, die beide Seiten sich während der Schlacht versetzten.

Noch bevor die vier Manager ohne Berater zusammenkamen, versuchten beide Seiten das Terrain abzustecken. Auf Essers Tisch landete gegen Mittag des 29. Dezember ein Fax von Gent, in dem er wortreich seine Hoffnungen für das Treffen auflistete. Verbrämt mit viel britischer Höflichkeit machte er klar, dass er Verhandlungen erwartete, mit denen sie die Sache gemeinsam voranbringen würden. Gent unterstrich, dass er nicht in der Stimmung sei, weitere Zeit zu verlieren. Hinter jeder Zeile Freundlichkeit steckte auch eine implizite Drohung, wie Esser gleich erkannte. Obwohl sich Gent zu diesem Zeitpunkt seines Sieges alles andere als sicher sein konnte, schrieb er Esser mit dem Selbstbewusstsein eines Mannes, der die Kraft der angelsächsischen Kapitalmärkte hinter sich wusste. Dieser Wettbewerbsnachteil war auch Esser klar. Der Mannesmann-Chef antwortete um 17 Uhr und stellte Gent gegenüber klar, worum es ihm im Falle eines Deals alleine ging: einen möglichst hohen Anteil der Mannesmann-Aktionäre am fusionierten Unternehmen. Esser wollte Gent klar zeigen, dass er der Strategie des Vodafone-Chefs nicht folgen wollte. Der spekulierte darauf, dass eine Empfehlung durch den Mannesmann-Vorstand die Aktien von Vodafone nach oben treiben und damit das Angebot für Mannesmann-Aktionäre attraktiver machen werde. Esser aber wollte den Mannesmann-Teilhabern dauerhaft einen größeren Anteil an der neuen Gesellschaft verschaffen. Und er wollte damit den Abfindungspreis je Aktie hochtreiben. Die Devise in diesen Tagen lautete: Wir wollen gewinnen und unabhängig bleiben. Aber wenn das nicht gelingt, dann müssen wir unsere Haut so teuer wie möglich verkaufen. Esser trug damit dem Wunsch der Aktionäre und der Tatsache Rechnung, dass Vodafone vor dem Hintergrund eines stärkeren Kapitalmarktes operierte.

Am Vormittag des 30. Dezember bemühten sich alle Beteiligten gleichwohl um eine gute Stimmung. Gent strebte eine friedliche Einigung an; sein Verwaltungsrat hatte ihn in diesem Punkt besonders unterstützt. Esser war es wichtig, die Tür zu einer friedlichen Lösung so lange nicht zuzuschlagen, wie ein Gelingen des Übernahmeversuches nicht ausgeschlossen werden konnte. Gent und Esser erläuterten zunächst, wie sie die aktuelle Situation, besonders die Haltung der Aktionäre, einschätzten. Es war nicht überraschend: Beide sahen die Mehrheit hinter sich. Nur kurz brach dann die Eitelkeit bei beiden durch, als es darum ging, welches der beiden Unternehmen die höheren Wachstumsraten in der Zukunft produzieren könne. Weder Gent noch Esser wollten hier dem anderen den Vortritt lassen. Esser schlug schlitzohrig vor: »Warum lassen wir nicht beide Firmen zwölf Monate unabhängig weiterlaufen? Dann sehen wir, wer besser ist«. Kaum verwunderlich, Gent hatte daran kein Interesse. Nachdem Gent noch einmal sein Übernahmeangebot erklärt hatte, umriss Esser, welche Bedingungen für eine Fusion aus Mannesmann-Sicht mindestens erfüllt sein müssten: keine Änderung der integrierten Strategie von Festnetz, Mobilfunk und Internet. Eine Standortgarantie für Düsseldorf, von wo aus das Europa-Geschäft geführt werden sollte. Und: Das unter dem Dach von Atecs zusammengefasste Geschäft müsse – wie geplant – an die Börse gebracht werden. Gent antwortete entspannt: »Wir haben nur mit dem Festnetzgeschäft ein Problem. Alle anderen Punkte sind kein Problem.« Esser entgegnete: »Sie sollten in der Frage weniger religiös sein und sich Ihre Flexibilität bewahren.« Er fasste zusammen: »Sie sehen nun, warum wir gegen Ihren Vorschlag sind. Es ist nicht ein Nein um jeden Preis. Wenn die Strategie und der Preis stimmen, dann ist ein Deal möglich.« Gent wusste, was er da hörte: Ein Nein, freundlich formuliert, aber es war ein Nein. Doch auch er wollte sich die Tür zu einem Kompromiss nicht zuwerfen. Und so war auch er bis zum Ende nach knapp zwei Stunden um gute Stimmung bemüht. Esser und Gent verabredeten, in Kontakt zu bleiben, über die Standpunkte des anderen nachzudenken, den Weg zu einem Kompromiss weiter zu suchen. Beide Seiten verstanden etwas anderes darunter. Esser erwartete, dass Gent mit einem besseren Preis wieder auf ihn zukomme. Und Gent hoffte, dass Esser nicht weiter auf der Strategie der Integration von Festnetz, Mobilfunk und Internet bestehen werde. Aber mehr als Hoffnung war es auf beiden Seiten nicht. Als sich Gent und Horn-Smith nach dem geheimen Gipfeltreffen zum Mittagessen mit ihren Frauen trafen, gab sich Gent fatalistisch. »Nun, wie ist es gelaufen?«, wollte seine Lebensgefährtin wissen. »Ihr wart bei euren Einkäufen offenbar deutlich erfolgreicher als wir.«

Gent stand um den Jahreswechsel vor einem Dilemma. Er glaubte zwar, dass sich Vodafone durchsetzen könne. Aber er wusste, dass er die Zustimmung des Mannesmann-Vorstandes benötigte. Nicht um die Schlacht zu gewinnen – sondern wegen des Friedens mit der übernommenen Firma danach. Die Integration würde schwierig werden. Gent konnte nicht daran gelegen sein, dass er als feindlicher Übernehmer durchs Ziel kam. Kunden könnten sich von der Firma abwenden. Gute Mitarbeiter würden kündigen. Gent wollte die friedliche Lösung, weil er sie brauchte. Doch Esser mochte nicht aufgeben, noch nicht zumindest.

Gents Stimmung besserte sich beim Blick auf die kommenden Tage. Da konnte er sich wieder seinem Hobby, dem Cricket, zuwenden. Das Ziel: Südafrika, Kapstadt. Ein gutes Spiel, Sonne. Den Deal für ein paar Tage vergessen. Zusammen mit der Familie kam er in bester Laune am Kap an. Ein Mitarbeiter fragte ihn: »Wir haben hier ein paar Leute von der *Financial Times*, die hier im Urlaub sind. Die würden gerne in die Box kommen.« Gent zögerte. Die Box der Firma war normalerweise für die Bewirtung von guten Kunden gedacht. Außerdem wollte er im Prinzip keine Pressevertreter sehen. »Ich bin im Urlaub. Ich will eigentlich keine Journalisten sehen, aber ich sperre mich auch nicht dagegen.« Zum Spiel erschienen fünf Mitarbeiter der *Financial Times* und ein mit ihnen reisender Schauspieler. Und dann kam es, wie es kommen musste. Die Journalisten waren nicht am Cricket allein interessiert, sondern wollten sich mit Gent über den Deal unterhalten. Es sei doch bemerkenswert zu sehen, wie er hier inmitten der Schlacht entspanne, während man in Düsseldorf über Dokumenten brüten müsse. Gent stimmte schließlich zu und setzte sich mit den Journalisten zusammen. Seine Bedingung: keine Zitate. Schnell kam das Gespräch auf Esser und seine Eigenarten. »Er ist nur an Schach und Poesie interessiert«, sagte einer der Journalisten. »Ich glaube, da liegen Sie falsch. Er ist auch ein sehr guter Tennisspieler und Skifahrer«, hielt Gent dagegen. »Aber er hat doch keinen Humor«, wurde das nächste Vorurteil ausgepackt. »Ich denke, Sie liegen schon wieder falsch. Er lacht viel.« Die Journalisten wollten ein Beispiel für Essers Humor. Gent zitierte eine Antwort, die Esser einmal auf die Frage gegeben hatte, warum er deutlich mehr für Orange gezahlt habe, als die Deutsche Telekom für One-2-One. »Man könne nicht Äpfel mit Orangen vergleichen.« Gent mochte die Antwort. Aber er zitierte sie den Journalisten gegenüber mit einem deutschen Akzent. Und das war ein großer Fehler.

Am nächsten Tag brüllte es Vodafone und dem Rest der Finanzwelt von der Titelseite der *Financial Times* entgegen: »Gent macht sich über Esser lustig«. Gent mochte seinen Augen nicht trauen. Die Reporter hatten sich nicht an die Absprache gehalten und ihn zitiert. Sie hatten es auch noch falsch getan. Denn im Blatt war er es, der sich über Esser lustig machte. Nichts davon war geschehen. Aber die Reporter hatten sich davon nicht beirren lassen und hatten eine »gute« Story. Gent war wütend. Wütend über sich selber. Er hätte darauf nicht hereinfallen dürfen. Und er war wütend über die Reporter, die sich nicht an Absprachen gehalten hatten. Doch der Ärger über die Reporter sollte Gents geringste Sorge sein. In London waren die Berater von Gent mental noch nicht aus der Weihnachtspause zurück, als die *Financial Times* sie am 4. Januar unsanft in die Wirklichkeit des Übernahmekampfes zurückstieß. Morrison und die Banker waren sofort alarmiert. Die Wellen des Berichtes aus Kapstadt könnten, so fürchteten sie, hoch schlagen und den Deal gefährden. Morrison war besonders bestürzt. Der PR-Berater sah beim Blick auf die Geschichte in der *Financial Times* die Arbeit der gesamten letzten Monate gefährdet. Und er sollte Recht behalten. »Jeder Journalist, Politiker, Investor wird uns fragen: Was war das denn?«, analysierte er nicht ohne Bitternis. Schnell stand fest, dass Morrison mit seiner Einschätzung richtig lag. »Können wir Gent trauen, oder zieht er hier ein gewaltiges Schauspiel ab?« Diese unsichtbare Frage stand im Mittelpunkt vieler Gespräche mit Journalisten. Und die Banker hörten ein ähnliches Echo aus der Investoren-Szene. Keine Frage: Das Vertrauen, das Gent und seine Berater durch die transparente und jederzeit verfügbare Art der Kommunikation im November und Dezember aufgebaut hatten, war weg oder zumindest schwer angeschlagen. Man würde viele der Gespräche aus der ersten Roadshow wiederholen müssen. Eine unsägliche Belastung in einer Zeit, wo der Deal in seine entscheidende Phase gehen sollte. Gent hatte sich seinen Gesprächspartnern als ein verträglicher, netter, aufrichtiger Manager vorgestellt. Zu diesem Bild passte der Vorfall aus Kapstadt überhaupt nicht. Und so waren es nicht in erster Linie die Äußerungen über Esser an sich, sondern die Unverträglichkeit der beiden so von Gent erzeugten Bilder, die für die Kampagne um Mannesmann zum Problem wurden. Man würde den wichtigen Gesprächspartnern aus Politik und Wirtschaft, aber auch den Journalisten wieder das Gefühl geben müssen, dass die Nummer am Kap ein Ausrutscher war, dass man Gent und seinen Aussagen trauen konnte.

Morrison und die anderen Berater mochten gar nicht daran denken, was die Gegenseite mit dieser unfreiwillig gelieferten Munition anstellen werde. Man stellte sich in London jedenfalls auf schweren Beschuss ein. Doch nichts dergleichen. Zwar nutzen Essers Banker und PR-Berater die Panne von Gent in einigen Hintergrundgesprächen, doch Esser entschied: »Wir bleiben beim Fair Play.« Der Mann, der sich gegen die Einbeziehung der Politik in dieses Geschäft ausgesprochen hatte, wollte auch jetzt, wo er persönlich angegriffen war, von dem Wettstreit der besseren Sachargumente nicht ablassen.

Doch für das Lager von Gent kam es auch so dick genug. Gent wurde in der britischen Presse für seine angebliche Entgleisung in Kapstadt scharf angegriffen – und die deutschen Zeitungen nahmen es zeitverzögert auf. Als sich Morrison und Gent dann daranmachten, den entstandenen Schaden zu beheben, da wehte ihnen ein kalter Wind ins Gesicht. Vor allem die institutionellen Investoren, die Mannesmann-Aktien hielten, nutzten die geschwächte Position Gents dazu, um eine besseres Geschäft für sich herauszuholen. Die Reaktion und Argumentation der Geldverwalter – egal, wo auf der Welt – sah so aus: »Sie haben hier ein ernsthaftes Transaktionsrisiko geschaffen«, hielten sie Gent vor. Vodafone spreche in seiner Kampagne immer von Kostenvorteilen und Synergien. Die könne Vodafone aber so lange nicht erzielen, solange ihnen nicht getraut werde bei Mannesmann. »Ihre Fähigkeit, diese Versprechungen in die Realität umzusetzen, ist angeschlagen«, lautete die klare Botschaft an Gent. Und andere, die das Vodafone-Team noch vor Wochen mit offenen Armen empfangen hatten, machten sich nun ihren Spaß daraus, Gent zu piesacken: »Wir haben Klaus Esser in der letzten Woche gesehen. Er war sehr gut.« Gent antwortete dann zumeist mit einem untypisch für ihn gegrummelten »Aha«. »Wir sind uns nicht mehr sicher, ob Mannesmann Vodafone wirklich braucht. Esser war sehr überzeugend.« Ganz klar: Die Stimmung hatte sich verändert. Und nicht zugunsten von Vodafone.

Voulez-vous...

Klaus Esser konnte sich nicht beklagen. Das neue Jahr hatte gut begonnen. Für Vodafone hatten sich die Vorfälle in Kapstadt zu einem ernsthaften Problem ausgeweitet. Bei den Investoren schlug die Stimmung zwar nicht um, aber das Momentum war eindeutig auf der Seite von Mannesmann. Und die Düsseldorfer hatten weitere Nachrichten parat, die ihnen zumindest zunächst helfen sollten. Der Mannesmann-Chef hatte darauf gedrängt, dass die Zahlen über das abgelaufene Geschäftsjahr früher als sonst vorlagen. Und so konnte Mannesmann bereits am 7. Januar einen Rückblick auf das abgelaufene Jahr geben. Es war ein guter Rückblick. Mannesmann überraschte die Analysten, die mit einem Gewinnzuwachs von immerhin 30 Prozent gerechnet hatten, mit noch höheren Steigerungsraten. Um 37 Prozent war der Gewinn gestiegen – auf 4,3 Milliarden Euro. Wichtiger aber war dies: Mannesmann hatte die Gewinne im Telekommunikationsgeschäft um 70 Prozent gesteigert. Die Sparte trug 2,2 Milliarden Euro zum Gewinn bei. Für Esser und das Team waren diese Daten wichtig. Sie bewiesen, dass die von Vodafone so gerne angezweifelten Wachstumsraten stimmten. Insofern unterstützten die Zahlen für Essers wichtigstes Argument: dass Mannesmann nachhaltiges Wachstum auch ohne Vodafone erreichen könne. Dass die Aktionäre besser führen, wenn Mannesmann unabhängig bliebe. Aber würden es die Märkte kaufen? Zunächst war es so.

Mit den guten Zahlen im Rücken trafen sich Esser und seine Kollegen am 9. Januar mit Messier in Paris. Das Ziel der Veranstaltung: Die Gruppe wollte die Eckpunkte einer möglichen Fusion des Telekom-Geschäftes der beiden Firmen festlegen. Das Treffen im Pariser Hauptquartier von Vivendi lief in einer freundschaftlichen und entspannten Atmosphäre ab. Gleichwohl: Esser und sein Team waren nicht in der besten Verhandlungsposition. Messier nutzte seine Stellung als Zünglein an der Waage rigoros aus. Er wusste, was Esser wusste: Ein Deal mit Vivendi würde den Übernahmeplan von Vodafone scheitern lassen. Das bedeutete, dass Messier von Esser weitreichende Zugeständnisse einforderte. Über die wirklich kritischen Fragen würden die beiden Manager unter vier Augen und am Telefon verhandeln. Die Managementteams auf beiden Seiten sollten dann tagsüber die von den Vorstandsvorsitzenden vorgegebenen Punkte abarbeiten. So sollte es fast bis Ende Januar gehen. Für Esser war das eine zusätzliche Bürde im Tagesgeschäft der Übernahme. Nach und zwischen den Gesprächen mit seinen Beratern, mit Investoren und Analysten standen die Verhandlungen mit Messier an – mündlich und schriftlich und meistens mitten in der Nacht. Trotz der harten Forderungen von Messier kamen die Gespräche gut voran. Schnell gab es Einigungen darüber, dass der Sitz der neuen Einheit Paris sein solle. Auch die Besetzung des Managements war zügig besprochen. In einer wichtigen strategischen Frage waren sich die beiden ohnehin einig – die Zusammenführung von Mobilfunk und Internet lag beiden am Herzen.

Die Gespräche hakten sich wieder und immer wieder an einem Punkt fest: am Geld. Messier bestand auf einer Fusion unter Gleichen. Das hätte bedeutet, dass die Aktionäre der beiden Altgesellschaften jeweils 50 Prozent an der neuen Firma halten würden. Eine andere Lösung war für den egozentrischen Messier nicht denkbar. Das Problem war nur, dass Mannesmann mehr Vermögenswerte mit in die Ehe einbrachte. Und dafür einen vernünftigen Ausgleich zu bezahlen, dazu war Messier nicht bereit. Für Esser war diese Frage besonders wichtig. Er wollte nicht wahrgenommen werden als derjenige, der einen Deal mit Messier um jeden Preis machte – nur um die Übernahme zu torpedieren. Außerdem musste er die Abmachung mit Messier auch seinen Aktionären verkaufen, die einem solchen Geschäft in einer außerordentlichen Hauptversammlung im Sommer würden zustimmen müssen. Und da spielte es natürlich eine große Rolle, dass Mannesmann zum richtigen Preis in die Fusion eingebracht wurde. Der Deal mit Messier musste sich mit der Übernahmeofferte von Gent messen lassen können. Trotz dieser Meinungsverschiedenheiten kamen die Teams in den ersten beiden Wochen gut voran. Eine Einigung mit Vivendi schien greifbar nahe zu liegen. Das, was noch nicht unter Dach und Fach war, das sollte sich in einem Gespräch unter den Vorstandsvorsitzenden lösen lassen. So war es bei allen diesen Verhandlungen. Es sah gut aus zwischen Mannesmann und Vivendi. Doch Esser wusste nicht, dass Messier nicht nur mit ihm verhandelte.

Mit dem Rückenwind aus den Verhandlungen mit Messier und unterstützt durch immer noch positive Reaktionen von Investoren arbeiteten Esser und das Team an der Antwort auf Gents Übernahmeangebot, die sie Mitte Januar veröffentlichen mussten. Die Vorlage der Abwehrschrift gehört zu jenen Aktionen während eines Deals, auf die die Märkte mit besonderer Aufmerksamkeit schauen. Das Dokument hätte den Deal kippen können. Mit entsprechenden Erwartungen schauten die Marktteilnehmer auf die Veröffentlichung. Doch als Mannesmann die Schrift am 14. Januar vorstellte, kam bei den Analysten und Investoren schnell Enttäuschung auf. Das Dokument bot nicht viel Neues. Es wiederholte die Argumente, die Mannesmann seit Beginn der Auseinandersetzung gegen den Plan Gents vorgetragen hatte. Der Deal sei rechtlich kompliziert, steuerlich nicht attraktiv, in der Umsetzung risikoreich. Das eigene Wachstum sei höher als jenes von Vodafone. Mindestens 350 Euro – also 100 mehr, als zu diesem Zeitpunkt am Markt gezahlt wurden – müsse Vodafone schon bieten, damit es für die Mannesmann-Anteilseigner attraktiv werde. »Das Angebot ist nicht ausreichend, beinhaltet keine ausreichende Prämie und ist für Aktionäre zu riskant.« Der Vorstand empfehle daher die Ablehnung.

Für die Berater von Vodafone war die Verteidigungsschrift eine der ersten wirklich guten Nachrichten des Jahres. Sie hatten bis Mitte Januar den Effekt des Cricketvorfalls hinter sich gebracht. Am 13. Januar waren zudem wichtige amerikanische Großinvestoren in das Vodafone-Lager gewechselt. Und nun die Verteidigung, die keine neuen Argumente bot. Am Markt stiegen beide Aktien zwar weiter. Aber der Abstand zwischen den Preisen für Vodafone-Aktien und Mannesmann-Papieren verringerte sich. Ein sicheres Zeichen, dass die Märkte damit rechneten, dass der Deal durchgehen würde. Diese Wahrheit blieb auch Esser nicht verborgen. Der Deal war jetzt in seine entscheidende Phase getreten. Der erste Monat hatte aus öffentlicher Rhetorik bestanden und aus taktischem Lavieren. In der zweiten Phase fand die inhaltliche Auseinandersetzung mit den Geschäftsmodellen statt, das Ringen um die Glaubwürdigkeit der eigenen Botschaften. In dieser Phase des indirekten intellektuellen Streits hatte Esser klar gewonnen. Es war die beste Phase für das Mannesmann-Team gewesen. Nun hatte die dritte Phase begonnen, wo es nur noch um die Dynamik an den Märkten ging. Den Investoren wurde es zunehmend egal, welche Inhalte zur Auswahl standen. Da ging es dann noch um die Frage: »Wer wird gewinnen?« Niemand wollte auf das falsche Pferd setzen. Die Investoren interessierten sich nicht mehr für die Strategie, sondern wollten wissen: »Werden sie gewinnen?«

Esser konnte es nicht versprechen. Die Stimmung an den Märkten sprach mehr und mehr für Vodafone. Täglich gingen die Banken die Listen der großen Investoren durch, mit denen man ständig in Kontakt war. Sorgfältig wurde festgehalten, wer wo stand. Schon entschieden oder noch unentschieden? Das Ergebnis mochten die Berater von Esser von Tag zu Tag weniger. »Dieses Momentum wird uns gefährlich – und die relativ hohe Bewertung von Vodafone«, analysierten die Berater. Auch die der anderen Seite. Wenn sich die Gewichte an der Börse an einem Tag einmal besonders deutlich zugunsten von Vodafone verschoben, dann griff Scott Mead zum Telefon und fragte bei Mannesmann nach, ob sich angesichts der Tatsachen etwas an der Haltung des Managements ändere. Doch Esser war widerstandsfähig. Auch er konnte sich jedoch nicht dem Wunsch der Aktionäre verschließen. Und die sagten zunehmend oft: »Es ist eigentlich egal, ob ich nun Vodafone oder Mannesmann besitze – im Zweifel habe ich lieber eine Aktie in meinem Portfolio anstatt zwei. Dabei möchte ich das Beste von beiden Seiten. Make it work somehow. Sehen Sie zu, dass der Deal funktioniert!« Und dagegen konnte man nur noch argumentieren mit: »Wir haben einen besseren Deal.« Vivendi war der Weg und das Ziel. Doch Esser ließ auch Kontakt zu zwei weiteren Unternehmen aufnehmen, die unter Umständen für einen Deal in Frage gekommen wären: AOL und der US-Telefonkonzern Worldcom. Es waren nicht mehr als dünne Strohhalme. Aber Esser wollte nichts unversucht lassen.

Auch du, mein Sohn Brutus…

Wenn es still wird, dann wird es ernst. Vor allem bei Verhandlungen über große Transaktionen. Wenn die Anrufe der Gegenseite ausbleiben, wenn man nicht mehr durchkommt bei seinen Gesprächspartnern, dann wird es zumeist eng. Esser und Kinzius kannten das Gefühl. In der letzten Woche des Januar, genau in der Zeit, als sie positive Nachrichten am dringendsten benötigten, genau zu diesem Zeitpunkt ging mit Vivendi nichts mehr. Esser versuchte, Messier zwischen seinen Gesprächen mit Investoren zu erwischen. Er versuchte es früh, mittags und abends. Aber aus Paris gab es plötzlich nur noch eine Reaktion: Funkstille. Messier hatte beim letzten Gespräch zu Esser gesagt: »Ich habe nun drei Vorschläge für potenzielle Geschäfte vorliegen. Die werde ich meinem Aufsichtsrat unterbreiten. Und der soll dann entscheiden.« Esser war alarmiert. Das war eine ganz neue Lage. Esser war immer davon ausgegangen, dass man kurz vor einer Einigung war. Und nun brachte Messier plötzlich seinen Aufsichtsrat ins Spiel, der entscheiden sollte. Das passte nach Einschätzung Essers überhaupt nicht zu diesem Machtmenschen, der sonst immer alles selber entschied und darauf auch Wert legte.

Esser versuchte es weiter. Am Freitag, dem 28. Januar, erhielt er vom Sekretariat des Franzosen die Antwort, Messier sei in der Aufsichtsratssitzung und könne nicht ans Telefon kommen. Esser erwischte später an diesem Tag wenigstens einen engen Mitarbeiter, der zusicherte, Messier die »dringende Bitte« um Rückruf zu überbringen. »Ich werde es ihm sagen.« Esser legte eine Frage nach: »Dass Messier sich andere Optionen verschafft hat, das verstehe ich – obwohl wir uns darüber bisher immer vorab informiert haben. Aber ich gehe doch wohl recht in der Annahme, dass er nicht mit Vodafone verhandelt?« Die Antwort fiel kryptisch aus: »Ich höre, was Sie sagen, und werde es Herrn Messier ausrichten.« Essers Magen krampfte sich leicht zusammen. Am gleichen Tag erhielt Kinzius eine Nachricht aus dem Büro von Messier: Man werde am Samstag ab zehn Uhr über den zwischen Esser und Messier ausgehandelten Plan beraten. Danach Stille.

Am Sonntag, dem 30. Januar, machten sich Esser, Kinzius und die Banker wieder einmal auf den Weg nach Paris. Dort wollten sie, wie beim letzten Mal vereinbart, die Gespräche mit Gent und seinen Beratern fortsetzen. Auch dieser Termin war mehrfach verschoben worden. Zunächst hatte Esser gezögert, weil sich die Gespräche mit Vivendi gut entwickelten. Dann wieder gab es Terminschwierigkeiten bei Vodafone. Esser wurde von seinem Fahrer um 8.30 Uhr abgeholt. Er hatte immer wieder versucht, Messier zu erreichen. Er wollte vor dem Treffen mit Gent wissen, wie die Beratungen über ein Geschäft zwischen Mannesmann und Vivendi gelaufen waren. Esser hatte kein Glück. Die Maschine hob um neun Uhr vom privaten Teil des Düsseldorfer Flughafens ab und landete eine Stunde später in Le Bourget, am Rande von Paris. Zwei gemietete Limousinen brachten die Manager zum Hyatt-Hotel am Flughafen Charles de Gaulle, wo Essers Sekretariat unter falschem Namen drei Räume gebucht hatte. Vodafone und Mannesmann wollten zu diesem Zeitpunkt alles tun, damit nichts von ihren Gesprächen nach draußen durchsickern konnte.

Unmittelbar nach der Landung, noch im Flugzeug, hatte Esser sein Handy wieder eingeschaltet. Jemand hatte eine Nachricht für ihn hinterlassen, während er auf dem Weg nach Paris gewesen war. Esser drückte die Taste für seine Mailbox und hörte, was der Anrufer zu sagen hatte. Der Mannesmann-Chef wurde bleich, die Hand zitterte leicht. Sonst ließ er sich nichts anmerken. Messier teilte ihm mit, dass er sich am Samstagabend mit Vodafone auf einen Deal geeinigt habe. Esser schwankte innerlich zwischen Wut und Verzweiflung: Das war abgrundtiefer Verrat. Selbst unter den ausgefuchstesten Managern sollte es so etwas wie einen Kodex geben: »Verhandle nicht gleichzeitig mit dem Feind deines Freundes.« Esser wusste: Das war das Ende. Seinem Team sagte er nichts von alledem. Nicht so kurz vor so wichtigen Gesprächen.

Um Punkt 10.30 Uhr betraten Esser, Kinzius und Becker den Verhandlungsraum »Gemini« im Hyatt-Hotel. Die anderen Banker verteilten sich auf die beiden anderen Räume. Gent und seine Leute ahnten, dass Esser wusste, was hinter den Kulissen ablief – dass sie einen Deal mit Vivendi gemacht hatten. »Der sieht ja aus wie eine Leiche«, murmelte Mead Horn-Smith zu. Die Männer aus dem Vodafone-Team hatten sich dazu entschlossen, nun alle Freundlichkeit fallen zu lassen. »Wir liegen vorn. Jetzt müssen wir zuschlagen«, hatte der Rat an Gent gelautet. »No more Mr. Nice Guy!« Die Begrüßung konnte frostiger kaum ausfallen. Kein Lächeln. Keine Verbindlichkeit. Gent wollte nicht sofort zuschlagen. Man begann mit den weniger kontroversen Punkten. Er sagte, dass das Mannesmann-Telekom-Team in der neuen Gesellschaft sehr willkommen sei, und verpflichtete sich, Düsseldorf zum Sitz des europäischen Hauptquartiers zu machen. Erste Differenzen gab es beim Namen der neuen Gesellschaft. Esser sagte: »Mannesmann ist als Marke wichtig.« Gent erwiderte kalt, wie sich Esser erinnert: »Ich habe darüber mit Klaus Zwickel gesprochen. Der sieht das nur für die alten Industrieteile als wichtig an.« Klaus Esser und Kurt Kinzius sahen sich kurz an und dachten: »Er hat was gemacht? Während der Schlacht mit einem unserer Aufsichtsräte gesprochen? Und der gibt auch noch den Namen auf? Unglaublich!« Aber die Fassade der beiden Männer blieb freundlich. Gent sicherte zu, dass Atecs an die Börse gebracht werde. Es war ein Versprechen, an das sich der Mann aus England später nicht halten würde. Gent signalisierte sogar, dass die integrierte Strategie von Festnetz und Mobilfunk überlegenswert sei. Esser hörte die Worte und glaubte keines. Dann kam Gent zum Kern: »Wir sind signifikant auseinander bei der Bewertung des Unternehmens. Wir sind schon über 300 Euro je Aktie. Weiter können wir nicht gehen.« Das Ende der Fahnenstange war erreicht. Das wollten Gent und seine Berater der Mannschaft auf der anderen Seite des Verhandlungstisches deutlich signalisieren.

Aber Esser war nicht in der Stimmung für Unterwürfigkeiten. Noch hatte er sich von der Nachricht Messiers nicht erholt. Aber er konterte so kühl wie möglich: »Unser integrierter Ansatz steigert den Wert des Unternehmens. Das ist noch nicht in den Kursen berücksichtigt. Außerdem sind Mehrheitsbeteiligungen mehr wert. Und dann müssen Sie unsere Beteiligung an Orange berücksichtigen. Die ist mehr wert als Vodafone England. Diesen Unternehmensteil müssten wir nach der Fusion dann verkaufen.« Esser kalkulierte mit seinen Äußerungen bewusst einen Eklat ein. Er stellte den Nukleus von Vodafone zur Debatte. Ganz schön unverfroren. Und das in dieser Situation. Er schob nach: »Das sehen doch auch einige Ihrer Aktionäre so.« Kinzius rutschte fast unter den Tisch. Das war wieder mal ein typischer Esser, dachte er. Beschissene Position – und trotzdem auf Angriff schalten. Oder gerade deswegen. Orange behalten, Vodafone verkaufen. Das war schon ein Schlag in die Magengrube. Esser setzte scheinbar ungerührt seinen Schlusspunkt: »Wenn Sie darauf eingehen, dann finden wir Ihren Vorschlag richtig sexy.«

Die beiden Männer sahen sich eine Sekunde lang direkt in die Augen. Schweigen erfüllte den Raum. Gent antwortete ruhig, eiskalt und kein bisschen gelassen: »Klaus, you are going to loose this. Be realistic.« Harte Wahrheiten kann ein Sieger ohne Drohgebärden abliefern. Die Worte von Gent hingen einen Augenblick in der Luft. »Klaus, du verlierst. Komm auf den Boden der Tatsachen zurück.« Schlichte Worte, ohne Drama dargebracht. Aber in ihrer Wirkung verheerend. Gent und sein Team hatten es so besprochen. Dies war der Augenblick, verbal zuzustoßen. Das Ende aller Freundlichkeiten. Aber Gent konnte trotz aller Kalkulationen seine Emotionen nicht verbergen. Seine gesamte Körperhaltung, so schätzte Esser es ein, drückte aus: »Ich sage euch jetzt mal, wo es langgeht in diesen Verhandlungen.« Nicht laut, aber klar, kalt, tödlich. Gents Gesicht hat alle Freundlichkeit verloren. Was er zu sagen hatte, das sagte er hastig. Es war glasklar: Dies war sein letztes Angebot. »Ihr habt verloren. Jetzt seht zu, dass ihr für eure Aktionäre das Beste herausholt.«

Der Mann aus Düsseldorf zuckte, aber er fiel nicht. Er betete Gent noch einmal seine Kalkulationen vor – 58,5 Prozent an der gemeinsamen Gesellschaft müssten es schon sein, wenn man die Zustimmung haben wolle. Esser musste das Angebot des Briten für seine Aktionäre maximieren. »Wir müssen ohnehin nur warten. Unser Kurs steigt schnell genug. In ein paar Tagen schon wird der bei 350 Euro sein.« Aber Esser wollte mehr. Nach seinen Kalkulationen waren die Vodafone-Aktien weniger werthaltig als die von Mannesmann. Und da ja nicht in bar bezahlt wurde, sondern mit Aktien, wollte Esser seinem Gegenüber möglichst viele davon abhandeln. Viele, aber nicht alle seiner Aktionäre würden schließlich auf dem hohen Kursniveau Kasse machen. Aber Gent wollte von alldem nichts wissen: »Wir werden euch übernehmen. Daran kann jetzt kein Zweifel mehr bestehen. Vergessen Sie die 58,5 Prozent. Das ist nicht realistisch. Ich bin bereit, von 48,5 auf 49 Prozent zu gehen. Aber das ist das Ende.« Gent hatte mit diesem letzten Satz sein Angebot noch einmal um gut sieben Milliarden Euro erhöht. Kleingeld in diesem Deal. Aber er machte auch klar: »Wenn ihr das nicht annehmt, dann warten wir bis zum Ende der Angebotsfrist – und sammeln dann die Mehrheit ein, zu den alten Konditionen.« Ob Esser sich das gegenüber seinen Aktionären erlauben könne? Esser sah, dass er hier nicht weiterkam. »Wir müssen darüber nachdenken«, beendete er die gemeinsame Runde.

Die beiden Vorstandsvorsitzenden zogen sich zu einem kurzen Gespräch unter vier Augen zurück. Esser ging es vor allem darum, im Falle der nunmehr fast sicheren Übernahme durch Vodafone Zusicherungen für die Zukunft seiner Topmanager zu erreichen. Nach dem Ende des Plenum-Gespräches und während Esser und Gent verhandelten, hatten sich die Adjutanten in die Nebenräume zurückgezogen. Kinzius saß mit Becker zusammen, als es an der Tür klopfte. Julian Horn-Smith steckte sein stets freundliches Gesicht durch den Türspalt und bat seinerseits Kinzius zum Tête-à-Tête. Die Männer, die den Kampf an der Seite von Esser und Gent geführt hatten, vertrieben sich die Zeit mit einem Spaziergang über die Flure des Hotels. Beide mochten und schätzten sich. Zwischen ihnen gab es keine Ego-Spiele. Horn-Smith ließ seinen Charme einmal mehr spielen: »Lassen Sie uns noch einmal ohne Emotionen sprechen. Ihr seid ein gutes Team. Ich habt viel erreicht. Aber ihr habt verloren. Lasst uns das jetzt gemeinsam zu Ende bringen.« Kinzius, so erinnert er sich, hielt dagegen. »In aller Freundschaft: Wir denken über euer Angebot von 49 Prozent nach. Aber nach unserer Rechnung haben wir jetzt 54 Prozent der Aktionäre hinter uns. Freut euch nicht zu früh. Wir haben noch nicht verloren. Und ihr habt nur noch eine Woche.« Horn-Smith sagte trocken: »54 Prozent? Soviel haben wir nach unseren Rechnungen auch hinter uns.« Die beiden Männer schmunzelten. Das konnte nach den simplen Grundrechenarten nicht sein. Aber so viel war sicher: Man lag Kopf an Kopf, wer immer am Ende das Rennen machen würde. Horn-Smith ließ nicht locker: »Sie müssen jetzt einsichtig sein. Sie sind doch ein vernünftiger Mann. Übernommen zu werden ist nicht so schlimm, wie es sich im ersten Moment ausnimmt. Mir ist das auch schon mal passiert. Das Leben geht weiter. Mal sitzt man am längeren Hebel, mal am kürzeren.«

Nach zehn Minuten ging Kinzius zurück zu seinem Team. Den Männern in Raum »Hydra« war klar, dass sie verloren hatten – doch noch wussten sie nicht, warum. Sie hatten Vivendi verloren. Aber an wen? Es gab den Verdacht, dass Messier in das Lager von Vodafone übergelaufen war. Aber keine Gewissheit. Nicht für sie. Zu dieser Stunde konnten sie nur spekulieren. Das Vodafone-Team drängte, weil es noch einen Termin in Paris hatte. Steckte der Chef von Vivendi dahinter? Sie mochten es sich nicht eingestehen. Paris hatten sie als Treffpunkt gewählt, weil sie sich an einem neutralen Ort unbeobachtet treffen wollten. Sollte hier ihre Niederlage besiegelt werden?

Nach etwas mehr als einer Stunde ging das Treffen zu Ende. Gent und Horn-Smith drängten zum Aufbruch. Ihr nächstes Meeting drängte. Esser merkte zum Abschied spitz an: »Ich hoffe, dass Sie – was immer Sie tun – keine Werte Ihrer Aktionäre zerstören.« Gent lächelte säuerlich. Zwischen den beiden gab es nichts Verbindendes mehr. Mead murmelte: »Das war brutal.«

Die Männer aus Düsseldorf bestiegen die Autos. Auf dem Weg zum Flughafen hielt es auch Esser nicht mehr aus. »Ich habe da noch etwas«, sagte er mit leicht zitternder Stimme. »Messier hat einen Deal mit Vodafone gemacht.« An Bord der Maschine war die Stimmung am Boden zerstört. Kinzius fragte mehr sich selber als die Runde: »Was können wir hier noch tun? Im Prinzip nichts mehr. Vivendi hatte alles aus dem Lot gebracht.« Esser und Kinzius schauten sich in die Augen. Sie verstanden sich ohne Worte. Es war vorbei. Game over. Kinzius sprach es als Erster aus: »Wir haben verloren.« Esser stimmte deprimiert zu. Die Aktie kletterte in Richtung der vorgegebenen Zielmarke von 350 Euro. Die deutschen Privatanleger hatten in den vergangenen Tagen immer stärker verkauft. Das würde noch einmal zunehmen, wenn die Nachricht vom Vivendi-Deal mit Vodafone die Runde machen und am Montag die Märkte eröffnet haben würden. Die Institutionellen würden jetzt auf eine friedliche Einigung drängen – zumindest mehrheitlich. » Ihr habt ja nett gekämpft, aber jetzt ist es vorbei.« Esser hatte die Aktionäre und ihren Willen zum Maßstab ihres Handelns gemacht. Nun mussten sie sich – so sah es aus – diesem Votum beugen.

Als die Maschine in Düsseldorf landete, hatte er sich schon wieder berappelt und sagte: »Wir müssen jetzt alle noch einmal an die Telefone und mit den wichtigen Aktionären sprechen. Ich will wissen, wie sie die Situation einschätzen.« In der Vorstandssitzung stellte Esser seinen Kollegen das letzte Angebot von Gent vor. Mehr als 49 Prozent wolle Gent nicht bieten. Aber Düsseldorf sei als Standort gesichert, und zwei bis drei Manager würden von Vodafone übernommen. Dann sprachen sie über die verfügbaren anderen Optionen. Viel war ihnen nicht mehr geblieben, nachdem sie Vivendi verloren hatten. Einem Deal mit Worldcom oder AOL räumte Esser nur noch geringe Chancen ein. Die Zeit würde nicht reichen.

Noch an diesem Abend, nach dem Ende der Vorstandssitzung, fing das Team um Esser an, sich einen Überblick über die Stimmung der großen Anteilseigner zu verschaffen. Was sie hörten, war nicht sonderlich ermutigend: Hutchison Whampoa stand zu Mannesmann, aber das war ohnehin klar. Sonst aber brach die Unterstützung für Esser und sein Team weg. Für die Investoren stand fest, dass es nun an der Zeit war, einen Schlussstrich unter die Auseinandersetzungen zu ziehen. Das machten sie Esser in den Gesprächen schon am Sonntag klar. Am nächsten Morgen würden die Märkte öffnen und das Stimmungsbild der Aktionäre noch transparenter machen.

Klaus Esser war während der Schlacht um Mannesmann immer wieder an den Punkt gekommen aufzugeben – oder zumindest darüber nachzudenken. Nach dem Treffen mit Gent Ende Dezember in Paris war das der Fall – und nachdem Vivendi sich gegen ihn und für Vodafone entschieden hatte. Stets aber hatten die Zweifel nur kurz bestanden. Stets hatte Esser sich recht schnell wieder für eine Fortführung des Kampfes entschieden. Doch als am Montag die Börsen öffneten, die Kurse von Mannesmann-Aktien fielen und die Haltung der großen Investoren klarer wurde, da brach der Widerstand Essers endgültig zusammen. Fondsmanager in London und in Frankfurt teilten Esser und seinen Leuten unmissverständlich mit, dass sie ins Vodafone-Lager wechseln würden. Nicht nur die großen Fonds entschieden sich dafür, einen Strich unter die Angelegenheit zu ziehen – auch die deutschen Kleinaktionäre liefen in Scharen davon. Sie verkauften ihre Aktien und strichen ihre massiven Gewinne ein. Becker versuchte, Esser zu erreichen, doch der war in Gesprächen. »Kann ich eine Nachricht weiterreichen?«, fragte Essers langjährige Sekretärin Hanni Rauch. »Ja«, antwortete Becker trocken, »sagen Sie ihm, es brennt!«

Esser, der das Interesse der Aktionäre stets in den Mittelpunkt seiner Argumente gestellt hatte, musste nun akzeptieren, dass die Mehrheit der Eigentümer sich gegen seinen Kurs entschieden hatte. In einem Gespräch mit Kinzius ging er alle Punkte des letzten Angebots von Gent noch einmal durch. »Soll ich nicht doch versuchen, wenigstens 52 Prozent für uns herauszuholen?« Kinzius holte seinen Chef auf den Boden der Tatsachen zurück: »Vergessen Sie es. Darauf lässt sich Gent nicht ein. Er kann es gar nicht, weil seine Aktionäre ihm nicht folgen würden. Das hat er immer wieder deutlich gemacht. Wenn Sie darauf beharren, dann verschlimmern Sie die Situation nur.«

Kinzius wusste, wovon er sprach. In einem seiner letzten Telefonate mit Horn-Smith hatte er noch einmal einen Vorstoß in Sachen Umtauschverhältnis unternommen. »Wenn wir 50 Prozent an der Firma hätten, dann wäre es auch für uns einfacher, die Sache zu verkaufen.« Die Antwort von Horn-Smith fiel eindeutig aus: »Keine Chance. Dafür finden wir in unserem Board keine Unterstützung.« Für viele Aktionäre sei das mittlerweile eine emotionale Angelegenheit. Die Übernahme sei schon teuer genug. »Wir haben keinen Spielraum mehr. Wenn ihr da weiterkämpfen wollt, dann tut es. Aber es wird nichts bringen. Wir haben gewonnen.« Man wolle den Deal gerne mit Zustimmung des Vorstandes machen, doch wenn der Preis der Zustimmung ein Umtauschverhältnis von 50 zu 50 sei, dann werde man die Sache auch ohne Unterstützung durchziehen. Auch Gent hatte zuletzt klargemacht, dass er nicht mehr zu weiteren Gesprächen bereit sein werde, wenn nicht zuvor das Beteiligungsverhältnis klar sei. Die Männer aus England machten Esser & Co. eine einfache Rechnung auf: Entweder Mannesmann stimme jetzt zu – und erhalte dann ein Umtauschverhältnis knapp unter 50 Prozent. Oder man warte bis zum Ende der Angebotsfrist und werde dann aber nur die im November angebotenen 47,2 Prozent bezahlen. Ein Milliarden-Unterschied. Gent brachte es brutal deutlich auf den Punkt: »Ich komme jetzt nur noch zu Verhandlungen, wenn eine klare Zahl für die Mehrheitsverhältnisse auf dem Tisch liegt.«

Es ist vorbei

Die Fakten waren nicht länger zu ignorieren. Aktionäre schwenkten massenhaft zu Vodafone über. Sogar die Manager von Union Investment und von Deka, zwei großen deutschen Investmentfonds, hatten Mannesmann mitgeteilt, dass sie Gents Angebot annehmen würden. Das Geschäft geht vor. Sorry. Doch es hatte auch andere Stimmen aus der deutschen Finanzszene gegeben. Udo Behrenwaldt von der Fondsgesellschaft der Deutschen Bank machte Esser emotional klar, dass er an der Seite von Mannesmann stehen werde. So etwas half in diesen Stunden. Am Abend des 31. Januar saß Klaus Esser nun in seinem Büro. Allein. Zum ersten Mal seit langer Zeit. Noch einmal ließ er alle Fakten Revue passieren.

Und dann machte er den schwersten Anruf seines Lebens. »Chris, I think we should talk. – Chris, ich denke, wir sollten verhandeln.« Das war, in schlichten Worten, die Kapitulation. Esser, der nüchterne Analytiker, hatte sich seit Sonntag an das Gefühl gewöhnen können. Aber so richtig klappte das auch beim Verstandesmenschen Esser nicht. Es war vorbei. Sein Traum, seine Vision vom europäischen Mobilfunkkonzern würde nun jemand anderes vollenden.

Gent nahm das Angebot ohne Pomp an. In der Stunde, wo er den Sieg zum Greifen nah sah, verbot er sich Triumphgehabe. Die beiden Männer trafen sich am nächsten Tag, dem 1. Februar, im Düsseldorfer Industrieclub. Der von außen unscheinbare und von innen wenig modische Club galt als der Inbegriff der alten Ruhr-Elite. Wer bei Röhren, Stahl und Bergbau auf sich hielt, der ließ sich dort gerne sehen. Esser und den Managern des neuen Mannesmann-Geschäftes war der Club immer zu staubig und altbacken gewesen. Das war auch unter den Journalisten bekannt. Esser hoffte, bei einem Treffen mit Gent dort unentdeckt zu bleiben. In der Hauptverwaltung von Mannesmann wäre das schon nicht mehr möglich gewesen. Nachdem die Meldung über den Deal zwischen Messier und Gent am Montag bekannt geworden war, wussten die Journalisten, dass es nun unter Umständen schnell zu einer Einigung zwischen den Streithähnen kommen könne. Daher war das Gebäude umlagert von Journalisten, die auf Stellungnahmen warteten. Esser und seine Berater wollten nicht, dass die Gespräche zu früh bekannt würden, um nicht so in eine schlechtere Gesprächsposition zu kommen. In einem der abgeschiedenen Besprechungsräume kamen die beiden Manager schnell voran. Es war klar, dass Gent die Mehrheit der Aktionäre hinter sich hatte. Der Vodafone-Chef konnte an diesem Tag nicht lange bleiben. In England warteten ein wichtiges Dinner auf ihn und eine Sitzung seines Verwaltungsrates. Er nahm die Eckpunkte mit nach England, um sie dort mit seinen Kollegen zu besprechen. Die beiden Männer vertagten sich auf den 2. Februar.

Das Drama, das für Gent und Esser schon keines mehr war, entfaltete sich nun zunehmend öffentlich. Gent landete nach einer langen Sitzung seines Verwaltungsrates um 19.43 Uhr in Düsseldorf. Gents Ankunft wäre wohl geheim geblieben, wenn er nicht zuvor schon ein Interview mit dem Nachrichtensender *n-tv* zugesagt hätte. Dieses Interview sollte an diesem Abend mit Gent in einem Londoner Studio geführt werden. Nun hatten seine Leute dem Sender mitgeteilt, man halte an dem Interview fest, aber man müsse es im Steigenberger Hotel in Düsseldorf abhalten. Der Sender meldete daher gegen 18 Uhr, dass sich wohl Dramatisches im Kampf um Mannesmann tue. Gent sei in Düsseldorf. Doch im Interview um 21.15 Uhr gab Gent nichts preis. Das war auch nicht nötig. Als Gents Wagen sich in Richtung Mannesmann-Hochhaus auf den Weg machte, da wusste die halbe Welt, dass das Ende für Mannesmann nahe war. Die beiden Männer zogen sich in ein Besprechungszimmer im 21. Stock zurück. Es war kurz vor 22 Uhr. Die Berater konnten nun nichts mehr tun. Sie wanderten über die Gänge und hielten sich bereit. Auch Canning Fok hatte es in seinem Hotel nicht mehr ausgehalten und war in die 21. Etage gekommen. Gegen 23 Uhr hielt es der quirlige Chinese nicht mehr länger aus. Er stürmte an Becker vorbei in den Raum, in dem Esser und Gent verhandelten. Fok wollte, dass es zu einer Einigung komme, und glaubte, zwischen den beiden vermitteln zu müssen. Doch er war nicht willkommen. Esser stand auf, als Fok den Raum betrat, und komplimentierte ihn wieder hinaus.

Becker schaute Fok fragend an. Was der Mann aus Hongkong da gemacht hatte, war nicht in Ordnung gewesen. Das wusste auch Fok. »Ich bin nun schon viel länger hier als geplant. Das chinesische Neujahr kommt. Ich muss nach Hause.« Er war auf eine konstruktive Weise kritisch mit Klaus Esser. Der sei einfach störrisch. »Er will immer noch ein bisschen mehr herausholen.« Becker erwiderte: »Ich kann Ihnen sagen, ich habe jahrelang mit Herrn Esser über Honorare verhandelt, und der ist wirklich einer, der immer in der Lage ist, noch einen nachzulegen und immer noch ein bisschen mehr rauszuholen. Das ist sicher eine seiner großen Stärken, weil er die Leute einfach ermüdet irgendwann in der Verhandlung.«

Becker passte auf, dass es zu keinen weiteren Störungen kommen konnte. Um kurz nach ein Uhr nachts traten beide bleich und übermüdet aus dem Raum. Die Berater versammelten sich um die beiden Manager. Es war an Esser, zu sprechen. »Dies sind die Eckpunkte unserer Vereinbarung. Bitte machen Sie daraus bis morgen früh einen Vertragsentwurf.« Auf einem einzigen Blatt Papier waren die Eckpunkte des Vertrages über den größten Deal aller Zeiten notiert. Danach würden die Mannesmann-Aktionäre 49,5 Prozent an der neuen Gesellschaft halten. Esser hatte Gent noch einmal 0,5 Prozent abgehandelt. Das allein hatte mehr als eine Stunde gedauert. Esser wollte 50 Prozent, Gent nicht mehr als 49 Prozent geben. »Lass uns die Differenz teilen«, schlug Esser vor. Das entsprach rund 350 Euro je Aktie. Der Brite schlug ein. Alle anderen Punkte waren für die Beteiligten nicht mehr neu. Düsseldorf werde Standort für das europäische Geschäft sein. Esser werde vorübergehend an Bord bleiben, um die ersten Schritte der Integration zu begleiten. Das war das Ende seiner Karriere bei Mannesmann. Die beiden Männer baten die Berater, daraus einen Vertragsentwurf zu machen, der am nächsten Tag unterzeichnet werden sollte. Gent machte sich auf den Weg zum Flughafen nach Köln, wo sein Jet wartete. Am kommenden Tag würde der Verwaltungsrat erneut tagen. Er verabschiedete sich von Esser: »See you tomorrow.«

Der Vertragsentwurf wurde in der Tat über Nacht fertig. Die Anwälte hatten ganze Arbeit geleistet. Am frühen Morgen spuckten die Faxgeräte bei Morgan Stanley, Goldman Sachs, Mannesmann und Vodafone den Vertragsentwurf aus, der am Nachmittag des 3. Februar unterschrieben werden sollte. Die beiden Manager waren einverstanden. Doch wenn Esser und Gent geglaubt hatten, dass das Geschäft nun besiegelt sei, so wurden sie enttäuscht. Nachdem sich die beiden verständigt hatten, stellten sich die Investmentbanker von Gent quer. Ihre Position war simpel und barg eine Menge Sprengstoff. »Wir brauchen keinen Vertrag zu unterschreiben, denn wir haben die Mehrheit der Aktionäre hinter uns«, formulierten die Berater. »Wir haben gewonnen.« Doch sie wollten mehr. »Der Aufsichtsrat kann sich theoretisch querlegen«, fürchteten sie. Daher mögen alle Mitglieder des Aufsichtsrates blanko ihren Rücktritt erklären. Die Forderung der Vodafone-Banker schlug bei Mannesmann wie eine Bombe ein. Becker und Kinzius versuchten, den Beratern von Vodafone klarzumachen, dass so etwas mit einem deutschen Aufsichtsrat nicht zu machen sei. Doch das interessierte die andere Seite nicht.

Als Gent am Nachmittag anrief, um Esser zu signalisieren, er mache sich nun auf den Weg nach Düsseldorf, drohte die Situation zu eskalieren. Der Mannesmann-Aufsichtsrat tagte, doch es gab nichts zu beschließen, weil die Vodafone-Berater die Unterschriften unter den Vertrag verweigerten. Die Rücktrittsforderung hatte die Stimmung in dem Kontrollgremium auch nicht gerade steigen lassen. Als Gent um kurz nach 15 Uhr in den Firmenflieger stieg, der in den vergangenen Wochen fast zu einer Art zweitem Zuhause geworden war, gab es weder einen unterschriebenen Vertrag, noch war der Aufsichtsrat in der Stimmung, seine Zustimmung zu erteilen. Für Esser war die Situation deswegen unangenehm, weil die Hauptverwaltung von Journalisten förmlich umlagert war. Allein die Ankunft Gents würde signalisieren, dass die Übernahme perfekt sei. Und das zu einem Zeitpunkt, wo die Märkte noch offen waren und die Kurse auf eine solche Nachricht reagieren würden. »Ohne einen Vertrag stehen wir unter Umständen schlecht da – und die andere Seite könnte das in der letzten Minute zu ihrem Vorteil ausnutzen«, sagte Kinzius. Doch das Team um Esser wusste Rat. Als Gent um 16.41 Uhr in Düsseldorf landete und sein Mobiltelefon anschaltete, erwartete ihn die Nachricht, dass er die Hauptverwaltung so lange nicht betreten könne, bis der Übernahmevertrag unterzeichnet sei. Man bot Gent ein Ausweichquartier an – das Gebäude in der Prinzenallee, genau dort, wo Kinzius & Co. die Abwehrschlacht organisiert hatten. Gent betrat das schmucklose Gebäude, in dem niemand auf ihn wartete. Das war nicht der Empfang, den er erwartet hatte. Sein erster Blick fiel auf Fotomontagen, die entstellte Bilder von ihm zeigten. Ein Foto war zu einer Wurfscheibe umfunktioniert worden. All dies war das Werk der jungen Investmentbanker gewesen, die sich so die langen Nächte vertrieben hatten. Aber Gent war alles andere als amüsiert. Angespannt lief er durch die Korridore. Er fühlte sich aufs Abstellgleis geschoben. Das war keine Behandlung für Sieger. Doch in der Sache bewegte sich nichts. Zunächst nicht. Dann reichte es dem Aufsichtsrat. Zur Sitzung hatten sich ausschließlich die Arbeitnehmervertreter eingefunden. Für die Vertreter der Kapitalseite war es nicht möglich gewesen, so kurzfristig nach Düsseldorf zu kommen. Sie waren der Sitzung auch nicht telefonisch zugeschaltet. Im Team um Esser wurde das zynisch kommentiert: »Es geht ja nur um einen 180-Milliarden-Dollar-Deal.« Am frühen Abend mochten dann auch die Arbeitnehmervertreter nicht mehr länger warten. Sie machten den Beratern von Vodafone klar, dass sie nicht gewillt waren, sich länger an der Nase herumführen zu lassen, und verließen das Haus. Der größte Deal der Geschichte hing wieder einmal in der Luft.

Esser unterrichtete Gent von der Situation. Im Gespräch räumten die beiden Männer die Hürde dann schnell beiseite. Der Weg zur Einigung war frei. Gent machte sich auf den Weg zum Mannesmann-Hauptquartier, das er über einen Hintereingang betrat. Mittlerweile war es Abend geworden. Nach der Hängepartie am Nachmittag tauschten die beiden Männer ohne lange Zeremonie die Unterschriften unter den Verträgen aus. Ein kurzer Blick, ein Händedruck. Das war es. Beide gingen zusammen mit ihren Beratern durch einen Gang zum Hochhaus hinüber, wo gut 100 Journalisten, Fotografen und Kameraleute warteten. Unter den Journalisten hatten sich Gerüchte über das nahende Ende des Mannesmann-Konzerns breitgemacht. Aber kaum einer von ihnen wusste etwas Genaues. Die lange Wartezeit und die Ungewissheit sorgten für eine Art Treibhausklima. Als Esser und Gent sichtbar wurden, die Scheinwerfer angingen und die Kameraverschlüsse klickten, da machte sich unter einigen Journalisten so etwas wie ein Beutetrieb breit. »Dies ist ein gebrochener Mann«, rief eine Reporterin mit sich überschlagender Stimme. Die beiden Manager stellten sich bereit. Die grellen Scheinwerfer warfen die Schatten der beiden Männer an die Wand – eingerahmt von Mikrofon-

Tentakeln. Ein gespenstisches Bild. Für Esser war das ein schwerer Moment, den er vor allem deshalb auf sich nahm, weil er glaubte, das seinen Leuten schuldig zu sein. »Bei Mannesmann ist der Aktionär König. Der König hat entschieden«, sagte er. »Die Mehrheit der Aktionäre empfindet dies als einen guten Deal. Wir als Vorstand hätten noch einen besseren Deal. Aber der Aktionär hat zu entscheiden.« Das war sein gutes Recht. Esser respektierte die Entscheidung, auch wenn er sie inhaltlich nicht teilte. Nun müsse es weitergehen. Und dann fügte der geschlagene CEO noch zwei Sätze an. »Ich freue mich auf die Phase der Zusammenarbeit. Und besonders auf die Zusammenarbeit mit Chris Gent.«

Das Ende von Mannesmann war besiegelt – 110 Jahre nach der offiziellen Firmengründung in Berlin.

NACHWORTE

Arbeiter & Aktionäre

Durch die großen Fenster kam die Nacht herein. Klaus Esser und sein Team standen auf der 21. Etage zusammen. Der Vorstandschef hatte seine Mitstreiter zum Umtrunk geladen, wie er es formulierte. Es gab Bier, Würstchen, Wein – Esser war ein Freund einfacher Dinge. Die Niederlage war nicht zu leugnen. Der neue Herr im Hause war schon wieder nach England unterwegs, aber es herrschte kein Zweifel: Hier würde künftig Chris Gent und nicht mehr Klaus Esser den Ton angeben. Zwar würde Esser – wie zwischen ihm und Gent vereinbart – für eine Übergangszeit an Bord bleiben, um die Integration zu begleiten, doch er hatte keine Macht mehr. Die Männer ließen die wilden letzten Stunden Revue passieren. Das Thema kam auf die Pressekonferenz: »Alles gut gelaufen, aber der Hinweis, Sie würden sich auf die Zusammenarbeit mit Chris Gent freuen, den hätte man sich vielleicht wirklich ersparen können«, sagte einer. »Etwas zu nett!« Manöverkritik.

Nett sein zu Gent – das hatte Esser in der Tat nicht im Sinn gehabt. Die Botschaft war viel mehr nach innen gerichtet. Jedem – dem neuen Herrn im Hause Mannesmann, aber auch Esser – war daran gelegen, dass die Eingliederung von Mannesmann gelang. Für Gent war es insbesondere ein kommerzielles Interesse. Er hatte für Mannesmann viel, viel zu viel bezahlt. Das teuer erworbene wirtschaftliche Gut musste in seinem Wert mindestens erhalten werden. Und Gent wusste: Während der Integration konnten Milliarden Euro an Firmenwert vernichtet werden. Essers Interesse richtete sich dagegen mehr auf das Schicksal seiner Leute. Was würde aus jenen Unternehmensteilen werden, die mit der Telekommunikation nichts zu tun hatten? Hier sah der Mannesmann-Chef für die nächste Zeit des Übergangs vor allem seine Aufgabe und Verantwortung. Denn Esser machte sich nichts vor: Im operativen Geschäft würde er nichts mehr zu melden haben. Nach den Monaten des Kampfes hatten Gent und Esser sich nichts mehr zu sagen – vorgespielte Freundlichkeiten hin oder her. Schon im Juni schied Esser aus dem Vorstand der Mannesmann AG aus; Ende September verließ er auch den Verwaltungsrat von Vodafone, in den er erst kurze Zeit zuvor aufgenommen worden war. Mit den neuen Machthabern war kein Auskommen mehr.

Lange konnte Esser seiner selbst formulierten Verantwortung also nicht nachkommen. Die neuen Herren im Unternehmen hatten sich zwar die Zustimmung des Vorstandes sichern wollen, damit in der Mannesmann-Organisation der Eindruck eines am Ende doch freundlichen Zusammenschlusses entstand und der Widerstand gegen die Integration gering ausfiel. An der Meinung oder gar Mitarbeit der alten Widersacher hatten Gent und seine Mitstreiter dagegen kein großes Interesse. Esser bekam es schon bald nach dem Ende der Schlacht zu spüren. Von einem Börsengang des unter Atecs (Mannesmann Advanced Technologies) zusammengefassten Industriegeschäftes war der Erinnerung Essers nach plötzlich bei Gent nicht mehr die Rede, obwohl er dies in den Verhandlungen am Ende der Übernahmeschlacht noch zugesagt hatte. Aus der Sicht von Gent machte der Gesinnungswandel Sinn. Das Börsenklima trübte sich ein. Der Markt bekam Zweifel an den immer weiter nach oben schießenden Kursen. Das machte einen Börsengang für Atecs schwieriger, mindestens aber weniger lukrativ für die neuen Eigentümer. Und die hatten angesichts des gewaltigen Schuldenberges keinen Cent zu verschenken. Die Angebote so genannter strategischer Käufer – mithin der Konkurrenz – müssen für die Männer aus Newbury zu verlockend gewesen sein. Siemens, Bosch, ThyssenKrupp, Salzgitter und der Luxusgüterkonzern Richemont waren an all jenen Geschäftsbereichen interessiert, die für Vodafone nicht mehr interessant waren – vor allem den Röhren, Mannesmann Demag, VDO, Rexroth und dem Uhrengeschäft mit weltbekannten Marken wie IWC, Jaeger-LeCoultre und Lange. Mithin: Alles außerhalb der Telekommunikation stand zum Verkauf. Und der sollte zügig über die Bühne gehen.

Gent ließ keine Zeit verstreichen. Atecs sollte schnell an den Nachbarn ThyssenKrupp verkauft werden. Hier konnte Esser noch einmal eingreifen und etwas Einfluss geltend machen. Er machte bei Gent Druck für den versprochenen Börsengang, musste jedoch schnell einsehen, dass er damit nicht würde durchdringen können. Den Verkauf an den Düsseldorfer Nachbarn ThyssenKrupp konnte er noch mit dem Argument eines zu hohen Arbeitsplatzverlustes bremsen. Schließlich machte Siemens das

Rennen – für 9,6 Milliarden Euro. Für die betroffenen Firmen und ihre Mitarbeiter begann zum Teil eine wechselvolle Zeit, denn Siemens reichte große Teile der erworbenen Firma gleich oder ein paar Monate später an andere Investoren weiter. Bosch sicherte sich so aus dem Ausverkauf Rexroth. Bosch führte seine Geschäfte in diesem Bereich der Steuer-, Antriebs- und Bewegungstechnik mit jenen von Rexroth unter dem Namen Bosch Rexroth zusammen. Aus dem Zusammenschluss entstand ein Weltmarktführer. Umsatz und Beschäftigung sind seitdem gestiegen.

Deutlich bewegter verlief die Geschichte für die Unternehmen VDO und Demag, die beide bei der Siemens AG landeten. Für VDO war es quasi die Rückkehr in die alte Heimat, denn Mannesmann hatte den Bereich erst 1991 von Siemens gekauft. Auch Siemens legte das zugekaufte Geschäft – wie Bosch – mit dem eigenen zusammen. Seit der Übernahme ist der Umsatz um gut 1,5 auf 10 Milliarden Euro gestiegen. Es ist schwer abzuschätzen, ob und wenn es denn so ist, wie viele der ehemaligen Mannesmann-Jobs seither verloren gegangen sind, da Siemens den Bereich durch Zukäufe stetig ausgebaut hat. Unabhängig davon aber steht die Automobilzulieferungsindustrie unter hohem Wettbewerbsdruck und verlagert Arbeitsplätze nach Osteuropa. Es ist also anzunehmen, dass auch Mannesmann oder ein börsennotiertes Unternehmen Atecs sich diesem Trend kaum hätte entziehen können. Turbulent verlief die Geschichte seit der Übernahme für die Mitarbeiter der ehemaligen Mannesmann Demag. Siemens behielt einen Teil des Demag-Geschäftes und reichte andere – etwa das Krangeschäft – an die Finanzinvestoren von Kohlberg, Kravis Roberts (KKR) weiter, die es dann 2006 an die Börse brachten. Die zwischenzeitlichen Restrukturierungen kosteten in Deutschland mindestens 1000 Arbeitsplätze vor allem im lohnintensiven Stahlbau in der Stadt Wetter im Bergischen Land. Auch hier lässt sich die Frage stellen, ob Mannesmann angesichts des Kostendrucks anders hätte verfahren können. Die Mitarbeiter in Wetter werden für solche Betrachtungen keinen Sinn haben. Ihnen wurden mehr als einmal Versprechungen und Garantien gegeben, die später nicht eingehalten wurden. Die Menschen bei Demag in Wetter kommen sich daher vor wie die Manövriermasse des globalen Kapitalismus. Von all den Gewinnen, die im Rahmen des großen Deals anfielen, kam bei ihnen nichts an.

Auch vor der Röhrenproduktion – dem Nukleus der Mannesmann AG – machte Gent nicht halt. Er übergab das Geschäft schuldenfrei für einen Euro an die Salzgitter AG. Für die stolzen Mitarbeiter der Röhrenwerke war es ein Kulturschock. Verstoßen aus dem Konzern, den sie begründen halfen, dem sie den Namen gegeben hatten. Doch im Rückblick war der Verkauf für die Mitarbeiter und Salzgitter ein Glücksgriff. Das Röhrengeschäft hatte sich bereits bei Mannesmann nicht mehr gut entwickelt, weil es für den Konzern schon in den Zeiten Essers nicht mehr zum Kern der Strategie gehörte. Anders bei Salzgitter: Dort fanden die Röhrenwerke eine passende neue Heimat – und zu neuer Ergebnisform zurück. Kaum unter dem Dach der neuen Eigentümer angekommen, trug das Röhrengeschäft mit 102 Millionen Euro zum Konzerngewinn bei. Betriebsrat, Management und Mitarbeiter sprachen schon bald von einem Glücksfall.

So haben es wohl auch die meisten Mitarbeiter des Mobilfunkgeschäftes empfunden. Ihm galt natürlicherweise das Hauptinteresse von Vodafone. Es war sicherlich schwer zu schlucken, dass der Name Mannesmann im Mobilfunk schnell verschwand und durch Vodafone ersetzt wurde – der deutlichste dauerhafte Hinweis auf die Niederlage in der Übernahmeschlacht. Ansonsten fand sogar der Betriebsrat nichts an den neuen Herren auszusetzen. Den Briten war daran gelegen, nach den emotional hohen Wogen nun Ruhe einkehren zu lassen und sich als verlässliche Partner zu präsentieren. Die neuen Eigentümer und die Angestellten profitierten dazu von der Tatsache, dass das Geschäft weiter wuchs. Der Umsatz stieg seit der Übernahme um knapp zwei Milliarden Euro, die Kundenzahl verdoppelte sich fast auf 30 Millionen. Knapp 3000 neue Arbeitsplätze entstanden bei Vodafone; 9000 Menschen arbeiten nun für den Mobilfunker.

Die Bilanz sechs Jahre nach der Übernahme und der Zerschlagung von Mannesmann: Unter den betroffenen Firmen und ihren Arbeitnehmern gibt es Gewinner und Verlierer. Nicht alle Ex-Mannesmänner haben ihren Job behalten können. Vor allem die Demag-Betriebe wurden in den Umstrukturierungen hart getroffen – und die Hauptverwaltung von Mannesmann in Düsseldorf, wo nach der Schätzung Essers rund 300 Jobs durch die Zerschlagung verloren gingen. Doch es gab auch Gewinner. Die

Röhren kamen zu einem Eigentümer, unter dem sie sich wieder gedeihlich entwickeln konnten; Rexroth war bei Bosch weiterhin erfolgreich; der Mobilfunk agierte gar als Jobmotor. Unter dem Strich dürften seit 2000 deutlich mehr Jobs entstanden sein als verloren gingen – freilich nicht mehr unter dem Dach von Mannesmann, sondern verstreut in alle Winde. Kein Zweifel: Für die Mannesmänner war das Ende ihres Traditionskonzerns ein schwerer Schlag – doch für die Mehrheit von ihnen traf das vor allem psychologisch zu, nicht aber faktisch. Denn das Gros behielt seine Arbeitsplätze – wenn auch unter einem neuen Eigner. Wie schmerzlich die Niederlage im Kampf um Mannesmann auch gewesen sein mag, wie hart und für viele deutsche Augen unakzeptabel sich der Kapitalismus in den wilden Monaten um den Jahrtausendwechsel auch gezeigt hat – unter dem Strich hat er für den Arbeitsmarkt mehr Jobs gebracht.

Sie haderten nicht mit dem wilden Showdown und seinen Konsequenzen: die Aktionäre – besonders die von Mannesmann. Von ihnen wurden keine Klagen oder Komplimente laut – weder nach dem Ende des Übernahmekampfes noch während der gerichtlichen Auseinandersetzungen oder der gesellschaftlichen Diskussionen über die Angemessenheit der ausgezahlten Boni an Esser & Co. Durch ihren hinhaltenden Widerstand hatten Esser und seine Mitstreiter den Börsenwert von Mannesmann innerhalb von drei Monaten um 127 Prozent oder schwer vorstellbare 102 Milliarden Euro in die Höhe getrieben. Die Gewinner des Deals genossen ihre Rendite und schwiegen. Die Renditen und die Gewinne hatten es in sich – eine Prämie auch dafür, dass sie sich mit ihrem Investment am unternehmerischen Risiko von Mannesmann während der Übernahmephase beteiligt hatten. Wäre der Deal durchgefallen, dann hätte die Rechnung für viele Mannesmann-Aktionäre anders ausgeschaut. So aber gab es Anfang Februar 2000 eine reiche Bescherung. Und zwar ausnahmslos für alle, die auf steigende Kurse gesetzt hatten. Mannesmann hatte nach eigenen Angaben sieben Prozent deutsche Privatanleger, die die Aktie direkt in ihrem Depot hielten. An sie wurden bei der Schlussabrechnung 13,3 Milliarden Euro überwiesen – zwar in Form von Vodafone-Aktien, doch die wurden ganz überwiegend sofort verkauft und zu Geld gemacht. Dreizehn Milliarden Euro – das ist eine schwer greifbare Zahl. Wer, um es fassbarer zu machen, im Oktober 3000 Aktien zu jeweils 150 Euro kaufte, der war im Februar Millionär. Die Mehrheit der deutschen Privatanleger hat so viele Mannesmann-Aktien sicher nicht im Depot gehabt, doch die warme Welle des plötzlichen Wohlstandes kam über alle. Für manche Anleger erwirtschaftete der Deal das Kapital für die Erfüllung lang gehegter Wünsche. Für andere war es die finanzielle Basis für die Gründung eines eigenen Geschäftes und die Schaffung neuer Arbeitsplätze. Was den deutschen Privatanlegern recht war, das war den großen Investoren wie etwa den Fondsgesellschaften billig: Sie verdienten für ihre Kunden jeweils Hunderte von Millionen Euro. Eine Erfolgsgeschichte, die heute nicht mehr erzählt wird.

Doch auch bei den Aktionären gab es solche, die verloren hatten. Die Verlierer sind bis heute allesamt im Lager der Vodafone-Anteilseigner zu finden. Allen Beteiligten an der Transaktion war klar, dass Gent viel zu viel bezahlt hatte. Zwar floss kein Geld, vielmehr wurde in Aktien bezahlt. Doch natürlich geht es am Ende um Geld. Der Wert, den Gent Mannesmann durch den von ihm bezahlten Preis beimaß, spiegelte sich in der Bewertung der Vodafone-Aktie am Markt wider. In den Hochzeiten Gents, nach der Übernahme und Zerschlagung von Mannesmann, war die Vodafone-Aktie rund 350 britische Pence wert. Als der allgemeine Überschwang einer realistischen Bewertung von Telekom-Aktien Platz machte und der Markt auch Vodafone kritischer unter die Lupe nahm, da machte sich der Kurs zu einer nachhaltigen Talfahrt auf. Es gab Zeiten, da zahlte man nur noch knapp 90 britische Pence für das Papier. Die Marktkapitalisierung sank in jener Zeit von 230 auf nur noch 60 Milliarden Pfund Sterling. Anfang des Jahres 2007 notierte die Aktie bei rund 145 britischen Pence. Der Markt analysierte auf diese Art und Weise in ungeschminkter Deutlichkeit die Sinnhaftigkeit von Gents Akquisitionen – nicht nur jene von Mannesmann – in den vergangenen Jahren. Zu teuer, zu wenig vernetzt, oft nur in Minderheitsbeteiligungen – so fiel, wenig schmeichelhaft das Urteil der Investoren aus. Das *Handelsblatt* hielt im Dezember 2002 fest: »Gent ist wegen seiner Expansionspolitik in den vergangenen Monaten zunehmend in die Kritik geraten. Die Aktionäre verlangten von ihm, seine Übernahmeserie zu beenden und die großen Vermögenswerte des Unternehmens zu ihrem Vorteil einzusetzen. Der Kritik waren ein enormer Absturz des Aktienwertes und ein Vorsteuerverlust auf Rekordniveau vorausgegangen. Vodafone fuhr vor Steuern im vergangenen Geschäftsjahr ein Minus von 21 Milliarden Euro ein. Der Gewinn vor Sonderfaktoren und Abschreibungen lag bei 11 Milliarden Euro, der Umsatz bei mehr als 35 Milliarden Euro.« Abschreibungen gab es auch in Deutschland, wo Vodafone in seinem Jahresabschluss 2001 den Wert der erworbenen Mannesmann-Aktien um 50 Milliarden Euro herabsetzte. Ein deutliches Eingeständnis, zu viel für den Düsseldorfer Konzern gezahlt zu haben.

Und so zählen neben dem deutschen Fiskus, der wegen der Abschreibungen möglicherweise auf Steuereinnahmen in Höhe von 20 Milliarden Euro verzichten muss, vor allem die Vodafone-Aktionäre zu den Verlierern der Schlacht – und hier vor allem die großen institutionellen Investoren. Nicht wenige von ihnen waren dazu gezwungen, die Vodafone-Aktien selbst nach dem hohen Kursanstieg zu behalten. Es waren so genannte Indexfonds. Diese Fonds bilden den Index einer Börse ab und werden vor allem von solchen Investoren gekauft, die sich nicht der Mühe unterziehen wollen, einzelne Aktien auszusuchen. Wenn aber die Bedeutung einer Aktie im Index steigt, so müssen die Fondsmanager – ob sie wollen oder nicht – Aktien eben jenes Unternehmens kaufen. Genau das passierte im Falle von Vodafone, deren Gewichtung im Aktienindex nach der Übernahme von Mannesmann von fünf auf zehn Prozent stieg. Die Fondsmanager mussten zügig kaufen, um die Veränderung in ihren Depots nachzuvollziehen. So waren es also vor allem diese Adressen, die den verkaufswilligen deutschen Investoren – ob Privatanleger oder Großinvestoren, die keine britischen Aktien haben wollten – ihre Aktienpakete abnahmen – und auf den Kursverlusten in Milliardenhöhe sitzen blieben.

Nur ein Traum

Ein winziger Gedanke nur. Eine kurze Frage. Mehr nicht. Aber Klaus Esser und viele bei Mannesmann werden sie sich seit Februar 2000 ein paar hundert Mal gestellt haben. »Was wäre, wenn ...?« Nur eine Hypothese, aber eine interessante: Wie wäre die Geschichte von Mannesmann weitergegangen, wenn Vodafone nicht gewonnen hätte?

Esser ist kein Mann für Träumereien. Er hatte einen Plan, natürlich. Denn Unternehmensstrategien entstehen fern vom Tagesgeschäft. Und so hatte sich Esser Ziele gesetzt, denen er hätte nachstreben können, wenn nicht Gent, sondern er das Sagen im Hochhaus am Rhein gehabt hätte. Für Atecs hatte Esser große Pläne. Er hätte das Unternehmen an die Börse gebracht und sich dafür ein Preisziel von 8,5 bis 9 Milliarden Euro gesetzt, die er über den Börsengang hätte einnehmen wollen. Für Esser war klar: »Atecs geht zu 100 Prozent an die Börse.« Die Einnahmen aus dem Börsengang waren schon vorgemerkt für die teilweise Tilgung des 22 Milliarden Euro hohen Schuldenberges, einer Altlast aus den Übernahmen im Telekom-Geschäft. Doch Essers Pläne für Atecs bestanden nicht nur darin, einen Börsengang zu organisieren. Er wollte Bosch und Siemens dazu bewegen, ihre jeweiligen Geschäfte in das neue Unternehmen einzubringen, anstatt – wie es später geschah – sich jeweils Teile von Atecs einzuverleiben. Esser konnte nicht sicher sein, dass dieser Plan aufgegangen wäre. Doch erste Gespräche mit Bosch und Siemens hatten ihm Mut für diesen Plan gemacht. Und ein letztes Geschenk hätte Esser der neuen Firma noch mit auf den Weg geben wollen – den alten Namen: Mannesmann.

Nach dem Verkauf des Uhren- und des Röhrengeschäftes hätte sich Esser schließlich voll auf den Ausbau der Telekommunikation konzentriert – unter einem relativ neuen Namen: Orange. Esser war begeistert von der Marke und ihren Möglichkeiten. So begeistert, dass er Orange zur Marke des Konzerns in ganz Europa gemacht und alle anderen Namen abgeschafft hätte. Der Plan, den nur wenige kannten, hätte für eine kleine

Revolution gesorgt. Wenn Esser gewonnen hätte, dann wäre die Farbe des Mobilfunks in Europa nicht das Rot Vodafones geworden, sondern die Leuchtfarbe von Orange. Der Kopfmensch Esser, der nüchterne Analytiker, der Mann, der selten Emotionen zeigte, konnte noch Jahre nach dem Ende der Schlacht mit glänzenden Augen über die »wundervolle Marke« mit ihren weitreichenden Möglichkeiten erzählen und über seine Visionen für die Zukunft berichten.

Was hat ihn so für Orange eingenommen? Es war nicht nur die Farbe, die an sich positiv besetzt ist. Es war nicht nur die Tatsache, dass Orange eine internationale Marke war, die in allen Märkten Europas funktioniert hätte. Für ihn war es dies: »Human Sex-Appeal.« So wie in diesem Werbefilm von Orange: Eine Frau fährt in ihrem Auto und erhält plötzlich den Anruf ihres Frauenarztes. Man habe den Ultraschall jetzt ausgewertet – und man werde wohl anbauen müssen: »Es sind Zwillinge. Ich schicke Ihnen den Scan jetzt.« Die Frau betrachtet das Bild der Zwillinge auf ihrem Handy, strahlt und sendet es an ihren Mann im Büro. Schnitt. Die Kamera zeigt das Gesicht des Mannes vor dem Bildschirm – und wie er plötzlich auch strahlt. Abspann: The future is bright, the future is orange. Esser: »Das war unheimlich persönlich, unheimlich menschlich. Es ging um den Nutzen für den Menschen und nicht um den Preis.« Orange hatte es geschafft, das mobile Telefonieren nicht als preisgünstige Notwendigkeit, sondern als ein Stück Lebensqualität zu etablieren. Der Mensch stand im Mittelpunkt, und das Markenangebot half im realen Leben, reale Probleme zu lösen. Und dabei stand die Datenkommunikation im Mittelpunkt – Essers Vision für den Mobilfunk. Für ihn war klar, dass nicht die Sprachübertragung, sondern die Integration von Sprache und Daten die Zukunft des mobilen Geschäftes war. Orange hielt dazu alles bereit, was Esser benötigte.

Der Mannesmann-Chef traute dem Mobilfunk viel, fast alles zu. In der Zukunft würde sich das tägliche Leben dank des Mobiltelefons deutlich verändern und viele Dinge erleichtern. Doch er sah auch die Beschränkungen, unter denen der Mobilfunk noch für lange Zeit zu leiden haben werde. Die Übertragungsgeschwindigkeit für digitale Daten war und blieb auf absehbare Zeit niedriger als im Festnetz. Zwar nahmen die

Kunden dies hin, solange sie unterwegs waren. Doch nur wenige, so Esser, würden das Handy daheim benutzen. Und schon gar nicht für den Gang ins Internet und die stationäre Datenkommunikation. Da spielte das Festnetz in seiner Planung noch lange seine Überlegenheit aus. Für Esser war es daher logisch, im Abwehrkampf gegen Vodafone immer darauf hinzuweisen, dass Mannesmann eine andere, eine den Briten überlegene Strategie verfolge: das integrierte Angebot von Mobilfunk und Festnetz aus einer Hand. Für Esser war der Festnetzbetreiber Arcor daher immer ein zentraler Punkt seiner Telekommunikationsstrategie. In der Schlacht um Mannesmann haben Gent und seine Mannen dieses Argument nie anerkannt und ihre Strategie des reinen Mobilfunkanbieters als die überlegene dargestellt. Nach dem Sieg stand Arcor daher auch lange auf der Verkaufsliste von Vodafone. Erst Ende 2006 hat sich das Unternehmen dazu entschlossen, Arcor zu behalten und aktiv in seine Strategie im Kampf um deutsche Konsumenten und Haushalte einzubeziehen. Sieben Jahre nach dem Ende der Schlacht um Mannesmann bietet Vodafone Mobilfunk und Festnetz als strategisches Produkt aus einer Hand an.

Für Esser war das eine späte Bestätigung seiner strategischen Überlegungen. Auch der Blick auf den Aktienkurs von Vodafone zeigt, wie Recht Esser seinerzeit hatte, als er Gent davor warnte, leichtfertig Shareholder-Value zu zerstören. All dies legt die Frage nahe: Wäre eine defensive Strategie damals nicht die sicherere, wenn auch nicht die bessere Variante gewesen? »Wenn wir uns gegen eine Übernahme hätten schützen wollen, dann hätten wir die Montanmitbestimmung behalten müssen und hätten unsere Aktien in Amerika notieren lassen. Dann hätten wir auch für Airtouch mitbieten können, und eine Übernahme wäre auf diese Art und Weise sehr schwer geworden.« Oder fast unmöglich? »Wenn wir sehr defensiv hätten sein wollen, dann hätten wir die Montanmitbestimmung aufrechterhalten, hätten dann aber das Telekommunikationsgeschäft nicht weiter ausbauen können. Wir hätten unser traditionelles Geschäft, wie die Röhrenproduktion und das Automobilgeschäft, weiterverfolgt und hätten das Telekommunikationsgeschäft schließlich abgespalten. Das hätte kaum einem der Aktionäre gefallen, aber wir hätten vermutlich immer noch die Mehrheit am Unternehmen.«

Wenn und hätte – zu viel Irrealis, zu viele Konjunktive! Und bei Mannesmann waren die Aktionäre König, wie Esser immer sagte – und so auch am Abend der Niederlage: »Bei Mannesmann ist der Aktionär König. Der König hat entschieden. Die Mehrheit der Aktionäre empfindet dies als einen guten Deal. Wir als Vorstand haben noch einen besseren Deal. Aber der Aktionär hat zu entscheiden.« Und so konnte Esser seinen Traum, den er für und mit Mannesmann hatte, nie verwirklichen. Als Manager hat Esser das immer kühl kommentiert. Als Mensch hat er es wohl nachvollziehbar nicht so gelassen gesehen. Denn wenn Esser weniger an die Aktionäre gedacht hätte, dann wäre das für ihn persönlich sicherlich besser gewesen – auch finanziell. Denn hätte er Mannesmann schnell und preiswert an Vodafone verkauft, dann hätte er sich dafür den Vorstandsvorsitz bei den Briten sichern können. Ein gut bezahlter Posten, auf dem Esser in ein paar Jahren mehr verdient hätte als die Prämie, die ihm später vorgehalten wurde. Nur: Die Aktionäre hätten draufgezahlt. Aufgeregt hätten sich darüber vermutlich nur wenige. Der Mann, der seine Emotionen nie zu Markte trug, ließ die Öffentlichkeit einmal kurz hinter die Fassade des abgeklärten Managers Esser schauen. Im Schlusswort des ersten Düsseldorfer Prozesses zitierte er aus dem Gedicht »Der Umkehrende« von Joseph Freiherr von Eichendorff:

> »Was ich wollte, liegt zerschlagen,
> Herr, ich lasse ja das Klagen,
> Und das Herz ist still.
> Nun aber gib auch Kraft, zu tragen,
> Was ich nicht will!«

Vor Gericht und auf hoher See…

Angefangen hatte alles mit einer Ablehnung. Als der Düsseldorfer Staatsanwalt im März 2000 die erste Anzeige gegen Esser »und andere« erhielt, sah er nach Prüfung keinen ausreichenden Verdacht und erst recht keine ausreichende Begründung, die weitere Ermittlungen rechtfertigen würden. Die Prämienzahlungen an Esser und andere Manager sowie deren Höhe liege im Ermessen des Aufsichtsrates. Und der – das bleibt noch anzumerken – handelte in Abstimmung mit dem neuen Eigentümer von Mannesmann. Vodafone genehmigte die Auszahlungen, die übrigens stattfanden, als den Briten schon 98,66 Prozent der Mannesmann-Aktien gehörten.

Das, so sollte man meinen, hätte das Ende der Geschichte sein müssen. Es war – wie wir heute wissen – nicht so. Es war vielmehr der Auftakt zum längsten, aufwändigsten und kontroversesten Wirtschaftsstrafverfahren der deutschen Nachkriegsgeschichte. Sechs Jahre und acht Monate mussten sich Esser »und andere« mit der deutschen Justiz auseinandersetzen: zuerst mit den immer neuen und angesichts der bekannten Faktenlage zuweilen an Absurdität nur schwer zu überbietenden Anschuldigungen – darunter Käuflichkeit – der Düsseldorfer Staatsanwaltschaft. Später dann in drei Verfahren vor dem Landgericht Düsseldorf und dem Bundesgerichtshof. Was am 23. Juni 2004 mit der Forderung der Staatsanwaltschaft nach Haftstrafen zwischen einem und drei Jahren wegen Untreue oder Beihilfe dazu begann, das endete am 29. November 2006 mit einer einvernehmlichen Einstellung des Verfahrens gegen Zahlung von Geldbußen in Höhe von insgesamt 5,8 Millionen Euro. »Sollte es etwa gar nicht um die Wahrheit gegangen sein?«, fragte Rainer Hank anschließend in der *Frankfurter Allgemeinen Sonntagszeitung*. Sei es in Wirklichkeit gar nicht darum gegangen, ob Geld des Unternehmens Mannesmann oder seiner Aktionäre veruntreut worden ist? Die Frage war mehr als berechtigt. Und sie zu stellen heißt zugleich, sie so zu beantworten: vermutlich nicht. Doch worum ging es dann?

Nach der ersten Ablehnung durch den Staatsanwalt legte eine Anwaltskanzlei, die schon mit anderen öffentlichkeitswirksamen Verfahren für sich Publicity gemacht hatte, Beschwerde gegen die Entscheidung beim Generalstaatsanwalt in Düsseldorf ein. Begleitet von Spekulationen in Magazinen und Fernsehbeiträgen entschied die Behörde, die Ermittlungen müssten wieder aufgenommen werden. Und plötzlich war in manchen Medien von Bestechlichkeit Essers und gar von der Bildung eines Komplotts zwischen dem Vorstand und einigen Mitgliedern des Aufsichtsrats die Rede. Und zunehmend rückte bei alldem ein Mann in den Mittelpunkt, der bei der Übernahme keine gewichtige Rolle gespielt hatte, der aber immer noch ein gewichtiges Amt innehatte: Josef Ackermann. Es mag die lustvollen Spekulationen zusätzlich befruchtet haben, dass hier die reale Möglichkeit bestand, den Chef von Deutschlands größter Bank zu verurteilen und möglicherweise sogar hinter Gitter zu bringen. Esser spielte da eine Nebenrolle – aber eine wichtige. Diese »Nachrichtenlage« und Stimmungsmelange entstand nicht etwa durch Zufall, sondern durch aktives Zutun der ermittelnden Staatsanwaltschaft. So wurde später gerichtlich festgestellt, dass die Ermittlungsbehörden Details ihrer Arbeit an das Magazin *Spiegel* weitergegeben hatten – darunter zur Wiederaufnahme der Ermittlungen, zur Einleitung von Durchsuchungen und Details aus der Anklageschrift.

In ihren Dokumenten zitierten die Strafermittler später Berichte im *Spiegel* und im *WDR* als vermeintliche Beweise für ihre unhaltbaren Anschuldigungen, Esser habe sich den Widerstand im Abwehrkampf gegen Zahlung einer Prämie abkaufen lassen. In Vernehmungen äußern die Beamten, Essers Erinnerung nach, die Einschätzung, der Fall Mannesmann werde sich zu einem Scherbengericht der deutschen Wirtschaft entwickeln. Bei der Pressekonferenz zur Anklageerhebung sprachen die Staatsanwälte wiederholt von Essers Käuflichkeit, obwohl dieser Vorwurf da schon von ihnen juristisch nicht mehr aufrechterhalten wurde, er sich daher auch nicht in der Anklage wiederfand. All dies erinnerte an Klassenkampf. Die Arbeit und das Verhalten der Ermittler wurden von den Beschuldigten als derart voreingenommen empfunden, dass vereinzelt der Ruf nach ihrer Ablösung laut wurde. Vergeblich.

Esser wehrte sich gegen die einseitigen Ermittlungen und die unter Mitwirkung der Staatsanwaltschaft erfolgte Vorverurteilung in der Presse mit einer Amtshaftungsklage gegen das Land Nordrhein-Westfalen. In zwei Instanzen gaben ihm Gerichte in Düsseldorf Recht und fällten damit indirekt ein vernichtendes Urteil über die Arbeit und das Gebaren der Staatsanwaltschaft – ein Aspekt, der in der späteren breiten Diskussion des Falles freilich kaum eine Rolle spielte. Das *Handelsblatt* berichtete über die Begründung des Gerichtes in der letzten Verhandlung so:»Die Staatsanwaltschaft und das Justizministerium haben nach Meinung des Gerichts vor und während der Ermittlungen in der Mannesmann-Affäre zwei Jahre lang die Persönlichkeitsrechte Essers verletzt: Details aus den Ermittlungen seien an die Presse weitergegeben worden. Die Staatsanwaltschaft habe Esser in einer Pressekonferenz gar der ›Käuflichkeit‹ bezichtigt, obwohl es dies rein juristisch als Straftatbestand gar nicht gibt. Und das Justizministerium habe auf seiner Internetseite Artikel unter Überschriften wie etwa ›Gangster in Nadelstreifen‹ verbreitet.«

Nüchtern berichtete das Blatt hier von dem eigentlichen Skandal. Vom Staat beschäftigte und seinen Bürgern bezahlte Juristen, die auf die Verfassung vereidigt waren, hatten Persönlichkeitsrechte zwei Jahre lang verletzt und im Prinzip für eine öffentliche Vorverurteilung gesorgt. Es verwundert, dass sich über diesen Tatbestand keine breite Diskussion entwickelt hat. Hier wurden die Rechte des Bürgers Esser von einer Behörde, die zu korrektem Handeln verpflichtet war, mit Füßen getreten. Es ist nicht bekannt, ob das Urteil irgendwelche Konsequenzen für die beteiligten Beamten hatte. Die gleiche Gesellschaft jedenfalls, die sich zu Recht etwa über Übergriffe der CIA im Kampf gegen den Terror aufregte, ließ hier ohne große Diskussion Unentschuldbares passieren. In Amerika hätte es nach diesem Vorspiel jedenfalls kein Verfahren gegen Esser gegeben, da ein von Vorurteilen unbelastetes Verfahren unmöglich war. Was Esser widerfuhr, das kann jedem anderen auch passieren – jederzeit. Dieser Aspekt bleibt – unabhängig vom juristischen oder moralischen Urteil über die Bonuszahlungen.

Unbeeindruckt von Klagen und Beschwerden setzte die Staatsanwaltschaft ihre Arbeit fort. Doch viel kam nicht dabei heraus. Trotz zweijähriger Nachforschungen brachte die Staatsanwaltschaft nichts zustande, was die frühen Thesen hätte stützen können. So blieb ihr nur der Griff zum Vorwurf der Untreue. Es war bezeichnend für die juristische und intellektuelle Güte der Arbeit der Staatsanwaltschaft, dass sie schließlich den Paragraphen 266 des Strafgesetzbuches bemühen musste. Der dort beschriebene Tatbestand der Untreue galt bei vielen Juristen wegen seiner vagen Formulierungen als sogenannter Gummiparagraph. Die unpräzisen Formulierungen haben einen historisch unrühmlichen Hintergrund – sie stammen von den Nationalsozialisten. Denn die heute gültige Fassung des Untreue-Paragraphen wurde im Jahr 1933 verabschiedet. Der Frankfurter (Oder) Rechtswissenschaftler Professor Dr. Gerhard Wolf spricht in seiner Schrift »Befreiung des Strafrechts vom nationalsozialistischen Denken« im Zusammenhang mit dem Untreue-Paraphen von »uferloser Weite« und davon, dass dieser Begriff als rechtsstaatlich problematisch einzustufen sei. Mit anderen Worten: Wegen seiner Unbestimmtheit kann man mit dem Vorwurf der Untreue nahezu immer einen Ansatz für eine Strafverfolgung finden. In seiner Schrift weist Wolf auch auf die Charakteristika der nationalsozialistischen Rechtslehre hin, die den Straftatbestand hervorbrachte: Sie sei kollektivistisch und völkisch. »Das gesunde Empfinden des Volkes für Recht und Unrecht bestimmt Inhalt und Anwendung des Strafrechts«, zitiert Wolf den Präsidenten des Nazi-Volksgerichtshofs, Roland Freisler.

Das Ausweichen der Düsseldorfer Staatsanwaltschaft auf einen rechtsstaatlich problematischen Paragraphen und ihr zweifelhafter Umgang mit den Medien lässt die Bewertung zu, dass auch ihr Prozessverhalten mehr von gesundem Volksempfinden als von juristisch gut fundierten Argumenten geprägt war.

Schließlich saß in Düsseldorf eine Wirtschaftsstrafkammer über die Klage zu Gericht. Nach gut einem halben Jahr kam die Vorsitzende Richterin zu einem Urteil, das angesichts der faktischen Vorarbeiten der Anklagevertretung nicht mehr verwunderte: Freispruch vom Vorwurf der Untreue oder der Beihilfe dazu. Das Urteil und seine Begründung waren eine Ohrfeige für die Staatsanwälte. »Das Gericht muss Straftaten beurteilen, nicht unternehmerische Entscheidungen oder gar die deutsche Unternehmenskultur. Schon gar nicht beurteilt es moralische oder ethische Fragen«, sagte die Richterin, die sich in der Verhandlung vom Motto hatte leiten lassen, dass das Strafrecht das äußerste Mittel bleiben müsse. »Was nach dem Aktienrecht erlaubt ist, kann keine strafbare Untreue sein.« Denn nach der Maßgabe des Aktienrechtes musste die Vergütung angemessen sein – was immer das bedeutete. Über die Auslegung dieses schwammigen Begriffes hatte eben der Aufsichtsrat zu befinden – stellvertretend für die Aktionäre des Unternehmens Mannesmann. Genau das hatte er getan. Mit Vodafone hatten die Eigentümer der Firma, jedenfalls die, die schon 98 Prozent der Aktien besaßen, der Prämienzahlung zugestimmt. Aus der Sicht von Gent war nämlich Esser in jener Zeit, in der er noch in der Firma saß, für den Integrationsprozess unverzichtbar. Aus seiner Sicht machte es daher Sinn, den Prämien zuzustimmen, denn sie fielen im Vergleich zu den Beträgen, die auf dem Spiel standen, nicht ins Gewicht. Für die Richterin kam daher nichts anderes als ein Freispruch in Frage. Die Moralisten tobten und die Populisten auch – egal, ob von rechts oder von links. Doch das Gericht hatte schon klargemacht, dass es für die deutsche Rechtsprechung nicht um Moral, sondern um Recht gehen müsse. »Wir sind kein Scherbengericht für die deutsche Wirtschaft; wir sind Mitglieder einer Strafkammer.«

Das wollte und konnte die Staatsanwaltschaft nicht auf sich sitzen lassen. Sie legte Revision ein, und der Bundesgerichtshof gab diesem Antrag statt, nachdem denen auch die Generalbundesanwaltschaft unterstützend beigesprungen war. Das Ergebnis der Übung und das Urteil des Gerichtes sind bekannt: Der Bundesgerichtshof hob die Urteile des Düsseldorfer Verfahrens auf und ordnete eine vollständige Neuauflage an. Die Angeklagten hätten ihre Vermögensbetreuungspflicht gegenüber der Mannesmann AG verletzt und dieser dadurch einen Vermögensnachteil zugefügt. »Es ist schlechterdings nicht vorstellbar, dass sich der in führenden Positionen der deutschen Wirtschaft tätige Angeklagte Dr. Ackermann und der Gewerkschaftsführer Zwickel für berechtigt gehalten haben könnten, in Millionenhöhe willkürlich« – so das angefochtene Urteil – »über das ihnen anvertraute Gesellschaftsvermögen verfügen zu dürfen«, formulierte das Gericht, ohne handfeste Beweise für diese Annahme anzuführen. Eine im Dienstvertrag nicht vereinbarte Sonderzahlung für eine Leistung, die ausschließlich belohnenden Charakter habe und der Gesellschaft keinen zukunftsbezogenen Nutzen bringe, sei als treuepflichtwidrige Verschwendung des anvertrauten Vermögens zu bewerten, hielten die Richter fest. Die in der aktienrechtlichen Literatur vertretene

gegenteilige Meinung vermöge nicht zu überzeugen. Dass der Aufsichtsrat hier in einer Zwickmühle zwischen unterschiedlichen Rechtsvor-
schriften und Rechtsauffassungen gesteckt haben könnte, ließ die Bundesrichter nicht zweifeln. Auch die Zustimmung von 98-Prozent-Eigentümer
Vodafone zu den Prämien hatte für sie merkwürdigerweise keine entscheidende Bedeutung. Das lässt die Annahme zu, dass die Bundesrichter
sich in ihrem Urteil von dem in Deutschland geltenden Grundsatz leiten
ließen, dass ein Unternehmen eine eigene Rechtspersönlichkeit sei. Professor Dr. Michael Adams von der Universität Hamburg nannte das in
einem Interview mit dem *Manager Magazin* einen »geistigen Betriebs-
unfall, der von der merkwürdigen deutschen Rechtsvorstellung ausgeht,
ein Unternehmen habe ›als solches‹ eigene Interessen. Der BGH schaut
also nur auf die juristische Person Mannesmann AG. Die sollte natürlich
im Rahmen der Fusion mit Vodafone untergehen. Für die alte Mannesmann AG waren natürlich Zahlungen an Führungskräfte nicht mehr
interessant. Aber darum ging es ja gar nicht mehr.«

Diese Sichtweise des BGH macht es erst möglich, dass das Unterneh-
mensinteresse losgelöst vom Interesse seiner Eigentümer, der Aktionäre,
betrachtet wird. Und nur mit dieser Betrachtungsweise kann man urtei-
len, dass die Zahlungen an Esser und seine Kollegen eine Schädigung dar-
stellen – des Unternehmens für sich allein betrachtet nämlich. Der Blick
auf die Interessenlage und den durch Essers Handlungen ausgelösten
wirtschaftlichen Erfolg der Aktionäre spielt dabei dann keine ausschlag-
gebende Rolle. Die angelsächsische Denkart kommt hingegen zu dem
Schluss, dass die Interessen von Unternehmen und Aktionären untrenn-
bar verbunden sind. Der Eigentümer profitiert oder verliert. Er entschei-
det demnach auch über die Kompensation seiner Manager. Denn am
Ende zahlt er auch. Für ausländische Beobachter war daher nicht zu verstehen, warum sich überhaupt ein Gericht mit der Sache beschäftigte.
Adams: »Wenn der BGH hier nur auf die Mannesmann AG und deren
Interessen schaut, vergisst er den wirklichen Grund für die ganze Geschichte. Daher wird das Urteil ja auch in der ganzen Welt nicht verstanden.«

In Deutschland aber jubelten die Moralisten und die Populisten. Ein
Land hatte die Schuldigen gefunden – nicht nur für ihre unmittelbaren

»Taten«, sondern weit darüber hinaus. Das Urteil von Karlsruhe war in der populären Meinung der Stammtische ein Schuldspruch über die gesamte Managerkaste in Deutschland. Der Vorsitzende Richter am Bundesgerichtshof, Klaus Tolksdorf, hatte der Diskussion mit Bemerkungen in der Urteilsbegründung selber die Richtung vorgegeben: Die Aufsichtsräte hätten das Geld nach Gutsherrenart verteilt. »Die Angeklagten waren eben nur Gutsverwalter, nicht Gutsherren.« Das war so recht nach dem Geschmack der Populisten. Aber war es auch gebührend für einen der höchsten Richter im Lande, der sich Neutralität auferlegen sollte?

Viele Medien werteten das Urteil des höchsten deutschen Gerichtes als die absolute Wahrheit. In juristischen Kreisen begann dagegen eine Diskussion, die mit dem BGH auch kritisch zu Gericht ging. So schrieb Professor Dr. Ulrich Noack vom Lehrstuhl für Bürgerliches Recht, Handels- und Wirtschaftsrecht an der Heinrich-Heine-Universität in Düsseldorf: »Aufsichtsrat und Vorstand sind Gutsverwalter, nicht Gutsherren. So wird der Vorsitzende Richter am BGH Dr. Tolksdorf anlässlich der Verkündung der Revisionsentscheidung in Sachen ›Mannesmann-Prämien‹ zitiert. Das ist eine eingängige, eine populäre, eine verführerisch-gefährliche Formulierung. Wenn sich im Gefolge des BGH-Mannesmann-Strafurteils die Meinung verfestigen sollte, dass nachträgliche Zahlungen, die vorher nicht fest vereinbart wurden, strafrechtlich als Untreue gewertet werden, dann schadet dies eher den ›Gutsherren‹ (Aktionären), weil die ›Gutsverwaltung‹ nicht mehr flexibel genug ist, die richtigen Anreize zu setzen. Denn dass der Aufsichtsrat nicht nachträglich (darum geht es!) einen Vorstand belohnen dürfen soll, ist geradezu provinziell und sachlich verfehlt.« Und weiter urteilte Noack: »Bei der Mannesmann/Vodafone-Geschichte ging es übrigens nicht mehr um das abstrakte Interesse der übernommenen Mannesmann AG, deren neue Großaktionäre mit den Zahlungen ja ausdrücklich einverstanden waren.« Adams von der Universität Hamburg erklärte: »Vodafone hatte zwar die ganz große Mehrheit der Aktien, konnte damit aber noch nicht den Mannesmann-Konzern im operativen Geschäft steuern, da ja noch das alte Management unter Esser im Amt war und auch der Aufsichtsrat noch unverändert die Geschicke des Unternehmens kontrollierte. Wenn Esser und Co. nicht freiwillig gegangen wären, hätte Vodafone in einem langwierigen und auch kostspieligen Verfahren erst den Aufsichtsrat mit Hilfe einer Haupt-versammlung und dann den Vorstand auswechseln müssen … In diesem halben Jahr hätte Vodafone bei Mannesmann einen frustrierten und un-kooperativen Vorstand gehabt und dadurch letztlich Milliarden verloren. Vodafone stand ja auch wegen der Finanzierung der Übernahme unter großem Zeitdruck. Da war es einfacher und international auch üblicher, die Loyalität des Managements unter Esser mit Hilfe von Millionenprä-mien zu kaufen und damit eine reibungslose und kostengünstige Über-gabe des operativen Geschäfts zu sichern. Auch wenn man das Ganze dann als Dank garnierte, waren es wirtschaftlich Zahlungen für Leute, die für den Zeitraum der Übergabe für Vodafone entscheidend wichtig wa-ren, deren Karriere aber durch die Übernahme vielfach zerstört wurde. Ackermann kannte aus den Unternehmenskäufen der Deutschen Bank diese Zusammenhänge und hat die Millionenzahlungen daher als un-vermeidlich angesehen.« Tolksdorf habe nicht verstanden, was bei einer feindlichen Übernahme geschehe. Und Noack schloss: »Gut möglich, dass dem Senatsvorsitzenden (zwei Staatsexamina mit sehr gut), der be-ruflich nichts anderes kennt als die deutsche Justiz, in der er Karriere gemacht hat, dieses Verständnis weithin fehlt.«

Verständnis hin oder her – der BGH hatte gesprochen, und so kam es zu der mit Spannung erwarteten Neuauflage des Verfahrens in Düsseldorf. Viele hatten in klammheimlicher Vorfreude mit einer Verurteilung von Ackermann, Esser & Co. gerechnet. Doch schon am sechsten Verhand-lungstag war Schluss. Unbemerkt von der Öffentlichkeit hatten sich Ver-teidiger und Staatsanwälte darauf geeinigt, dem Spektakel ein Ende zu set-zen. Einstellung gemäß Paragraph 153a der Strafprozessordnung gegen Zahlung einer Geldbuße. In Deutschland mehr als 100 000-Mal im Jahr geübte Praxis. Warum also nicht auch in diesem Fall? Für die Juristen war es Routine. Die Öffentlichkeit, von der Arbeit der Staatsanwälte im ersten Verfahren, von Tolksdorf und von den Populisten in erwartungsvolle Hochstimmung versetzt, dass hier ein paar Große abgeurteilt würden, diese Öffentlichkeit wurde Ende November 2006 auf dem falschen Fuß erwischt. Findige Prozessbeobachter wie die *Handelsblatt*-Reporterin Ka-tharina Slodczyk bemerkten an diesem Tag die Entspanntheit von Verteidigung und Strafverfolgern. Mit »seltsamer Müdigkeit« verfolgten beide Seiten die Vernehmung eines Zeugen. Um 13.55 Uhr, so notierte Slodczyk, waren alle hellwach. Die Verteidigung von Josef Ackermann machte den Anfang und stellte den Antrag auf Verfahrenseinstellung. Die anderen folgten. Auch Esser: »Ich bin überzeugt, dass ich mich korrekt verhalten habe. Gleichwohl unterstütze ich die Anregung, das Verfahren zu beenden.« Die Staatsanwaltschaft willigte ebenso ein. Die Prämienzahlungen hätten weder den Bestand noch die wirtschaftliche Leistungsfähigkeit der Mannesmann AG gefährdet. Auf einmal, nach fast sieben Jahren, war es so einfach.

Nur, so einfach war es für die Öffentlichkeit nicht. Selbst ein Jurist merkte trocken an: »Verfahrensrechtlich korrekt. Aber wo bleibt die Moral?« Von Klassenjustiz war in den Medien und in der Politik die Rede. Wenn man nur reich genug sei, dann könne man sich freikaufen. Die Politik fiel willig ein in den Chor der wenig begreifenden Alleswisser: »Wenn das Sprichwort ›Die Kleinen hängt man, die Großen lässt man laufen.‹, noch nicht erfunden wäre, müsste man das spätestens jetzt tun«, sagte Renate Künast von den Grünen und sprach damit vielen aus dem Herzen. In den Chatrooms der Republik waren Begriffe wie »Verbrecher« oder »Schlangenbrut« noch die nettesten Beschreibungen, die man für Esser und Ackermann fand. Nur wenige fanden die Kraft für ein fundiertes Urteil – etwa wie Rainer Hank in der *Frankfurter Allgemeinen Sonntagszeitung*: »Wenn das Gericht im zweiten Anlauf und nach Hunderten von Beratungsstunden, sich nicht in der Lage sieht, den Fall zu lösen, dann soll es eben die Versammlung auflösen und die Angeklagten nach Hause schicken.« Und: »Der größte Fehler, verglichen mit dem Ende, war es aber, diesen Prozess überhaupt anzufangen. Es mag sein, dass Richter und Staatsanwälte sich gut als Katalysatoren für öffentliche Symbolhandlungen eignen, um über Selbstbedienungsmentalität und Gutsherrenart von Managern zu schwadronieren. Aber viel mehr als eine Prise kleinbürgerlich-neidisches Moralin ist dabei nicht herausgekommen.«

Und um genau das war es sieben lange Jahre offenbar gegangen: um Moral, nicht um das Recht. Bemerkenswert für ein Land, das sich rechtsstaatlich nennt.

Wir, die Antikapitalisten?

D ie Akten zu und alle Fragen offen. Über den letzten Akt ist der Vorhang gefallen. Das Publikum sitzt staunend vor der leeren Bühne und fragt sich, welches Stück ihm denn da gerade präsentiert wurde.

Das Ende der Schlacht um Mannesmann liegt nun sieben Jahre zurück, doch sie ist uns immer noch nahe. Sie markiert vermutlich das Ende der deutschen Nachkriegswirtschaftsordnung, des so genannten rheinischen Kapitalismus. Die wilden Monate um die Jahrhundertwende haben mehr verändert als nur den Zuschnitt und die Eigentümerstruktur eines Traditionsunternehmens. Der Deal hat Deutschland verändert, weil das Land zum ersten Mal in dieser Schärfe mit der Realität des globalen Finanzmarktkapitalismus konfrontiert wurde. Übrigens lange bevor es die Folgen jener für Deutschland scheinbar neuen Entwicklung spürte, die hierzulande kritisch-distanziert mit »Globalisierung« beschrieben werden. Dieser Deal hat Deutschland genötigt, sich offen mit der Frage auseinanderzusetzen, welche Wirtschaftsverfassung es denn – ohne Wenn und Aber – nun haben wolle. Den Unternehmensführungen hat die Schlacht gezeigt, dass sie sich nicht nur dem Wettbewerb um den Kunden stellen müssen, sondern auch dem an den Kapitalmärkten. »Hunt or be hunted – jagen oder gejagt werden.«

Die Unternehmen haben sich entschieden. Sie wissen, dass sie Jäger sein müssen, wollen sie eigenständig überleben. Eine neutrale Position zwischen diesen beiden Polen, wie noch zu Zeiten der Deutschland AG, ist nicht mehr möglich. Zu dieser Einsicht in das Notwendige hat ganz wesentlich das Ende eben dieser Deutschland AG beigetragen. Banken und Versicherungen, die noch in den Zeiten der Mannesmann-Übernahme große Aktienpakete deutscher Unternehmen besaßen, trennten sich Zug um Zug von diesen Industriebeteiligungen. Sie hatten eingesehen, dass diese Beteiligungen zu geringe laufende Renditen abwarfen und der dafür notwendige Kapitaleinsatz zu hoch war. Dies galt insbesondere für die Banken, die wegen neuer Eigenkapitalregeln genau überlegen mussten, wofür sie ihr Geld einsetzten. Zu hohe Industriebeteiligungen konnten unter Umständen dazu führen, dass Mittel für den Ausbau etwa des Handelsgeschäftes fehlten. Die betriebswirtschaftlich notwendige und politisch lange geforderte Entflechtung der Deutschland AG wurde ausgerechnet von der rot-grünen Koalition steuerlich gefördert, weil Beteiligungsverkäufe mit einem niedrigeren Steuersatz belegt wurden. All dies führte dazu, dass sich das Beteiligungsgeflecht der Deutschland AG zwischen 2000 und 2007 deutlich gelichtet hat.

Viele börsennotierte Unternehmen mussten sich in der Folge auf eine neue Welt einstellen. Während Manager früher darüber stöhnten, wie die Institute ihre Position als Aktionär dazu nutzten, ihnen ihre Kredite oder andere Bankprodukte zu »verkaufen«, so mussten sie sich nun mit der neuen Freiheit arrangieren. Die schützende Hand, die gab es meist nicht mehr. Die großen Aktienpakete wurden nämlich plötzlich nicht mehr von Banken oder Versicherungen gehalten, sondern von Pensionsfonds, Investmentgesellschaften oder anderen institutionellen Investoren – zumeist im Ausland. Während das Management zuvor in Frankfurt oder München bei seinen Großaktionären Rede und Antwort stand, so musste es jetzt nach London, New York oder Boston reisen. Dort wurde oft schärfer, immer aber mit einer anderen Stoßrichtung gefragt. Die Rendite für die Aktionäre stand im Mittelpunkt des Denkens dort. Die alten Großaktionäre hatten es meist etwas ruhiger angehen lassen.

Mit dem Ende der Deutschland AG endete so die bequeme Gewissheit, dass ein oder mehrere Großaktionäre in jedem Fall dem Unternehmen zur Seite stehen würden. Feindliche Übernahmen – früher kaum vorstellbar – waren nun zu einer realen Bedrohung geworden. Die allermeisten börsennotierten Unternehmen in Deutschland haben sich dieser neuen Realität gestellt. Sie haben in den Jahren nach dem Platzen der Börsenblase ihre Bilanzen in Ordnung gebracht, ihre Kosten gesenkt und ihre Produktion ins Ausland verlegt, wenn sie hierzulande nicht mehr wettbewerbsfähig war. Heute steht die Mehrheit dieser Firmen gut da. Das alleine aber reicht nicht, um nicht zu den Gejagten zu gehören. Das hatte schon Esser erfahren müssen: Erfolg schützt nicht vor Übernahme. Im Gegenteil: Saubere Bilanzen, nachhaltiger operativer Erfolg und steigende Cash-Ströme sorgten für Begehrlichkeiten. Die Firmen mussten ihren Aktionären zeigen, was sie mit dem Geld anfangen wollten – oder es in Form von Ausschüttungen herausrücken. Nach langen Vorbereitungen und internen Diskussionen waren vor allem die großen Unternehmen 2006 bereit, wieder in großem Stil zu akquirieren – falls nötig, auf dem Wege der feindlichen Übernahme. Die BASF AG setzte Anfang 2006 mit der Übernahme des amerikanischen Katalysator-Produzenten Engelhardt ein wichtiges Zeichen. Es war die erste große feindliche Übernahme einer amerikanischen Firma durch ein deutsches Unternehmen. Wenn sogar die bodenständige, die Risiken gut abwägende BASF einen solchen Schritt wagte, dann musste das auch für andere Firmen möglich sein.

Der Wiesbadener Linde-Konzern folgte der BASF dicht auf den Fersen. Linde hatte jahrelang als Übernahmekandidat gegolten. An der Börse standen die Aktien lange nicht hoch im Kurs, weil sich in der Firma so unterschiedliche Geschäfte wie die Gabelstapler-Produktion oder die Spezialgase-Herstellung zusammenfanden. Aus der Sicht des Kapitalmarktes machte es keinen Sinn, beide Geschäfte unter einem Dach zu betreiben. Er bedachte den Aktienkurs mit einem so genannten Konglomeratsabschlag. Das führte dazu, dass lange die Summe der Teile von Linde mehr wert war als das an der Börse notierte Gesamtunternehmen. Eine fantastische Gelegenheit für Investoren, deren Strategie darin besteht, aufzukaufen, zu zerschlagen und die Einzelteile profitabel weiterzuverkaufen. Linde drohte damit ein ähnliches Schicksal wie Mannesmann, wenn auch in kleinerem Maßstab. Und der Übernehmer wäre möglicherweise wieder aus England gekommen – es war der britische Spezialgase-Produzent BOC. Linde-Chef Wolfgang Reitzle hatte dies schon bald nach seiner Amtsübernahme erkennen müssen. Am Ende drehte er den Spieß um. Da Linde eines der letzten deutschen Unternehmen mit stabilen Großaktionären aus der Banken- und Versicherungswelt war, stand er für eine gewisse Zeit unter dem Schutz dieser Institutionen. Doch dies – so erkannte Reitzle zu Recht – würde unter Umständen nicht immer so bleiben. Mit der Unterstützung seiner Großaktionäre nahm er hohe Schulden auf – und unterbreitete den BOC-Aktionären ein Angebot, das diese schon bald annahmen. Reitzle verkaufte die Gabelstapler und kreierte so einen führenden Gase-Produzent, der für einige Zeit gegen Übernahmen gefeit sein dürfte. Reitzle hatte die Bedrohung als Herausforderung verstanden und eine kreative Antwort gefunden.

Kreatives unternehmerisches Handeln dieser Art wird für alle börsennotierten Unternehmen in Deutschland zunehmend wichtiger werden, um auf zwei Tendenzen an den Finanzmärkten zu reagieren: aktivistische Aktionäre und feindliche Übernahmen durch Private-Equity-Firmen. Aktivstische Investoren beteiligen sich an Unternehmen und wollen die Strategie mitbestimmen. Wenn das Management ihren Wünschen nicht folgt, dann wird es auf der nächsten Hauptversammlung aus dem Amt gedrängt. Bei der Deutsche Börse AG ist das so gelaufen und bei der IWKA. Aktionäre dieses Zuschnitts kennen kein Pardon, wenn ihre Forderungen nicht erfüllt werden. Für zimperliches Handeln sind auch die in Deutschland so genannten Heuschrecken, also Private-Equity-Gesellschaften, nicht bekannt. Sie verfügen über Hunderte von Milliarden an liquiden Mitteln und können zusammen mit Krediten prinzipiell jedes deutsche Unternehmen übernehmen. Noch hat es einen Angriff auf eine große Adresse nicht gegeben, aber angesichts der prall gefüllten Kassen dieser Investoren ist es nur eine Frage der Zeit, bis der erste große Deal dieser Art erfolgt. Wenn er kommt, dann dürfte er die Übernahme von Mannesmann in den Schatten stellen – nicht was das Volumen der Transaktion angeht, wohl aber, was die Bedeutung für das wirtschaftliche und gesellschaftliche Leben in Deutschland angeht. Viele der möglicherweise betroffenen Unternehmen sind darauf vorbereitet und schauen mit realistischem Blick auf die Lage.

Gleiches kann vom privaten und politischen Publikum nicht behauptet werden. Die deutsche Gesellschaft steht dem Kapitalismus immer skeptischer gegenüber. Das zeigt sich schon in der Wortwahl vieler Diskussionen, in denen von »den Menschen« einerseits und »der Wirtschaft« andererseits gesprochen wird – so, als wären dies zwei voneinander getrennte Sphären. Dass jeder Bürger mit all seinen Handlungen und Entscheidungen jeden Tag ein Homo oeconomicus ist, ein am wirtschaftlichen Leben teilnehmender Mensch, diese Erkenntnis hat sich in Deutschland nicht – noch nicht – durchgesetzt. Wenn wir uns bewusst für ein billiges Produkt entscheiden, ob Fernseher oder Kinderkleidung, dann nehmen wir am wirtschaftlichen Leben teil und fördern mit diesem preisbewussten Einkauf die hierzulande negativ belegte »Globalisierung« und unter Umständen den Arbeitsplatzverlust in Deutschland. Wer aber wird, nur um anonyme Arbeitsplätze zu retten, teurer einkaufen? Wir schauen auf unsere Geldbörse und nicht auf das Wohl des produzierenden Gewerbes in Deutschland. Dies ist kapitalistisches Handeln in Reinkultur – nur eingestehen wollen wir es uns nicht. Im Gegenteil: »Marktwirtschaft mit dem Streben nach Mehrung des Shareholder-Value und Wettbewerb gelten in Deutschland als unmoralisch«, stellt Professor Dr. Karl Homann, Inhaber des Lehrstuhls Philosophie und Ökonomik an der Ludwig-Maximilians-Universität in München, fest. Wenn deutsche Unternehmen Mitarbeiter entließen oder Arbeitsplätze ins Ausland verlegten, dann ließen sich selbst Unionspolitiker zu Forderungen nach mehr »Patriotismus« hinreißen, merkte Homann bei einer Podiumsdiskussion an seiner Universität im Mai 2006 an. »Ich halte diese verbreitete Einstellung für die tiefere Ursache für den Standortnachteil Deutschlands. Wir leben in und von der Marktwirtschaft, aber in unseren Moralvorstellungen leben wir gegen sie – besonders unter Akademikern, die die Marktwirtschaft zu einem höheren Prozentsatz ablehnen als Menschen mit anderem Bildungsstand. Nicht wenige halten es für ihre moralische Pflicht, gegen die ›Ökonomisierung aller Lebensbereiche‹ Widerstand zu leisten. Vor diesem Hintergrund ist der ›Fall Ackermann‹ zu sehen, nur von hier ist er überhaupt verständlich«, sagte Homann.

Doch warum ist dieses Verhalten in Deutschland so weit verbreitet – nicht nur im Gegensatz zu Amerika oder England, sondern auch zur Schweiz, Österreich und manch anderem Land in Europa?

Die scharfe, zumeist emotionale und oft mit wenig Sachkenntnis geführte Diskussion des Falles Mannesmann ist in Wahrheit nichts anderes als die Auseinandersetzung mit der Globalisierung – eine Form der Auseinandersetzung übrigens, in der sich viele gesellschaftliche Gruppen gut aufgehoben fühlen. Doch warum tun wir uns vor allem in Deutschland mit der Globalisierung so schwer? Deutschland hat in seiner gesellschaftlichen Gesamtheit und ganz überwiegend auch auf individueller Basis unbewusst einen Vertrag mit einem Staat geschlossen, den es dabei in die Rolle des milden und ausgleichenden Patriarchen rückt. Nach diesem

Vertrag hat er für Gerechtigkeit und Absicherung in unbequemen Lebenslagen zu sorgen. Dafür haben seine Bürger ein großes Stück ihres persönlichen Gestaltungsspielraumes hergegeben. Sie akzeptieren verfassungswidrig hohe Steuern und Abgaben seit vielen Jahren, weil sie im Gegenzug die fürsorgliche Hand erwarten. Der Staat als Kindermädchen, das beschützt, Zwist schlichtet und Ausgleich schafft. Der Staatsbürger als Untertan. Politiker aller großen Volksparteien haben die Deutschen in dieser Erwartungshaltung gestärkt. Das Geschäftsmodell funktionierte jahrzehntelang: Die Politik lieferte eine in der Konsequenz letztlich bevormundende Rundumversorgung, weil genau das nachgefragt wurde. Oder weil deren Notwendigkeit vorgegaukelt wurde. Doch nun zeigt sich, dass der Staat den Vertrag nicht einhalten kann – selbst dann nicht, wenn der Wille dazu bestünde. Das Kindermädchen muss die Schutzbefohlenen quasi vor die Tür setzen. Und draußen vor der Tür müssen sich die Bürger mit einer harscheren Lebenswirklichkeit auseinandersetzen – den Folgen und Konsequenzen der Globalisierung. Zum ersten Mal spürt die Gesellschaft in ihrer Gesamtheit und nicht nur in Ausschnitten die volle Wucht eines bis dato unbekannten Wettbewerbsdrucks. Angesichts der zuvor verbreiteten Lebenslüge des stets leistungsfähigen, fürsorglichen Staates kann es nicht verwundern, dass die Bürger in ihrer Mehrheit diesen Wettbewerb als Bedrohung und nicht als Chance begreifen. In dieser schwierigen Situation des Umbruchs steht Deutschland weitgehend ohne geistige, politische und zu Wagemut motivierende Führung da. Wo sind die Politiker, Manager, Journalisten, Künstler oder Kirchenvertreter, die sagen: »Wir können das! Es ist schwierig, weil wir so lange gewartet haben. Aber wir können das.« Deutschland müsste von der besessenen und die Wirklichkeit verdrängenden Lust an der Detailbetrachtung lassen und den Blick auf die große Linie lenken. Anfangen, aufzuräumen und umzubauen – in dem Wissen, dass es nicht perfekt oder gerecht wird – aber besser.

Aus den Untertanen müssen dazu innerlich unabhängige Bürger werden. Doch dazu gehört Mut. Mut, eigene Entscheidungen zu treffen und dabei möglicherweise auch zu scheitern. Dazu gehört der Großmut, anderen Erfolg und dessen Früchte zu gönnen – gegebenenfalls auch im Übermaß. Geleitet von der Erkenntnis, dass das eigene Wohl von der eige-

nen Leistung abhängt, auch vom individuell unterschiedlich ausgepräg-
tem Wagemut und von Fortune – nicht aber davon, was anderen genommen wird.

Was macht ...?

Chris Gent blieb noch bis Juli 2003 Vorstandsvorsitzender von Vodafone. In Anerkennung seiner Verdienste um das Unternehmen wurde er zum Ehrenpräsidenten der Firma ernannt. Diesen Posten ohne Macht und Einfluss gab er im März 2006 auf. Gent wurde einerseits für die Expansion Vodafones von seinen Aktionären gelobt, andererseits aber für die überhöhten Kosten dieser Strategie getadelt. Kritisiert wurden auch die Bonuszahlungen, die er nach 2000 erhielt und die die Anerkennungsprämie Essers überstiegen. Gent ist immer noch ein geachtetes Mitglied der englischen Wirtschaftsgesellschaft. Er ist heute Verwaltungsratsvorsitzender (Chairman) des englischen Pharmakonzerns GlaxoSmithKline. Er wurde 2001 von der Queen zum Ritter geschlagen.

Julian Horn-Smith blieb bis Juli 2006 als stellvertretender Vorstandsvorsitzender bei Vodafone. Er hatte 22 Jahre für Vodafone gearbeitet und den Aufstieg der Firma aus kleinen Anfängen bis hin zum Weltkonzern begleitet und mitgestaltet. Er ist heute Verwaltungsratsvorsitzender (Chairman) der Sage Group, eines Software-Produzenten. Er wurde 2004 von der Queen zum Ritter geschlagen.

Scott Mead leitete seine Abteilung bei Goldman Sachs noch bis Ende 2002. Im Sommer 2003 verließ er die Bank, inzwischen ein reicher Mann mit einem geschätzten Privatvermögen von 100 Millionen Dollar. Seither ist es still geworden um jenen Mann, der das M&A-Geschäft in Europa um die Jahrtausendwende mitgeprägt hatte. Mead arbeitete in mehreren karitativen und philanthropischen Projekten. Er erwog, für die Republikanische Partei in den Vereinigten Staaten in die Politik zu gehen, wie das schon mancher seiner Kollegen bei Goldman getan hatte. Im Herbst 2006 entschied er sich jedoch für eine Rückkehr in vertraute Gefilde: Er stieg bei der Beteiligungsfirma Apax ein, wo er in London heute dem Telekom- und Mediengeschäft vorsitzt.

Klaus Esser beschäftigte sich nach seinem Ausscheiden bei Mannesmann im Sommer 2000 nahezu sieben Jahre lang mit der Düsseldorfer Staatsanwaltschaft und mit insgesamt drei Gerichtsverfahren. Er trat noch im Jahr 2000 der Beteiligungsgesellschaft General Atlantic bei und leitet dort das Deutschlandgeschäft.

Kurt Kinzius schloss sich 2002 der Beteiligungsfirma Candover an und leitete deren Düsseldorfer Büro bis Oktober 2004. Er ist Unternehmensberater und sitzt in mehreren Aufsichtsräten.

Dietrich Becker arbeitete bis Anfang 2006 für Morgan Stanley. Er begleitete zuletzt die Übernahme von Spezialgashersteller BOC durch Linde im Februar 2006. Dann verließ er die Bank, für die er acht Jahre lang gearbeitet hatte. Im Sommer trat Becker der neu formierten Investmentbank Boutique Perella Weinberg Partners bei. Er arbeitet heute weiterhin in vertrautem Revier – für Industriekonzerne hauptsächlich in Deutschland.

Danksagung

Ohne die Hilfe, den Zuspruch und die Zuversicht vieler Menschen wäre dieses Buch nicht möglich gewesen. Es entstand in schwieriger Zeit, in einer Zeit des Übergangs und großer Veränderungen – und daher waren Zuspruch und Zuversicht besonders wichtig.

Ich möchte mich bei den Kollegen der Brunswick Group in Frankfurt und London bedanken. Sie – vor allem Christian Weyand und Christine Graeff, Partner im Frankfurter Büro – haben mir in der Zeit des Übergangs vom Journalismus in die Beratung den Rücken freigehalten und damit den Freiraum geschaffen, in dem dieses Buch 2004 entstehen konnte.

Mein Dank gilt allen meinen Gesprächspartnern, die sich viele Stunden, viele Tage Zeit für die Gespräche mit mir genommen haben. Mein Dank gilt auch all jenen, die nie aufhörten mich zu ermutigen, dieses Projekt zu Ende zu bringen.

Meine Töchter haben in einer für sie schwierigen Zeit zu oft auf ihren Vater verzichten müssen. Sie haben es mit Geduld getan. Sie haben sich dieses Buch wahrlich verdient.

Thomas Knipp
Bad Soden, Januar 2007

Über den Autor

Thomas Knipp verweist auf eine 25jährige Karriere im deutschen und internationalen Journalismus. Er war zehn Jahre als Berichterstatter in London und New York tätig. Bis Januar 2004 arbeitete er als Chefredakteur des *Handelsblatts* und als Co-Editor beim *Wall Street Journal Europe*. Seit 2004 ist Thomas Knipp Senior Partner und Sprecher der Geschäftsführung der Brunswick Group GmbH.

Utz Claassen

Mut zur Wahrheit

Wie wir Deutschland sanieren können

280 Seiten, ISBN 978-3-938017-83-8

SEAT, Sartorius und der Energieversorger EnBW sind nur einige Stationen der steilen Karriere von Utz Claassen. Seine Erfolge als harter Sanierer sind unbestritten – genau wie sein Mut zu notfalls provokanten Äußerungen. Scharfsinnig und kenntnisreich in der Sache nimmt er in seinem großen wirtschaftspolitischen Buch kein Blatt vor den Mund.

Utz Claassen stammt aus Hannover-Linden, einem Großstadt-Viertel, das nicht gerade für großen Reichtum bekannt ist, dafür aber für seine sozialdemokratische Wählerschaft. Vielleicht ist es diese biographische Erfahrung, die ihn Sanierungen immer auch sozial bewerten lässt – ohne die notwendigen ökonomischen Maßnahmen zu vernachlässigen.

In seiner umfassenden Deutschland-Analyse *Mut zur Wahrheit* gibt Utz Claassen Denkanstöße zur Steigerung der wirtschaftlichen Leistungsfähigkeit Deutschlands. Sanierungsmaßnahmen und Investitionen in Bildung, Forschung und Energie verfolgen gemeinsam das Ziel, uns wettbewerbsfähiger zu machen und zugleich unsere soziale und gesellschaftliche Werteordnung möglichst zu erhalten. In der Selbstgefälligkeit der wirtschaftlichen und besonders der politischen Elite sieht der Sanierer eines der wesentlichen Hemmnisse für den dringend notwendigen Umbau von Wirtschaft und Gesellschaft. Sein Buch ist der Aufruf zu mehr Sachverstand – und Mut zum Handeln.

MURMANN